湛庐 CHEERS

与最聪明的人共同进化

HERE COMES EVERYBODY

名人话晨晨

我是一名职业体操运动员,13 岁的孩子应该差不多上初中了,现在,我已经是一位母亲,儿子已经 12 岁,参加网球训练 6 年多。作为一名曾经的职业运动员,我重视儿子的身体健康,也更重视他多方面的综合机能,让孩子在图画中锻炼意志力和动脑思考。大家都普遍提倡让孩子动起来,激发孩子对运动的兴趣。对孩子来说,运动重要,亲子的陪伴更重要,《我定向的定向孩子》让父母有机会带领孩子一起动,将来会让他深信,孩子不能健康快乐地成长,也是每一位父母期望的吧!

陈文娟

世界健体锦标赛冠军,前国际超级亚军,北京体体的名人

作为一名初中文化的父亲,当时的我是一位有 130 多场马拉松的跑者,非常喜欢这项运动从儿童成长经历中寻找一份运动快乐的好方式,找孩子的兴趣变为技能,除了日常的训练活动之外,更为重要的是"长赛"。孩子不多参加比赛,那和回归于社会的热情,只有通过参加比赛,孩子才能将所学的努力以及学到多了,才能学习自主适应各种情境当中的"痛","不怕比赛的,踢泡后,

田同生

北京晚报博览活跑协副秘书长,《百人百马》作者,百马俱乐部的发起

张涛
万国体育 CEO

在运动体能培养的过程中,我始终是最关键的因素,不少小孩其实没有自身去发育体能的兴趣,反而是会觉得巨大的精神压力,这就使力很多时候要来自父母和其他家人,因为他们重视孩子的日常装备、其实、孩子们真正需要的是来自家长的鼓励和支持,家长的鼓励他们能够在运动中努力以赴,真正沉浸其中,享受奔跑和挑战感,都需要家长和我们未来人生的陪伴,这也是当读完《我运动的孩子》,读来被得的最大收获——孩子长大,亲密沟通,才能真正收获成功。

韩冰
李宁(中国)体育用品有限公司 YOUNG 事业部高级总经理

孩子的身心发展和健全人格是家长关心的永恒话题,家长们都有一套自己的套路,如何培养孩子"名师""这个角色,又每一生都在学习。《我运动我孩子》在父母家长的角度明确了未来方向,给出了具体培养方式,为以体育育人到收获成功等各方面,都做了详细的周洋,我建议动的孩子,也希望健康的孩子就成为了孩子。

运动

《我的运动发现》是一本让孩子爱上运动并逐渐发现运动乐趣的书。通过书中重量级、内心重量级、无论哪一种，都在引导孩子自己找到重力的未来。运动之于孩子，是信念的，是身体和重塑的，是精神重建的，是至为如的，是生长轨迹一道。

创造

机械性故事 App 创造人，多层阅读推广人体

以下的一条路中的产业路径有，"体育孩子"的家长越来越多的，孩子们不再像以往那样能让孩子有的体动量，这就为开体取力，需要在家长们，自己们对自己的如此。在此，谁一个不可当我看看，多名教练并推我们的有经验和更如有的"我"，对孩子们的信任也的开心。

最容易

K12 教育水石 "名名董事" 创始人

书中有一段内容让我感到震撼：你来在你身周到这样训练，并都要排除因为各种，这种训练极的意志力，稳定正在值日如目着我的运动中脱颖而来的，也是我们孩子迈子通过这动在获得的。

小士

父父子 "小士大棒子" 创始人

李一诺

作家、比尔及梅琳达·盖茨基金会北京代表处首席代表

我读过很多介绍《我这样教孩子》这本书的文章，你是如何引导孩子的，也让我从书中学到了一些方法。每个周末，我会和几个孩子一起做游戏，用中文和英文，找到我们三个孩子都喜欢的、有趣意义有趣的、有挑战的游戏。每一次回味和体味这些陪伴孩子的时间，其实比学习知识本身更重要的是，在陪伴中看见我孩子的"工作"。我陪孩子读书，回味和体味他陪我读孩子的兴致，也可以让你陪孩子一起读书。这本书也会给你启发。

郎朗

上海音乐学院大学附中钢琴系教授、博士生导师

我认为兴趣比学习方法更重要。一个音乐领悟的人，另一个掌握音乐体系的人。无论你的孩子音乐体悟，都可以读一读《我这样教孩子》。无论未来孩子中遇到什么问题，会从这本书中都会让他们在活动中很多新的乐趣，以此激发他们不断寻找方法的渠道吗？因为方法的路，才是真正的成功之路。

的互动,当对孩子心灵产生好的撼动、每个孩子都可以在其运动生活中取得成功,父母只需要找到孩子的运动兴趣并鼓励他们——跑、跳、走等。《抱抱孩子抱起孩子》为我们讲述了一些道理,是对幼儿的一份爱,洗浴每一位关注孩子运动的父母的温馨导读。

田螺

中国幼儿探索运动员,高级教练员
湖南省运动专家,专注亲子探索运动中心创始人

不要埋怨孩子淘气了,运动不只是锻炼身体和提升技能的一种方式,更是身心健康的关键所在。这本书值得每位家长仔细阅读,书中也为您提供了精确的引导方法,帮助孩子学会运动,能帮助孩子和知识融合在运动中受益,重新知道如何让孩子享受沟通能力、文化精神,我将为每位困扰孩子父母的爱,也每个孩子要更加为不在运动后,但是每个孩子与父母沟通有体会精神。

J 人
来了解其目标作体"孕儿儿",创造了,我们拥抱书作者系

张梅

中国游泳运动员,奥运会冠军

为孩子能将运动作为他们一生热爱的事。这本书为父母提供了如何培养孩子运动兴趣的不二指南。他同时也来自一位母亲,她十分了解孩子和运动。她用多年来指导孩子的经验写下这本《我的孩子爱运动》,和父母分享了如何发现孩子的喜好,重要的是孩子的身体健康、心理性格的养成等。它不光来教孩子如何运动,

李小璐

中央电视台知名主持人,畅销书作家

孩子喜爱这些运动并受益于其中。好的教育应该是言传身教而后身体力行。亲作尚未,回馈辅导来和优化生活来,启动着孩子坚信优美人格,攀漫许未来幸福的关键路径之一。我坚定的信念是每次送孩子学习的事故书儿物。

把运动还给孩子

BE ALL IN

BE IN ALL IN BE

[美]克里斯蒂·皮尔斯·兰波内
克里斯廷·基恩　著
Christie Pearce Rampone
Kristine Keane
管秀兰 译

中国纺织出版社有限公司

你知道如何培养孩子的运动特长吗？

扫码鉴别正版图书
获取您的专属福利

扫码获取全部测试题及答案，一起了解如何对孩子进行有效的运动训练

- 前美国女足国家队后卫克里斯蒂·兰波内，曾带领美国女足获得了 2 次奥运冠军和 1 次世界杯冠军，并且创造了"参加女足世界杯的球员中年龄最大"（40 岁）的记录，这是真的吗？（ ）

  A. 真

  B. 假

- 家长可以通过孩子在赛场上的肢体语言识别他们的情绪，比如他们：（ ）

  A. 扬起双手表示很挫败

  B. 停止奔跑或移动说明对另一名球员感到懊恼和失望

  C. 双手放在臀部表示很累

  D. 以上均对

- 当孩子在训练中出现以下状况时，家长需要与教练沟通：（ ）

  A. 当你认为孩子有危险隐患

  B. 当你觉得孩子对这项运动失去了兴趣

  C. 当你看到孩子性格发生改变

  D. 以上均是

扫描左侧二维码查看本书更多测试题

谨以此书献给我们最喜爱的球员：
赖莉（Rylie）和里斯（Reece），
克里斯蒂安（Christian）、卡梅伦（Cameryn）和塞巴斯蒂安（Sebastian）。

他们比一般人更能证明：
成功的真谛，就是努力做一个快乐的人。

我们不能总是为我们的青年创造美好的未来，但我们可以为未来造就我们的青年一代。

——富兰克林·罗斯福
1940 年 9 月 20 日于宾夕法尼亚大学

前言

与孩子一起，全力以赴

你的孩子从事竞技体育吗？或许你本人也是伴随体育运动长大的。对于很多家长来说，体育运动在我们的生活中发挥着重要作用，比如可以使我们保持健康，也能为我们创造机会认识相伴终生的挚友。我们希望孩子做一个积极、投入的团队合作者，希望他们表现出色、成为赢家，并为自己的成就而自豪。但在孩子的成长过程中，我们往往很难知道如何才能做出正确的决定来帮助他们实现这些目标。

过去 20 年来，克里斯蒂和基恩与球员、教练、家长、教育工作者一起运动、工作，积累了大量的专业知识与经验，并在此基础上完成了此书。克里斯蒂·皮尔斯·兰波内（Christie Pearce Rampone）是美国享有盛誉的职业足球运动员，曾两次获得国际足联（FIFA）女足世界杯冠军，是三届奥运会金牌得主、职业球员和青少年球员教练，还兼作体育评论员；克里斯廷·基恩（Kristine Keane）是一位神经心理学家、多学科合作神经心理学治疗机构的临床主任以及神经科学脑震荡项目的临床主任，在过去的20年里一直密切关注职业球员和青少年球员的成长。她们在与一家医院签约时相识。当时医院希望由两人出面，就脑震荡以及运动相关的其他话题，与球员及家长、医生及教练进行交流。后来一起合作时，她们很快发现双方都对现代青少年体育运动中普遍存在的问题，即引起焦虑的高压心理模式，有着强烈的兴趣和担忧。她们曾就青少年运动过程的诸多话题进行过无数次探讨，内容涵盖家庭压力、场外家长行为、精英球队数量和训练量的增加，还有压力源等。

《把运动还给孩子》一书是两人长期研究积累的成果，包含她们自己对孩子时而心满意足，时而又怨声载道、担惊受怕甚至心灰意冷的情绪研究，还包含对众多家长、教练以及顶级球员等的访谈内容。谨以此书献给那些从事各类运动项目的孩子，以及世界各地所有从事体育运动的孩子们。同时也献给孩子们的家长和其他家庭成员，为了让孩子能够专心训练、全力以赴，他们不辞辛劳地承担了诸如行李搬运、来回接送、日常训练中的琐碎事务，真正做到了与孩子共同参与、并肩作战。

全力以赴，指的是运动员要全身心地投入相关联的每一件事情中，无论身处场上还是场外，涵盖了生活的方方面面。不同于人们熟悉的那种只关注成就和胜利的心态，全力以赴，意味着你知道自己的目标是什么，对训练充满信心，能够全身心投入和体验。小马丁·路德·金曾说："要想成功，我们无须时刻盯着整个楼梯，只要看清每一步台阶就好。"克里斯蒂小时候从未参加过精英足球队或专业足球学院的训练，因为家里负担不起昂贵的培训和旅行费用。不过,她经常参加本地的旅行球队和学校的足球队、篮球队的训练与比赛。这都缘自她的父亲当时在这些球队担任教练。她没有参加过大学的选秀表演,也从来没有拍摄过自己职业辉煌时刻的电影短片。她收到的第一份邀请,来自位于新泽西州的蒙莫斯大学的甲级篮球队,后来作为替补队员被邀请加入了该校的足球队。在正要登车前去参加大学篮球比赛时,她收到了美国国家女子足球队邀请她参加集训的消息。对此她似乎从来没有计划过,也没有强迫过自己,一切都是水到渠成、自然而然发生的。

她们希望此书可以帮助读者打开另一扇窗户,学会对孩子抱有切实的期待,全方位支持他们走向成功,提升孩子的临场表现能力,舒缓他们面对教练、家长和比赛失利时的种种压力。成书之前,两人真正做到了了解和倾听,她们很高兴地邀请您和您的家人与她们齐心合力,为了孩子的光明前景而"全力以赴"。

目录

导　读　克里斯蒂的故事　　　　　　　　　　　　　　　001

第 1 章　把体育还给孩子　　　　　　　　　　　015
　　　　家长参与过度　　　　　　　　　　　　　018
　　　　人生赛场的使命宣言　　　　　　　　　　024

第 2 章　有效沟通　　　　　　　　　　　　　　029
　　　　肢体语言的重要性　　　　　　　　　　　032
　　　　如何与教练沟通　　　　　　　　　　　　036
　　　　沟通是最好的解决办法　　　　　　　　　043
　　　　如何与年轻队员沟通　　　　　　　　　　044
　　　　沟通优先事项　　　　　　　　　　　　　046
　　　　行动胜于雄辩　　　　　　　　　　　　　049

第 3 章　全力以赴　053

- 充足的睡眠　060
- 合理的膳食　060
- 良好的情绪　062
- 心理意象　063
- 来点仪式感　065
- 积极的暗示　067

第 4 章　担当精神　069

- 制定第一个使命宣言　073
- 训练球员的担当精神　076
- 传达期望标准　077
- 成为孩子的榜样　078
- 采取公正可信的态度　079
- 如实反馈　082
- 立足现实　084

第 5 章　坚韧不拔　087

- 越挫越勇　091
- 积极思考　094
- 相信自己　097
- 思想停止法　100
- 心理比拼　101

	心理韧性策略	105
	练习冥想	107
	精神张力	109

第 6 章　坚持本真　　　　　　　　　　113

	塑造忠于内心的特质	117
	对抗"社交控"	119
	找寻独特优势	120
	相信自我价值	122
	关注自己的感受	123
	找到真正的梦想	128

第 7 章　回家路上　　　　　　　　　　131

	赛后生物学变化	134
	建设性的反馈意见	141
	巧妙谈论失误	146
	赛后的坚定支持	150

第 8 章　专注自信　　　　　　　　　　155

	每个人都能得到奖牌吗	159
	专注于最重要的目标	161
	攀比注定失败	162
	鼓励情感表达	165

	直面公众不满	169
	成功源于努力和能力	172
	培养积极的内心声音	174

第 9 章　克服焦虑　　179

　　什么是表现焦虑　　183
　　加剧孩子的表现焦虑　　185
　　如何缓解表现焦虑　　191

第 10 章　脑震荡和运动损伤　　201

　　脑震荡的诊断方法　　206
　　再次遭受脑震荡　　215
　　避免过早复出　　219
　　脑震荡的预防　　222

第 11 章　欲速则不达　　225

　　压力之下的方向迷失　　230
　　效能加速器　　232

第 12 章　提早专业化之殇　　239

　　提早专业化的压力来源　　246
　　提早专业化的影响　　248
　　如何找到并保持平衡　　252

第 13 章	小蓝天足球队	**255**
	担当精神	258
	心理比赛	260
	本真性	262
	未来之路	264
	信念	265
附录 A	我的执教理念	**269**
附录 B	脑震荡管理计划	**275**
后　记		**277**
译者后记		**282**

导
读

克里斯蒂的故事

继 2009 年夺得全国冠军并于次年生下二女儿之后，作为美国国家女子足球队的队长，克里斯蒂又接连赢得了 2011 年世界杯银牌、2012 年奥运会金牌和 2015 年世界杯金牌。

谈到体育运动，人们普遍更关注最终的结果。尤其是职业体育运动中，大家更是只谈论最终的结局：谁赢了，谁的表现欠佳，谁突然有了不可思议的表现……却往往忽略了荣耀背后的付出与艰辛。顶级球员的精彩表现，使一切成功看起来似乎轻而易举。事实上，那些夜以继日的场外苦练、泪水涟涟、身体伤痛、赛前恐惧、尴尬难堪和瞬间狂喜，每时每刻都在发生。我们习惯于为世界杯的胜利而欢呼，又有谁知道在新泽西州远离人烟的训练场地上，那些埋头苦练、吃住在拖车里的运动员呢？

伴随着不断地胜利，我赢得了许多奖杯和奖牌。但对我来说，最有意义的，却是追求成功过程中的一个个瞬间。我更加关注自己与设定目标之间的差距，并以此激励鞭策自己。其实当你真正朝着目标行动起来，成功就会成为再自然不过的事情。踢球曾是我生活的全部。进入美国国家女子足球队后，我分别在1999年和2015年获得了世界杯金牌，2011年获得了银牌，在2003年和2007年获得了两枚世界杯铜牌。我还获得了2004年、2008年和2012年的奥运会金牌，以及2000年的奥运会银牌。1999—2015年参加过的所有世界大赛，我们球队从未跌出过前三。我不只是奥运会奖牌获得球队的普通球员，而且后来还担任了队长。我参加了三大职业足球联赛，包括美国女子足球职业联赛（Women's Professional Soccer, WPS）、美国国家女子足球联赛（National Women's Soccer League, NWSL），还有我本人作为创始成员的美国女子足球大联盟（Women's United Soccer Association, WUSA）。我还养育了两个了不起的孩子。目前我已经退役，通过参加各种演讲分享我的经历。

我少有的几次暂别足球赛场，无非是由于受伤、怀孕或照顾宝宝。幸运的是，我每次都能顺利归队，重回巅峰状态。外人看来，我在球队的位置似乎一度被他人取代了。其实，这是不了解真实情况而产生的错觉。当我因产假或受伤需要长时间离队时，球队不可能坐等我归来，倒是至少有5名队员热切地想填补我留下的空白。每一次归队，我都会奋起直追、全力以赴地进行恢复训练，最终超越为自己设定的每一个训练目标。于我而言，保持全力以赴的心态是为了洞察和全面把握目标。当然，运动员对比赛求胜心切无可

导 读
克里斯蒂的故事

厚非，但多年来的比赛经验让我明白，单纯把取胜作为目标是错误的。尤其是团队比赛项目，有太多的人为和其他因素牵扯其中，谁都无法仅凭一己之力赢得胜利。对我来说，自己能控制的，只有我可以带到赛场展示运用的那些。当我通过艰苦训练保持并提高了球技，当我对球队的比赛策略充满信心，当我专注于自己在赛场上的一举一动，而不是紧盯着记分牌上的比分的时候，场上表现也往往最好。离开赛场时，我也会为自己对球队和比赛的贡献而感到骄傲。

这里，我需要明确一点，我的求胜欲不亚于任何对手，甚至可以说比她们的更强烈。但当我总能做到高度重视过程而非只盯着结果时，便开始拥有和保持强大的竞争力。这就是我。过去是这样，现在依然如此。即使是在你家后院玩扔沙包游戏，我都会思考、制定并执行打败你的策略，用心去玩并取得胜利，这是我的性格和习惯。对如何实现这一目标，我有自己的见解，那就是想取得胜利，就更应注重过程。

现在的年轻运动员普遍承受着巨大的心理压力，其中很多是由家长造成的。比赛时，孩子其实根本不需要家长站在场边亲自指导，他们更希望家长在开车送他们前往赛场途中，帮助他们明确目标。孩子不需要家长事事为他们代言，而更希望家长教会他们如何敢想敢干，凡事分清轻重缓急。如果家长天天念叨的是比赛的结果最重要，并时时强化这一观念，孩子反而是不可能习得此类能力的。我最想看到的，就是你通过阅读本书学会如何帮助孩子成长为优秀的运动员。

我一直认为，体育运动对于孩子的成长至关重要。从事体育运动过程中，孩子会学到领导力、组织能力、专注力和驱动力等，而这些能力是他们长大后成功与否的关键。我在年少刚踢足球时，就开始接受这方面的熏陶，这里分享的只是我多年职业足球比赛生涯心得的一部分。在你细细研读本书的具体章节，了解培养年轻运动员茁壮成长所需的技巧之前，我想先向你展示一番这些诀窍的实战效果。

2009年7月，正怀着第二个孩子的时候，我在美国国家女子足球队参加训练，期间完成了女子职业足球队新泽西州的蓝天足球俱乐部（Sky Blue FC）第一个赛季的比赛。我精心规划了怀孕时间，确保自己在生产后有充足时间完成体能恢复，随后去竞争世界杯参赛资格。我知道生产后状态恢复没有那么简单，但我以前做到过，相信这次同样可以做到。当时医生认为我可以参赛，但除了阿比·瓦姆巴赫（Abby Wambach）和香农·博克斯（Shannon Boxx）这两个超级闺密之外，我向其他队友隐瞒了怀孕的消息。我不希望因此得到特别照顾或区别对待，更不愿听到怀孕还坚持比赛的反对声音。这一计划进展顺利，我一直安然无恙，比赛也没有受到任何影响，生活美好如常，波澜不惊。

但是，在罗切斯特市参加的一场与国家队队友的分组对抗赛的赛前训练中，一阵强烈的刺痛感突然袭来，一时让我几乎动弹不得。我悄悄对阿比说："我觉得有些不对劲，拜托适当给予照顾。"阿比是国家队前锋、两届奥运会金牌得主、国际足联世界杯冠军，她对疼痛并不陌生。"好的，我明白。"她低声回应道。

虽然平时我轻易不会离开训练场，但这次觉得应该不得不破例了，得检查一下是否有出血，所以趁训练间隙悄悄去了趟洗手间。如果当时真的出血了，就会是另外一个故事了。球员必须留意身体发出的信号，如果判定继续

导 读
克里斯蒂的故事

踢球会对身体造成长期伤害的话，就必须停止训练和比赛。我当时就想如果流血了就直接去医院接受治疗。好在只是虚惊一场，凭借之前丰富的孕期踢球经验，我感觉问题不大。虽然身体状态不是很好，但我认为自己有能力坚持到训练结束。这也符合我一贯的处世原则，无论如何我都要尽自己所能，对全队负责。

当然，我是在痛苦中咬牙坚持的。记得当皮娅①教练宣布当天的训练结束时，我几乎已经无法走路，快撑不住了。皮娅喜欢在一天的训练结束之前，让大家做一些不需要团队协作的练习。那天她选择了"挑射横梁"练习，要求球员从18码线的顶部把球挑起射出并击中横梁。这是一个有趣的技能比赛，没有击中横梁的队员出局，击中横梁的留下再踢一轮。当队友们争先恐后、纷纷快速起脚挑射横梁的时候，我趁大家不注意，悄无声息地挪回球队的大巴车上。我迫切需要坐下来休息，平时很喜欢的横梁挑战，这次竟然一个球都踢不动了。训练正式结束后，阿比赶紧过来坐到我旁边，小心地靠在我的身上。但她的这个做法让我有些生气，说过了我是不想被过度关照的。"你还好吗？"她问。我闭上眼睛不理她，把注意力集中在平时用来克服疼痛的那些念叨上，诸如"疼痛是身体克服虚弱的结果""今天的痛苦将成为你明天的力量""痛苦是暂时的，如果你退缩，痛苦就会永久持续"，等等。

那天晚上在酒店里，我想睡着了应该就不觉得疼了吧，所以一直在努力入睡。但是到了半夜，难忍的疼痛让我非常抓狂。平时那些可以打败、忽略和战胜疼痛的念叨，都变得毫无用处。最后我感到自己陷入了时而清醒、时

---

① 当时的美国国家女子足球队教练皮娅·桑德哈吉（Pia Sundhage）。——编者注

而迷糊的状态。整个晚上，我都咬着牙硬扛疼痛，尽量不去想它。这是我之前从别人那里学来的对付疼痛的诀窍。但我最终意识到，还是应该去医院看看，免得出问题。于是，我请球队教练格雷格开车把我送去了附近的医院。

经过繁复检查和难熬等待，医生告知我要立即进行子宫切除手术。我顿时感觉五雷轰顶，但也只能麻木地在手术知情书上签字同意，并随即被推进了手术室。疼痛折磨得我筋疲力尽，精神开始变得恍惚，任由医护人员摆布，已无法做出其他任何反应。记得因麻醉失去意识之前，我已做了最坏的打算，坦然接受接下来发生的一切。

不知过去了多久，当我重新醒来时，病房里只有我一个人。我感觉自己当时在病床上呆坐了许久，非常担心是否还能再有一个孩子。当时我的手机不在身边。随着麻醉药的药效逐渐消退，我能感觉到止痛药在麻痹我的意识，但它并不能钝化我的感觉。一种无边无际的空虚感淹没了我。我不禁胡思乱想：赖莉可能永远不会有弟弟妹妹了，手术也会对我的竞技状态产生负面影响，我可能永远无法继续在国家队踢球了……想到这些，我的心都碎了。

后来护士来到我的房间，她漫不经心地说："手术很成功。"护士告诉我，腹痛是因为卵巢囊肿破裂，外科医生已经为我成功修复了；我的妊娠完全正常，子宫和胎儿完好无损。她还跟我谈到了激素替代治疗和其他药物的使用等。其实在听到她说我的孩子没事之后，其他的话我一句话也听不见了。天哪，太棒了！我身体正常！我的宝宝还在！我还可以继续踢球！我感到如释重负。对这个结果，我满怀感恩，真是谢天谢地。

重回俱乐部

身体刚刚恢复，我就迫不及待地回到新泽西蓝天足球俱乐部继续效力。当时离赛季结束仅剩两场比赛，而我们球队以六胜七平五负的战绩排名第五，情况极不理想。尽管当时我确信怀孕不会影响踢球，但仍然决定不告诉队友这件事，因为这样大家就不会因为顾忌我的情况而影响发挥了。我们像一家人一样，我希望她们会尽全力去赢得比赛，而不会因时不时担心我的身体状况而分心。

在国家队踢球时，我们享受的是舒适的旅行舱位，还有世界各地的酒店住所。一日三餐，完全是私人定制。我们还享受医疗护理和推拿疗法，甚至定期做皮肤补水保湿护理。我们什么都不用操心，只需专心比赛，那真是天堂一般的日子。但蓝天足球俱乐部可没有这么棒的资源，他们无力提供那么好的居住条件。队友们为了省钱，只能住在酒店式公寓；更衣室里也没有淋浴和理疗间，我们有一次甚至只能用拖车充当更衣室；训练场地缺乏维护管理；大多数的保健服务是由球迷志愿者友情提供的……

作为球队队长，我的使命之一就是要对队员的要求及时做出回应，即便这一切都只能由我亲自动手准备。我不想她们因攀比而分心，因此我想尽一切办法为大家争取与其他球队同等的保障条件。紧张情势之下，我们必须靠时时保持专注、严格执行计划、相互充分信任来求得胜利。舒适的住宿条件和庞大的保障团队确实能使人更全力以赴地投入比赛，但它同时也会消磨人的意志。因此，我认为需要培养队友们在严峻条件下专注于比赛的能力。

我成了蓝天队的老大姐。我在自己家里给队员洗比赛球衣，经常请她们吃饭，热心倾听她们的故事，解答她们在人际关系方面的疑惑，当然还有教她们如何提高球技。我用心做好这一切。因为我知道，在队员的心里，我不仅是她们的队长，还是她们的守护人和管理员。术后归队那天，俱乐部总经理让我向大家通报一个坏消息：球队主教练因与队员发生争执被突然解聘，助理教练也正准备离职。考虑到我在球队的地位和作用，总经理觉得由我来宣布这个消息比较合适。我遵令照办，但当时从每位队员的眼神中明显看到了挫败和不安。在这个赛季我们已经遭遇了滑铁卢，只几个月光景教练组又彻底解体了。

当天训练结束后，总经理问我是否考虑接手主教练一职，率领球队打完该赛季剩余的比赛。他当时只知道我处于术后恢复期，对我怀孕之事还毫不知情。而我刚刚开始每天进行两次个人训练，每周还承担着合计超过 45 小时的诸如会议、采访、比赛等事务性工作，日程安排相当紧张。我不得不认真思考自己能否肩负起这份责任。慎重考虑之后，我知道自己此时必须站出来顶上去。球队需要领头羊，而我善于以身示范、激励队员、设定目标，这会激励大家重新振作起来。对球队有益的事，我是一定要做的。

最终我答应了。我表示愿意继续在球队担任中后卫，同时带好队员。当时我术后仅两周，还有孕在身，但没有问题，我可以！我甚至没顾上要求与俱乐部订立新的工作合同。在那个败绩累累、频频失利的赛季临近尾声时，我接手了这支斗志全无的球队。但我并不想让这帮姐妹们觉得仅仅是换了教练，然后就那么庸庸碌碌地结束赛季。我满脑子想的是如何扭转颓势。我们虽然不见得拥有联赛中个人能力最强的球员，但我们仍然可以成为最棒的球队，并赢得冠军。

新官上任的第一把火,就是邀请我的私人教练迈克·莱昂斯(Mike Lyons)担任我的助理教练。促使我做出这一决定的原因是,在训练指导和沟通交流方面,我们二人的观点很接近。我认为搞乱一支球队最快的方式就是指令不清、沟通不畅。迈克的参与能够帮助球队实现良好的沟通,这是确保场上队员了解和贯彻教练意图的关键。队员不理解战斗任务,不清楚比赛策略时,就无法进入状态、掌握节奏,只能各自为战。这肯定会带来混乱,进而造成失球。迈克一上任,我就着手为每场比赛制订计划,精心筹划,争取带领大家踢进季后赛。我精心准备每一场比赛,每场各有侧重。我们需要评估每个对阵球队的技战术,找到克敌制胜的策略和诀窍。我细细琢磨,谨慎布局,研究每个对阵球队的独特历史、球员、踢球风格和技战术特点。我安排迈克在场外执行这一计划。我们排练不同阵形,准备可能的方案,还专门练习了如何实现比赛时的有效沟通,做到能够即时调整策略。

我的第二把火就是重振士气。我在球队施行了"零干扰"政策,鼓励大家不念过往,无惧将来。要求所有队员做到只专注于当下,打好每一场比赛。我不想看到队员们沉湎于往日的失利,也不希望她们总在考虑是否能赢。总之,我不希望她们老是纠结于自己过去的得与失,而是要坚信无论遇到什么困难,只要我们依靠赛前的制胜策略,便都能克服。她们需要做的,只是不折不扣地执行既定策略,争取胜利。我们不见得拥有个人能力最出众的球员,但如果我们能够做到全体队员齐心协力,用脑子踢球,便会所向披靡、战无不胜。只要我们的球队将场上与场外真正打通,就意味着我们有充分的信心和智慧,整合全队的力量去争取胜利。

我的最后一把火,也是最重要的目标,就是让大家重燃对足球的热情。我发现许多教练在执教像我们这样的球队时,都会采用延长训练时间和重复训练的方式。尤其是当赛季成绩欠佳时，更是喜欢这样。但作为球员，我意识到，这种做法会让队员们感觉像是在接受惩罚一般，何来训练热情？而我现在需要的，恰是让她们重新感受到训练和比赛的乐趣。保持状态和训练固然重要，但我们还是应该主要依靠分组对抗和队友间挑战的方式来实现。打定主意后，我开始让队员们练习四对四分组对抗。我相信这样不仅会提高她们的比赛意识，更能强化她们对这项运动的热爱。虽然在过去的几乎整个赛季我们都忽视了这一点的重要性，但它无疑将成为我们最大的竞争优势。

我从一开始就毫不讳言自己作为教练的局限性——我完全不知道如何制作可供队员们回看的视频，而且我也根本没有时间去现学。所以，我要求队员独立观看自己的比赛视频部分，随时向我和迈克提问。这样做有两大好处：我在这个过程中了解了每个队员是如何看待自己和场上其他队友的关系，同时帮助队员们培养了更多的自我意识。通过让队员们自行回看视频，我锻炼了她们自我评估的能力，这样她们就有机会看到自己成功的瞬间，同时主动思考自己还有哪些地方需要提高。通过回看自己的比赛视频，队员能够了解自己当时在场上所有可行的选项，以及下次该如何处理类似的情况。这不但增强了她们每个人在比赛中的自信心，也有利于她们树立对整个比赛的责任感。

这个计划奏效了。让我欣喜若狂的是，球队在我执教后的首场比赛中就取得了胜利。之后不久，我们顺利晋级全国季后赛！整个团队都很兴奋。我们又乐在其中了，踢球时激情四射！

季后赛夺冠

在接下来的8天里，我们必须赢得全部3场比赛才能获得全国冠军。我们将不得不奔波640公里，跨越3个不同的时区，并且只能是在旅途中进行训练和状态的恢复调整。我仍然提醒队员们关注当下："我们要像往常一样，只是去打一场比赛而已，不要去想什么冠军不冠军的事情。我们要充满期待地享受这个过程，是否赢球根本不重要。"季后赛的第一场球，对阵的是风头正盛的华盛顿特区队，主教练是阿比·瓦姆巴赫。她们在本赛季的最后一场比赛中，刚刚以3比1大胜我们。没想到冤家路窄，季后赛第一场竟然又重逢了。我心里很清楚，我们队最需要的是心理准备而非物质准备。我告诉队员，必须放下她们在上一场比赛后的消极情绪，专注于当下的比赛，战胜阿比和她的球队。

我们的策略说来很简单，那就是想办法把对手逼到中路，战而胜之。我们完美地执行了这一策略，阿比不得不在她不擅长的中路与我们硬扛，无法发挥她们队的撒手锏——接横传球射门。此招果然奏效，我们最终以2比1险胜对手。通过此战，我们收获了满满的自信。季后赛的第二场比赛在圣路易斯市举行。对阵的球队由大名鼎鼎的豪尔赫·巴塞洛斯（Jorge Barcellos）率领，他是巴西国家队主教练，也是美国国家队的守门员教练。我们队战术的重中之重仍旧在于思想和心理。我不能让队员们因为此战的重要性和对手的强大而背上思想包袱，立刻着手给她们打气，目的是帮她们把对战败的恐惧转化为比赛时的动力。我告诉队员们，我有着与最难缠的对手对阵并取得佳绩的经验，赛前的适度焦虑反而是比赛成功的助燃剂。

想到这场比赛我就很兴奋。我时刻准备迎接挑战，尤其是"大神"巴塞洛斯这种水准的挑战。我告诉队员们在场上要尽量大范围调动对手，因为与华盛顿特区队不同，圣路易斯队的优势恰恰在中路。圣路易斯队赫然在列的守门员霍普·索洛（Hope Solo），是全国联赛中表现最出色的守门员之一，两届奥运会金牌得主和世界杯冠军。面对索洛把守的球门，很难得分，所以一旦破门，那感觉一定妙不可言。更令人兴奋的是，巴塞洛斯教练近期曾向蓝天足球俱乐部出借过一名球员，我确信她将在这场与前队友的比赛中首发出场。

然而，比赛一开始，我采取了另一种排兵布阵方式。我让两名巴西籍前锋上场后按自己的想法和创意随意发挥。这是因为当球员被允许自由运用训练时所学的技巧时，往往表现出色，甚至可能在比赛中做到逆势翻盘。同时，我要求其他队员要在周围做好防御，为她俩制造更多自由发挥的机会。我相信只要她们专心致志，就能组织起别出心裁的进攻，所以没有像之前那样给出具体的技战术指示。整场比赛双方势均力敌，加上霍普·索洛几个绝妙的扑救，直到上半场结束，两队仍旧维持了 0 比 0 的平局。我们的前锋虽然有些懊恼，但仍然坚定不移，继续进攻。下半场再战，出乎所有人包括我自己的意料，我们队中卫射进了她本赛季的第一个球，最终将比分锁定在 1 比 0。这是我们全队之间能够保持绝对信任，并能根据对手特点采取创造性应对策略的结果。靠着这场胜利，新泽西蓝天足球俱乐部昂首迈向了全国冠军决赛的赛场。我们大家都欣喜若狂！

我们的最后一场比赛将在洛杉矶市举行。这场比赛在赛前并不被看好。从球队力量看，洛杉矶队比我们强大得多，简直是超级球星的组合，每个位置的队员都是足球界超级明星。事实上，她们也是自信心爆棚，甚至在比赛

导 读
克里斯蒂的故事

前已经开始庆祝胜利了。她们的更衣室里堆满了为庆功会准备的香槟、礼服和高跟鞋。我提醒队员们，不要太在乎对方球队的所谓豪华阵容。因为这不是明星的个人表演赛，要取得胜利还得看她们的相互配合能力如何。我请大家一起谈谈进入冠军争夺赛的感受，让队员们明白：其实我们无须有任何思想包袱，完全可以放手一搏。我这样做，就是想通过营造一个轻松安心的环境，让队员们可以像孩提时那样，心无旁骛地享受自由自在踢球的过程。

尽管从心底不愿意承认，但我的确感到体力不支，毕竟那时我已经怀孕3个月了。在这之前，我没料到要坚持踢这么长的赛季，但我知道这次自己至少还要再坚持90分钟。我下定决心，坚持踢完这一场，站好赛季最后一班岗，带好队员。

洛杉矶队果然"不是吃素的"。整个上半场，她们的前锋玛塔·维埃拉·达·席尔瓦（Marta Vieira Da'Silva）——世界顶级的足球运动员之一，对我和其他几位队友组成的后卫线进行了无情地猛轰。我很清楚自己需要在后防线上率领大家顶住，于是咬牙坚持，毫不松懈。终于在第16分钟，新泽西州本地球员希瑟·奥莱利（Heather O'Reilly）为我队打进了第一个进球。好戏开场了！

奥莱利的进球加剧了场上的紧张气氛，玛塔加紧了进攻，我对她紧盯死防毫不松懈。但比赛进行到第43分钟，意想不到的事情发生了！玛塔把我朝前推倒，我的肚子径直撞到了球上。裁判吹停比赛，等待我的反应。我满脑子都是可怕的想法：如果伤到了孩子怎么办？如果再踢下去有危险怎么办？我中途退场会令队友失望的！我真不该隐瞒怀孕的消息！

我深吸了一口气，迅速审视了一下自己的身体状况。我必须确保身体没有异样，否则绝对要立刻停止。在这几秒里，我完全不想比赛的事，而是专心感受身体的痛感，最终我确定自己没事。我慢慢站起来，向裁判挥手示意，并向队友报以微笑，让大家放心。我感觉很好，并且深知我的宝宝也同样没事。最终我完全缓过来，可以继续比赛了。我跑回自己的位置，忍不住暗自高兴，知道自己的坚持一定会对其他队友有所激励。下半场我们的后防线依然如铜墙铁壁一般。直到比赛结束，对方一直未能有效突破。我们出乎所有人的意料，获得了总冠军。这场比赛，从球员个人能力上讲我们绝非最强，但11个人作为一个整体，我们是最棒的！我感到无比骄傲。

　　当比赛结束后我们冲回到更衣室时，更衣室里空无一人。根本没有准备庆祝用的彩旗、气球等物品！没有人为我们队万一夺冠而做的哪怕一丁点儿准备！翻找半天，我们终于发现了一瓶劣质的龙舌兰酒。当我举起一次性红色塑料杯向我的队友们敬酒时，酒杯里却是空的。"我很想和你们一起拍一张举杯畅饮的合影留念，但我已经怀孕3个月啦！"

　　更衣室里爆发出阵阵欢呼声。我们拥抱着，笑着，哭着。我们津津有味地品尝着自己球队获得巨大成功的滋味。我们之所以输球，是因为我们过于渴望获得总冠军头衔。我们最终如愿以偿获得胜利，是因为我们重新找回了对比赛的热情。我们赢了，因为我们是一个彼此成就的整体。最重要的是，我们活在当下，首要关注的是我们如何让比赛与众不同。我们一直专注于比赛过程，我们做到了全力以赴。

BE ALL IN

第 1 章

把体育还给孩子

克里斯蒂的父亲因为克里斯蒂的女儿赖莉打篮球而感到非常兴奋，场场必去，一场不落。他曾当过教练，经常在场边和其他家长高谈阔论，看到赖莉打球他尤其兴奋，因为这让他想起了克里斯蒂和姐姐小时候打球的样子。

克里斯蒂的故事

我父亲平常是个沉默寡言的人，只有被询问时才会说出自己的意见。但一到运动场，他马上就是另一种状态了。他在那里很随意，对裁判直言不讳，在场外吆五喝六。那种情形，教练似乎可以靠边站了。毕竟不久前他的确是一名如假包换的教练啊！别误会我的意思，我父亲并不是看不惯裁判，他只是说出自己的想法让大家都了解而已，但他无疑是在像他当年当教练那样指挥比赛。

父亲知道我的处世哲学。他知道我觉得对裁判大喊大叫非但于事无补，且只会让事态急转直下。我觉得我们一定得首先承认裁判也是人，而是人就会犯错。我有时也对裁判的吹罚判决不满,但每次对判决产生不满情绪时,我都特别注意先平复一下自己的情绪,再上前跟裁判交涉。有时候,即使父亲貌似跟裁判还算合得来,我仍旧忍不住感到焦虑。因为他说话口无遮拦,在那个小体育馆里很容易被其他人听到。

在一场篮球赛中,我女儿赖莉早早地被判了两个犯规。其中一次显然是她应得的,而第二次的吹罚则值得商榷。双方都发生了犯规和推搡,但裁判似乎是在偏袒另一支球队,场面有些让人无法直视。第二节后半段的第二次被判犯规,直接把赖莉送上了替补席,场面更没法看了。我父亲注意到裁判的问题,于是冲裁判大喊:"嗨,那个你漏判了!""行啦,那根本不是犯规!""让她们接着打。"他甚至大喊:"绝妙的防守!"当赖莉的一个队友又被判犯规,父亲明确喊话裁判,说他认为不应该如此判罚。

中场休息时,我和父亲尴尬地沉默了很长一段时间。场上打成了平局,很明显,那些本不该被判罚的孩子们离开场地时感觉很糟糕。我认为父亲对这种状况负有责任。我只是看了他一眼没有说话,但我知道他肯定明白了我的意思,知道他的行为让我不舒服了。

第三节比赛开始时,我注意到父亲坐在座位上比之前放松了些。他默默地观赛,实在憋不住的时候,他还是会时不时地咕哝几句。然后,让我惊讶的是,父亲在第四节比赛时竟突然恢复了活力,猛地站了起来,跛着步,声音和比赛开始时一样响亮。只是这一次,他没有冲裁判喊叫,而是冲场上的孩子们喊的,虽然声音很大,但感觉不到丝毫的怨气。父亲喊的是:"配合得妙极了!""传得好!""这球救得好!"父亲寥寥几句激励的话,场上的孩子们听得清清楚楚。场上形势顿时发生了变化。之前比赛氛围很紧张,孩子们都很在意失误,低着头打球而不是主动寻找队友，只想着投篮得分战胜对手。但在我父亲开始喊"传得好！"之类的话之后，孩子们真的开始主动寻找队友，互相配合起来。赖莉的成长很是依赖外部的支持，尤其在打篮球的时候，她很喜欢姥爷为自己而骄傲的样子。每次一打完，她就去看姥爷有没有竖起他那标志性的大拇指。一旦姥爷开始给队员们加油，她就立刻笑靥如花。

我想父亲意识到了，当他大喊大叫时，实际上是在分散团队的注意力，更让她们认为裁判对她们有偏见。赖莉和队友们也会因此更担心自己做错了什么，而非全力以赴地比赛。他意识到对裁判大吼大叫并不能改变判罚，相反，支持鼓励孩子们却是益处多多。孩子们的确是从他的积极反馈中获得了力量。

我很高兴父亲在那场比赛中能够及时改弦易辙。他的行为过程强有力地说明：我们可以做到对裁判充分信任而非质疑和辱骂，无论他的判罚是好的、坏的，还是不好不坏的；同时，我们应该意识到，家长的行为，最终会影响场上孩子的发挥。

家长参与过度

最近，《纽约时报》刊登了一篇文章，发掘球员家长在体育赛事中表现糟糕透顶的原因。[1] 作者指出，青少年体育组织的报告显示，一些球员家长以呵斥、教训、威胁、殴打等方式妨碍教练、裁判、其他家长甚至其他球员的现象在不断增加。文章作者讲述了一个真实的案例：在新墨西哥州，一群人对一次橄榄球点球判罚严重不满，直接冲进了赛场。其中一人从背后抓住裁判，将其狠狠摔在地上。袭击者是场上一名13岁球员的父亲。目睹自己的父亲当众施暴，小球员被吓坏了，站在那里不知所措。事后所有球员家长都被勒令签署《家长行为准则》，保证自己以后在场外保持情绪稳定，不越俎代庖，把孩子的比赛错当成自己的。新墨西哥州青年美式足球联盟（New Mexico Young American Football League）也发出禁令，取消队中所有未满13岁球员的年度内参赛资格。

我们和其他家长一起，就比赛中家长的不当言行讨论了很多次。几乎所有人在读完这本书之后，都强烈表示："有太多人需要好好读一读这本书。"每一位读到此书的人，恐怕都能说出至少一件家长在体育比赛中发飙的可怕案例：有的家长骚扰裁判，有的家长对其他孩子大喊大叫或欺负对方球员，有的家长被裁判要求离场，有的家长直接被红牌罚出了场外……

我们经常开玩笑说，那些需要读这本书的人不愿去读，而那些愿意读的人已经在发表同样的观点了。考虑到家长可能会对体育运动过程产生的善意的、恶意的、犯糊涂乱来的等各种影响，我们会发现，仅仅把"责任"归咎于个别家长并未切中要害，而从文化和生态因素方面去理解和教育那些青少年体育活动的参与者，才会更有效果。文化和生态因素，可能才是真正的罪魁祸首。该方面研究人员特拉维斯·多施（Traris Dorsch）、艾伦·史密斯（Alan Smith）、史蒂文·威尔逊（Steven Wilson）和梅根·麦克唐纳（Meghan McDonough）发现，大多数家长最初让孩子参与运动的动机只是兴趣和享受[2]。然而，随着时间的推移，家长的目标往往会随着运动环境的变化而改变，而这些改变带来的结果最终会在场外显现。他们的研究表明，家长的体育行为往往与团队的环境和文化有关。无论家长的本意是什么，他们的行为最终反映了团队文化中的态度和期望。例如，当球队被视为"精英"或被认为比别的球队更具竞争力时，家长就会越来越关注孩子的上场时间、是否得分和能否赢得锦标赛。

根据球队的不同，参加"CP3①精英足球学院"（CP3 Elite Soccer Academy）的费用每年为 3 000~4 000 美元。许多 CP3 精英少年球队在他们的本州比赛，高级球队中年龄大些的孩子会到美国各地巡回比赛。这些孩子接受了来自巴西和英格兰等国家的顶级教练的训练，在比赛中经常名列前茅，因而受到家长们的追捧。例如，"CP3 精英骏马队"（CP3 Elite Stallions）由清一色的 10 岁男孩组成，他们在本地区和本州内参加比赛。球队对胜利相当看重，认为只有赢得锦标赛，才会有更好的个人发展。让我们想一想，如果你能够战胜更优秀的球队并最终赢得总冠军，那么你一定获得了成长和发展，这没错吧？

这是一种并不少见的团队文化现象。CP3 精英骏马队球员的家长们经常在场边指手画脚，每逢遇到失球或失误便会懊恼不已，并怀疑教练的专业能力，对孩子在场上的位置安排、上场时间等颇有微词。家长们也总是在孩子赢球时兴奋狂欢，输球时沮丧万分。CP3 精英骏马队的名气、待遇和团队的不俗战绩，影响了家长对球队及其子女的期望值。

10 岁的布兰登从加利福尼亚州搬来后便加入了 CP3 精英骏马队。他的爸妈曾在他之前的足球队担任球队义工，在布兰登加入 CP3 精英骏马队后，他们非常兴奋，渴望继续积极参与其中。赛季一开始，布兰登的爸妈就制作了一个很大的木制标牌，上面写着："11 岁以下 CP3 精英骏马队，祝你们好

---

① CP3 是球星克里斯·保罗（Chris Paul）的绰号。——译者注

运！"他们在标牌上画了一匹斗志昂扬的骏马，并将队员的名字和号码也写了上去。太棒了！布兰登非常满意，颇感自豪。当布兰登的爸妈向教练（一名来自英格兰的年轻人）展示这个标牌时，教练告诉他们，比赛期间不能把这个标牌立在孩子们身后，因为它违反了"规定"。当布兰登的爸妈把这个标牌拿给球队其他家长看时，只有球队义工妈妈表达了谢意，告诉他们可以在每次比赛时，在家长区找个合适的地方将标牌竖起来。

布兰登的爸妈感觉到这个标牌并没有受到球队的欢迎。没有一位家长感谢他们的付出。更糟糕的是，大多数家长甚至视若无物。事实是，家长们认为这个标牌等同于示弱，因为显得太幼稚了。家长们更希望 CP3 精英骏马队的孩子们看起来像是一支专业球队。统一的制服、个性化的旅行包、独特的装备用具，这些东西看起来才是真的棒，这才是骏马队示人的方式。

布兰登入队后的头一个赛季，他的爸妈每场比赛都带着这个标牌。而到了下一个赛季，只带过几次，之后就再也不带了。到了第三个赛季，布兰登的妈妈成了球队义工。他的爸妈没有再像往常一样忙着剥橘子皮，或者制作加油的标牌，也没有举办比萨派对，而是组织球队在顶级足球教练指导下进行额外训练，并安排落实在全州比赛的旅行计划。布兰登的爸妈乐在其中，非常投入。布兰登也很开心，在队里交到了很多朋友，球队不断赢得冠军。他的爸妈继续在场外为他的胜利而欢呼，也会对儿子的失误表现出明显的沮丧。比赛、锦标赛和排名成了布兰登一家生活的重心。这到底是精英球队应有的样子，还是布兰登童年的缺憾呢？

群体中的个体很容易受到周围环境的影响。标志、装备、日程表等反映了人们如何看待自己，或者希望别人如何看待自己。如果家长群体的文化容忍体育运动中出现攻击性行为，这可能会导致个体家长认为这种行为原本就是可以接受的。虽然每位家长都应为自己的个人行为负责，但真正能够解决青少年攻击性行为的体育环境和因此可能造成的损失的方法，还是文化氛围的转变：要在群体内重新思考、重新规划和重新制定青少年体育文化。当好从事专业体育运动的孩子的家长很不容易。看到孩子处于高压环境，父母就会感到压力很大；看到他们失误，让队友失望，表现糟糕，甚至要为全队的失败负责时，父母便会感到痛心疾首。你在锦标赛上看到过写有家长行为规范的标语吗？有没有人要求过你签署家长和队员行为的保证书？你的孩子如果从事专业体育运动，那就请你好好看看下面这些内容。

家长可能会遇到的标语

你的孩子在运动方面成功与否，并不能说明你是什么样的父母。

能否把孩子教导成可塑性强、懂礼貌、与队友相处融洽、意志坚定、适应力强、竭尽全力的队员，才是你教育子女水平的直接体现。

请记住：他们只是孩子。这只是一场比赛。教练是志愿帮忙，裁判员也是凡人。他们不是在为伟大的洋基队（New York Yankees）①打球。

来自孩子的提醒：我只是个孩子，这只是一场比赛，裁判们都是凡人。父母们应该给每一个孩子加油。今天只是普通的一天，不是大学发放奖学金的盛大日子。

记住！这个联赛是为孩子们而设的。请不要自以为是、盲目自大。

---

① 美国职业棒球联盟中战绩最好的伟大球队。——译者注

> 家长承诺：我会教自己的孩子公平竞争，尽力而为。我会积极支持所有的管理者、教练和其他家长。我会尊重裁判的决定。无论结果如何，我都赞赏他们为比赛所作的努力。

我相信父母都看到过此类标语。尽管大多数家长在遇到这样的标语时，会下意识地想："不是我！我才不会那样！我的孩子和我们的球队都不是那样的！我们是精英球队！我们与众不同！"显然，如何把比赛还给孩子，并没有一个放之四海而皆准的答案。父母不恰当的、攻击性的行为也好，兴奋的、积极的行为也罢，发生的原因都同样复杂。就像刚才提到的那样，尽管许多组织者已经采取了很多措施，例如，制定了家长行为准则、与家长签订了类似"展现良好品行"的协议，以及发布标语等方式，但几乎没有证据表明这些赛前协议和赛场警示在青少年运动中能产生任何积极意义。解决方案不在个人，而在社会，实现这个目标需要全社会的共同努力。我们在教孩子团队合作的时候，也需要从同类案例中汲取经验教训。

阿比·瓦姆巴赫在《狼群》(*Wolfpack*)一书中提出："如果我们像女性那样紧密团结在一起，就能取得伟大的成就。"[3] 该书强调了这样一种理念：我们可以通过教育引导，在团队协作的力量下而非相互竞争中取得更大的成绩。我们建议家长也以类似的方式团结在一起，为改变球队文化，家长和教练可以充分沟通，发布一个"团队使命宣言"。我们还建议，宣言经各方同意后，在每一次家长会议上，在赛季开始之前，在赛季期间以及赛季结束之后，都应被认真回顾一遍。这将敦促家长、运动员和教练在同一频道上互动。

家长、运动员和教练共同遵守"团队使命宣言"，可以培养球队的团体意识，而这正是大多数家长喜闻乐见的。宣言可以教家长如何与教练进行有效的、恰如其分的沟通，减轻家长对孩子可能被团队裁掉的忧虑。它可以教会家长在比赛时采取诸如出去走走、专注于呼吸或安静独坐等方式来平复情绪，更好地管控自己的行为；它可以让人们对比赛时有意无意的坏习惯始终保持警醒。家长既然愿意花费大量时间、金钱和资源来训练孩子，并带他们定期参加比赛，那么就更应该在季前赛期间至少拿出45分钟的时间，来完成这项能提高孩子运动表现和兴趣的必修课。家长还应该在每次赛后花10分钟时间，回顾一下他们对使命宣言的遵守情况。与艰难困苦、精疲力竭、失望透顶和消极情绪所耗费的时间相比，制定并遵守一份使命宣言所花的时间实在是微不足道！

人生赛场的使命宣言

　　使命宣言是白纸黑字的书面声明，它反映了一个组织的目标、价值观和宗旨。为保证宣言的效力，所有利益攸关方都必须参与宣言制定，并就宣言传达的价值观达成一致。就青少年体育而言，使命宣言应反映包括家长、教练、经理等所有利益相关者的意图、规则、角色和价值观。在任何情况下，使命宣言都应该得到严肃对待，并体现每个人的既得权益。[4] 我们建议指定一位家长作为家长代表协助制定宣言，并在季前赛、季中赛和季后赛的会议中跟进落实。家长代表应该努力获得家长们的普遍尊重，具有社会意识，能带头执行使命宣言，并定期与其他家长们重温宣言。当然，宣言不可能一成不变，随着家长群体的人数增多、孩子们的不断成长以及其他新情况的出现，应该及时修订、灵活使用宣言。

家长的使命宣言可以是这样的:

　　我们是一个积极主动、尊重他人的家长群体,我们重视孩子的技能提高及其团队发展,而不仅仅是胜利和奖杯;我们明白,一场比赛不可能造就或摧毁任何一名队员;我们关注整个团队,给予所有孩子积极的鼓励和赞许,而不是仅仅关注各自孩子的福利和成就;我们富有组织性和纪律性,重视运用智慧和技巧而非身体对抗来解决问题;我们会三思而后行,对自己的行为负责;我们要展示出对比赛的热情、团队的凝聚力以及对队友、家长、教练和裁判的尊重;我们的座右铭是"态度与努力",而不是"奖牌与奖杯";家长、教练和所有参与者都会在身体上、行为上和情感上全力以赴,以激励我们的孩子成为最好的自己;我们团结一心,众志成城。

使命宣言应该清楚地表明家长对孩子的愿景和团队的价值观。团队价值观可以包括合作、支持、沟通、乐观、尊重、激励、信任和诚实等。使命宣言应该倡导和支持积极的态度,首先包括家长让孩子加入运动队的初衷。每个团队的使命宣言都会有自己独特的信念,这取决于孩子的年龄和群体现有的文化特色。最重要的是,团队的使命宣言旨在激励人们"像冠军那样去做""创造历史""相信才会遇见",以及"所谓勇敢,就是去做你不敢做的事情"等。各利益攸关方普遍认可的一系列行动措施或行为举止,应该和家长团队的使命宣言保持一致。通过在操作层面上界定好跟团队价值观相一致的行为方式,各方对使命宣言便不会存在异义,都会认同。否则的话,就很难评估使命宣言是否得到遵守,甚至是否有效。以下是一些关于使命宣言行动措施的示例:

- 家长们一致同意审视自己在比赛场上的情绪反馈。哪怕他们对不公平判罚、上场时间、自己孩子或其他孩子的失误等情况感到不满，也要尽量做到平和。
- 家长们一致同意应该由教练执教，裁判执行判罚。不会对裁判或教练大喊大叫，也不会把自己当成"教练"上前指导孩子。如确有必要，可以心平气和地与裁判谈谈，但仅限于交流孩子的安全问题。
- 家长们一致同意不干涉球队其他事务。无论对方的家长做什么，都不会与之发生口角或对抗。
- 家长们在比赛中要积极地为孩子加油鼓劲，比如高喊"打得好！""挺住！""就这么踢！""配合得棒极了！"等。
- 家长们一致同意：至少在赛后 24 小时之后，再与家长代表或教练讨论意见分歧，交流察觉到的问题或者反馈受到的委屈，而不是在比赛过程中表达自己的意见。
- 家长们一致同意营造一种杜绝随意指责他人、避免难堪不适的团队氛围。我们都是普通人，而比赛总是会让人情绪激动，这种状态下有时难免会犯错。当有家长违反规定时，大家就事论事地针对他的行为进行公开交流。我们的目的不是让任何人感到难堪，而是帮助家长集体成长和进步。同样，家长们一致同意对自己和彼此负责到底。
- 我们赞成让孩子为自己的错误担责，既不找借口也不责怪队友。让孩子学会不和队友比较孰优孰劣，而是去努力寻找队友的闪光点。
- 在日程表允许的情况下，家长们愿意通过筹划和参加场外团体活动来培养孩子的集体意识。

此外，使命宣言应包括一套公认的惩戒措施。比如：

- 设立家长冷静期座席。
- 给家长准备的黄牌和红牌。
- 因家长犯错，牵连其孩子被缩短上场时间。
- 将孩子带离比赛场地。
- 中止孩子比赛并交由其家长带回。

在挪威，大多数儿童都参与竞技滑雪运动。孩子们只需缴纳象征性的费用就可以加入滑雪联盟，如果家里负担不起，或者家长忘记缴费了，孩子仍然可以参加。没有专门的滑雪教练，所有的教练都是志愿者。年复一年，挪威滑雪联盟吸引了大批年轻人参与此项运动。滑雪联盟不会为任何一场比赛或者任何一名儿童记录分数——无论他们的天赋高低或进展程度如何。如果你坐在一旁，会注意到滑雪技能参差不齐的孩子们都在一起竞争和学习。所有的孩子、家长和志愿者都很开心，开怀大笑，自信而快乐。很难想象这其中会存在一位咄咄逼人的孩子家长。一片祥和的气氛和看似与世无争的训练环境，却让挪威的奥运滑雪项目在国际上极具竞争力，在众多国家中名列前茅。

挪威人的使命是：努力把高度竞争、社交控横行、极强专业化和逞强斗狠的青年体育文化环境，过渡为注重乐趣、个人发展和技能获取的青年体育文化环境。良好的体育精神是一种可贵的品质，它可以帮助孩子在运动生涯以外的很多方面茁壮成长。体育精神能促使孩子在他们所追求的任何运动中出类拔萃，这不仅体现在竞争力本身，更体现在他们学习新技能、体现领导力、增长干劲，还有懂得如何支持身边的每一个人方面。本书深入发掘了良好体育精神的品质、特点、风度和实践。在体育运动中表现优异与否，并不仅仅体现在是否获得了奖杯或荣誉，更体现在是否学到了如何不断进步、如何专注于目标、如何在面对挑战时保持自信以及如何与他人良好合作。家长们都迫切希望孩子能从体育运动中多多受益，本书将教你如何在场上和场外急孩子所急，帮他们实现冠军梦。

克里斯蒂的第一支正式旅行足球队叫波因特普莱森特区力量队（Point Pleasant Power），她姐姐的球队是波因特普莱森特区塞塔队（Point Pleasant Settas）。克里斯蒂回忆说，两支球队在每场比赛和锦标赛上都会展示各自的球队标志。那叫一个壮观！她所在团队的队标是一个巨大的闪电，而姐姐球队的队标是一株巨大的红色一品红，都被放置在赛场非常显眼的位置。这些队标是由球队的义工妈妈亲手制作的，上色时每个球员都曾一试身手。她们对自己球队的队标非常满意，每次参加比赛都会戴着。

克里斯蒂的故事

我保存了女儿从 10 岁到高中一路走来的所有队标。想想以前还真是没有现在这些好东西。实在无法想象，如今连一支年龄仅 10 岁的精英少年队也会拿着手绘的队标出现在赛场上，这一幕着实太有趣了。这与球场上的胜负结果无关，队标仅代表团结与快乐。

BE ALL IN

第 2 章

有效沟通

良好的沟通，包括团队成员之间、家庭和教练之间以及任何个体之间一对一的沟通，都是促使孩子走向成功的关键因素之一。孩子们是在有效沟通的基础上获得成长和进步的。确保孩子充分掌握良好沟通的基本方法非常重要，家长在这方面发挥着不可或缺的作用，我们应该在日常生活中教会孩子与他人沟通的一些常识：保持眼神交流，说话时轮流发言，不轻易打断别人；最重要的是，要懂得倾听。这些在家庭中习得的沟通技巧，能够帮助孩子培养与成年人、权威人物、同龄人以及队友沟通的能力和自信，令他们终身受益。

但在现实生活中，来自学业、体育、工作、家庭和生活等方方面面的事务纷至沓来，如果要求我们在一片忙乱之中刻意去教孩子如何沟通，往往会不得要领。而在体育运动中，无论何种比赛或项目，与教练和队友沟通的能力都是至关重要的。

第 2 章
有效沟通

🔊 **克里斯蒂的故事**

梅根是一名很有影响力的足球运动员，我多年来一直担任她的教练。她在大多数情况下表现优异，是我遇到的最出色的球员之一。梅根的足球天赋相当高，而且她很敬业，总是虚心接受指导。作为一名球员的梅根简直无懈可击，但沟通能力却是她的弱项。

梅根平时容易害羞，性格内向，但上场比赛时可以通过踢球来表达自己。在球场上，传球、准确站位、一对一对抗等对梅根来说统统不是问题，但一到与队友沟通配合时就卡壳了。因为面对他人时总是难以开口，梅根不得不默默承担了不少本属于其他队友的职责和任务。但到了高级别的比赛，梅根的这一特点却成了球队的不利因素，因为队友们已经习惯了依赖她，致使全队踢球效率大打折扣。

梅根需要在对方球员或后卫出现时提醒队友注意，在她应该大声告诉队友转身摆脱对方球员，或者传球给某位空当处的队友时，却怯于大声喊出来，只能亲自上前解围或接应。如此这般，梅根在场上宁肯自己辛苦，也不愿意张嘴，事实上是越俎代庖地兼顾了其他队友的角色。

因此，梅根在球场上并没有得到应有的关注，也没有为自己创造任何大放异彩的机会，因为她一直疲于为队友补位，自己根本不可能有什么可圈可点的表现。很多教练没有注意到她的才华，都源于她的沉默寡言。因为不擅沟通，让她显得很平庸。一旦梅根"放开嗓门"，她就能充分发挥自己的潜力，无须兼顾那些额外任务，自己应该会踢得更好，成为一名出色的球员。想带好大家，必须大声说出来！

如果缺乏沟通能力，在日常生活中无法主动切入话题同别人交流，可能会因此泯然众人，很难成为一名好的球员。这就像在聚餐时一味地闷头吃饭一样，会让气氛变得很尴尬，让对方误认为你原本并不想来。这种状态不可避免地影响着你周围的每一个人。如果你不说出自己的想法，也就没有人知道你在想什么——他们也不知道你是否在专心致志，甚至说是否已经参与到团队里来了。谨言慎行当然没错，但完全不吭声就是另一回事了。作为教练和家长，我们应该教会孩子该说就说，积极参与。

肢体语言的重要性

无论是场上还是场外的交流，肢体语言的作用都是至关重要的。你可以随意问一个被其他孩子吐舌头的孩子，他肯定对吐舌头所传达的信息心知肚明。心理学家艾伯特·梅拉比安（Albert Mehrabian）提出的"55387定律"指出：55%的交流通过肢体语言的方式实现，38%通过语调实现，只有7%通过语言本身实现。[1] 虽然这一比例受具体当事人的特质和语境、背景等因素影响，但人们普遍认为，93%的交流是非语言形式的。你没有看错，高达93%！

我们需要多留意孩子在不经意间展示出的肢体语言。哪种肢体动作是重复性的？何时发生，为什么发生？当理解了孩子不经意间的肢体语言，你就可以帮助他们理解其中所传达的信息。孩子们一旦了解到他们的动作意味着什么，就可以有意识、有目的地向教练和队友传达更多信息，这尤其重要。肢体语言会影响人的干劲与精神风貌。队员可以在被罚下后坐在替补席上噘嘴怄气，也可以为队友加油喝彩；可以闷闷不乐地坐在长凳上，耷拉着脑袋或头上罩一条毛巾，也可以热切地身体前倾，双肘支在膝盖上。我们必须告诉孩子，比赛不利时，他们仍然可以通过改变肢体语言来影响比赛进展。

许多队员没有意识到自己是如何进行情感交流的。体育赛事的某些方面，比如不公平的判罚或漏吹犯规，可能会让队员感到不安，这是可以理解的。但若是沉溺于消极情绪将会影响后续的比赛，而肢体语言的改变可以变不利为有利。正确的认知一定会带来向好的变化。基恩博士致力于帮助家长更好地理解肢体语言，使他们进而能更好地理解和帮助孩子。

基恩的故事

我的一个咨询客户曾经很担心她的女儿阿比盖尔：她在比赛中表现不佳，看起来也并不喜欢这项运动，却总是抱怨上场时间太短。我向阿比盖尔的妈妈了解她在球场上展示的肢体语言情况——在替补席上时的坐姿，在人群中的站姿和与教练、队友谈话的姿势等。

我们交谈之后，阿比盖尔的妈妈注意到，阿比盖尔总是慢吞吞地穿过场地，经过队友时会尽量避免眼神接触，耷拉着肩孤零零地站在一边。在与教练交谈时甚至不会抬头。而她又喋喋不休地对妈妈说自己有多么喜欢和想踢足球。当她在整场比赛的大部分时间不得不坐到替补席上时，会心烦意乱甚至失态大哭。同时却又不愿意通过努力提高自己的技能来争取更多的上场时间。阿比盖尔的妈妈的困惑在于：不愿意去努力，又怎么可能真正热爱这项运动呢？

我建议阿比盖尔的妈妈和孩子聊聊肢体语言和真实感受，并建议让阿比盖尔暂停踢球，但要明确暂停是可以的。这次谈话和后续的建议产生了奇迹般的效果。事实证明，阿比盖尔之前的确是给自己施加了巨大的压力。母亲曾是一名众人皆知的大学足球运动员，阿比盖尔不想让母亲失望。她把抱怨上场时间太短当成了习惯。当然，她的确没有太多上场机会，也从来没有真正为此努力过。她不知道如何跟母亲表达其实自己不想再踢球了。

阿比盖尔一直在通过肢体语言向妈妈传递信息，这是她妈妈非常想知道却又恰恰忽略了的。真正看到并读懂这些后她大吃一惊，妈妈没想到女儿竟然承受着如此大的压力。谈话后，妈妈告诉阿比盖尔，是否继续踢球绝对由她自己决定，无论做何选择、从事什么运动，妈妈都会为她骄傲。阿比盖尔因为缺乏自我意识，致使她之前并没有直接告诉妈妈自己的真实感受。

身体从不会说谎。内心感受会通过肢体语言传递出来。阿比盖尔一直通过肢体语言向母亲传达自己其实对踢球并无兴趣，但却总是言不由衷，心口不一。她的肢体语言一直在说不喜欢，嘴上却没有清晰地表达出来。

克里斯蒂告诉年轻队员，双手叉腰站立透露的是疲劳甚至是虚弱的信息；在逆境中扬起双手，意味着责怪、沮丧和愤怒。她还告诉队员，一个简单的击掌或拥抱就能让人看出来你对队友的关心。通过肢体语言能够凝聚起巨大的团队力量。有些肢体语言会伤害队友的感情，有些则会安抚他们。她教队员们要学会在赛场上控制自己的情绪，毕竟93%的情绪是通过肢体语言表达和传递的。无论你心里怎么想，踢球时肩膀应该后仰，头应该昂起。直到终场哨声响起，才算是停止比赛，任何情绪都应该带回更衣室去。

大多数教练都会通过观看比赛视频了解赛场博弈、球员互动以及队员在无球状态时的表现。要对某个队员进行评测，教练通常事先会做一些功课，了解其天赋如何，评测时再去寻找其他的线索和特质。队员在场外和队友聚拢磋商，或者是坐在替补席时，教练也会观察他们的行为做派，了解他们是如何与队友互动的。这些细微的、经常被忽视的行为，通常显示出球员的领导力、抗挫力以及与队友有效互动的能力。教练透过球员的肢体语言，可以更全面地了解他们的团队意识和性格特点，看到无心流露的，但却直透本质的真相。

肢体语言背后的情感因素	
肢体语言	情感
扬起双手	挫败感
低着头	恼怒
停止奔跑或移动	对另一名球员的懊恼和失望
翻白眼	愤怒
双手放在臀部	疲劳、虚弱
双手放在膝盖上	呼吸困难
昂首挺胸	自信、投入，专注于比赛
面带痛苦，大口喘气	强度大
V字形举起双臂的胜利姿态	感觉自己是冠军

家长可以借助上表来识别孩子的肢体语言，了解他们在比赛中的表现。

家长应该多与孩子进行坦诚的沟通，让他们意识到自己对比赛的消极和积极反应。你得告诉孩子，肢体语言在很大程度上是比赛的一部分，是他们与教练、队友以及对手交流沟通的一种方式。说到交流沟通，家长还必须了解孩子是如何感知家长的行为并受其影响的。

如何与教练沟通

玛丽的儿子诺亚在读大二的时候入选了学校的长曲棍球队，入队后的第一个赛季打得顺风顺水。诺亚在运动方面很有天赋，很快就成了一名首发后卫球员。几场比赛下来，诺亚用实力证明了自己是球队最有价值的球员之一。队友们都很喜欢他，球迷们也很看重他的突出能力和重要作用。

但不会所有事情都是完美的，总会有不顺心的事情发生。一位新教练最近接手了校队，队员们正在适应他的执教风格。在诺亚犯了几个错误之后，教练对他非常不满，在一场比赛中，诺亚因一个防守失误导致球队失球，然后在比赛剩下的时间里不得不一直坐在替补席的冷板凳上。

这之前的历次比赛，诺亚还从未在比赛尚未过半时就被替换下场。"即使诺亚表现最糟的时候，也比教练安排的顶替他的孩子强！"诺亚的上场时间越来越少，玛丽的愤怒也随之日增。玛丽还了解到，这位教练一直在外面的一个长曲棍球项目中培训一批学生，却没让诺亚加入，这让她更加相信诺亚遭遇了不公平的对待。

其他家长试图安慰玛丽：许多之前场场首发的球员也被缩短了上场时间。但每次诺亚满怀失望或愤怒走下球场时，玛丽还是很不高兴。诺亚向他的母亲抱怨说，他不知道自己究竟做错了什么。在一场两支球队势均力敌的比赛中，诺亚在比赛结束前 20 分钟被换下场。其他家长也对此颇有微词，并且认为最后的输球是教练造成的。诺亚和他的教练就上场时间交流过几次，每次都不得要领，这让玛丽感到一筹莫展。

玛丽不是没考虑过亲自干预。"我想问问他的教练问题究竟出在哪里，但我不确定该如何交涉。我丈夫持反对态度，认为我最好缄口不言，那样只会让诺亚更加被动。比赛时我们甚至吵了一架！我们一直以来十分喜爱长曲棍球，现在我们全家却为之争论不休！"玛丽哭了，"我该怎么办？"

一定要让孩子试着自己解决问题。首先，跟孩子讨论一下他跟教练发生了什么冲突，有哪些诉求。然后，在家长干预之前，教孩子怎样去跟教练沟通这些诉求。教练更希望队员自己来开诚布公地沟通，而不是通过家长。记住，教练、家长和队员的关注点各不相同。教练关心的是球队的成功，球员关心的是他们个人的成功，而家长关心的孩子的健康和进步。有时，这些关注点看起来可能是冲突的，但实际上，这是沟通不足造成的相互间无法真正理解。

玛丽的案例有点复杂。诺亚已经和教练进行了几次谈话，全都无功而返。玛丽看到诺亚场场比赛都流露出失望和无助的样子，担心他最终会对长曲棍球失去兴趣。教练们常说，家长会把约九成的时间和精力花在讨论孩子的上场时间上。如果孩子大部分时间能够上场，家长就会很高兴，而当孩子不能上场的时候，家长就会十分烦躁。讨论上场时间可能是合适的，也可能是不合适的，这取决于教练在赛季前制定的规则。教练通常更愿意与队员直接讨论上场时间问题，而不是与家长讨论。

家长有权表达自己的担忧。实际上，我们提倡家长要和教练站在同一战线上，尽量避免与教练讨论上场时间问题，避免讨论其他队员、比赛策略和比赛本身的问题。我们认为，如果家长了解到他们的孩子已经和教练谈过了，但无法独立解决问题，那么这时与教练进行会谈才是合适的。

首先，也是最重要的一点，家长得擅于在孩子面前扮演倾听者的角色：倾听他们的情绪，倾听他们的担忧，倾听他们谈论失望、恐惧和挫折；然后问他们希望事情如何进展，最好的情况会是什么样子，什么会让事情变得更好，等等；最后帮助他们弄清楚如何明确表述这些期望，以及与谁交谈，如何交谈。家长应该鼓励孩子促成这种对话交流。家长和教练会谈时，应该关注孩子的心理健康、身体健康和长期发展计划。会谈应该关注一些特定话题，比如家长如何帮助孩子进步，如何帮助孩子管理自己的情绪或行为，教练额外增加的技术技能训练、健身或心理健康训练等。家长和教练之间进行成功和健康的沟通，有助于创建一个反馈循环，以确保所有当事人意见一致。形成建设性的伙伴关系之后，往往会避免一些意想不到的挫折。[2]

但是呢，再说一次，不要期待什么完美的解决方案，因为从来就没有什么完美一说。每个团队都是一个生态系统，由不断变化甚至相互冲突的方方面面组成。有时为保持团队稳定，必须有人或家庭做出让步，这对他们来说可能是不公平的。请把这一点告诉孩子。不要因家长感到沮丧或懊恼而使孩子产生错误的认知。另外我们得有思想准备，会谈可能会脱离原定轨道——当然这也不见得是坏事。

当玛丽要求与教练见面时，教练犹豫着是否有必要，他建议玛丽先和他的助理教练见面，这令玛丽火冒三丈。玛丽和丈夫最终和教练谈了，不过讨论的不是诺亚的上场时间，而是教练对诺亚能力的看法，以及该如何帮助儿子提高竞技水平。教练的回答让他们感到非常惊讶："你们的儿子是个非常特别的球员。他既有天赋又有技术，我非常喜欢和他一起合作。他的态度端正，很招队友喜欢。我知道当他不能上场时，会时不时情绪低落。但我对他更加严厉毫不妥协，是因为我知道他的潜力。我打算利用他读大二的这段时间好好培养他。当下，我正在集中锻炼和提高他的精神韧性。说真的，我对他寄予厚望。"

听到这些，诺亚的父母心里可算有底了。他们鼓励诺亚相信和服从教练安排，而不是处处逆反。玛丽主动和诺亚说，这是利用上场时间一事对他进行有目的的磨炼，不是无心之举，更不是出于不公。

因为和教练的会谈可能很棘手，所以在预约见面之前，必须将一些重要的事项了解清楚。诺亚的父母是通过电子邮件预约的会面，并非是在比赛前仓促安排的，因为那时教练根本无暇顾及，鲜有愿意被家长打扰的。有的教练在赛季开始前就明确和家长的沟通程序：家长有事先找助理教练反映，如果需要进一步沟通讨论，可以约主教练，最后才是体育总监。明确沟通的步骤和层级对于教练和家长都很重要，可以避免相互间的误解和沟通不畅。玛丽就是按照这个程序申请的会面。

玛丽为会面做了精心准备，重点谈的是儿子的比赛能力，而不是技战术或上场时间。她刻意在交谈中提出她和丈夫能够给儿子提供帮助的方面，而不是简单地批评或质疑教练的品质或执教水平。不幸的是，很多教练和家长之间的互动可就没有这般理想和顺畅了。

容我重复：从来就没有什么完美的解决方案！许多家长是带着强烈的愤怒或恐惧情绪，即时找教练交涉的。也有很多家长在要求会谈前并没有斟酌自己到底想说什么和怎么说。事实上，要不是介意自己孩子的上场时间不足，他们压根就不会要求会谈。

曾经，克里斯蒂参与执教的一支球队正在比赛时，一位名叫吉姆的家长突然怒不可遏，并对主教练出言不逊，他的女儿是有着多年队龄的老队员露西。他失态大喊："怎么会让孩子们踢成这样？只安排了3个后卫？教练，这是什么阵型？来吧，别再胡乱指导、耽误孩子们赢球啦！"直到主教练勒令吉姆的女儿露西下场，吉姆才停止大喊大叫。教练让露西告诉她的父亲，每次他在场边这样喊叫一次，她就会被罚下场一次。此事再次证明家长的行为对孩子的心理甚至球队位置的影响。别忘了现在一举一动都逃不过摄像头的眼睛，可不要做那种家长。

其他家长对吉姆的行为同样反感，都觉得无法理解。一方面因为他的反常表现，另一方面其他家长觉得吉姆不该在比赛时冲教练连吼带叫，毕竟这不是他女儿一个人的比赛。吉姆的行为咄咄逼人，明显不妥。

教练盛怒之下，第二天通过电子邮件约吉姆见面，冷冷地告诉吉姆，想就他在比赛中的言论讨个说法。吉姆忙不迭地回复说："别别别，您千万别往心里去啊。我真不是那个意思,当时是恼羞成怒昏了头。我的确不该大喊大叫的,是我的不对。"

原本下一场比赛应将露西停赛以示惩戒,但助理教练认为,吉姆是个急性子,如有再犯再行惩戒较妥。教练也想给吉姆找个台阶下,不想搞得太僵,但坚持要见面谈:"只要不能排除再次对我乱吼的可能性,我们最好还是讨论一下这件事,有个了断。"

吉姆和教练在那个星期晚些时候见了面。教练开门见山:"我想试着尽量理解你的观点,但请告诉我为什么你认为我排的阵形对比赛不利呢?"吉姆无言以对。"你能告诉我为什么你认为我改变了阵形呢?"吉姆仍旧无言以对。"你能给出建议哪个阵形会比我排得更好吗?"吉姆哪里有什么建议啊!

"我的确采用了跟以往不同的阵形,那是因为我想教队员们新战术。我不担心她们表现如何,因为用的是全新阵形,我只是想让她们在比赛中尝试一下。对方的阵形给了我们一个尝试新东西的机会,让女孩们接受挑战。这事你知道吗?露西告诉你了吗?"吉姆的回答是否定的。但随后他脱口而出:"现在球队吸收了新的队员,我真为露西担心。总有一天您会裁掉她,是不是?我只是担心您会裁掉她。"

吉姆话音未落,教练就以一种完全不同的眼光看待吉姆了。他看到的不是一位脾气暴躁或令人讨厌的家长,而是一位担心自己孩子的父亲。这正是大多数家长内心深处的想法。从他们的外在行为往往并不能看出他们真正的动机,那就是保护孩子。有时候,家长不体面的场外行为其实是根植于对孩子的爱。

与教练的沟通原则

并不是所有的教练都为人宽容，或者愿意与家长交流。作为家长，与教练沟通的法则如下：

- 避免在比赛当天预约会面。
- 遵守"24小时法则"：赛前、赛后的24小时内，避免讨论比赛相关问题。
- 出面干预之前先鼓励孩子跟教练初步沟通。
- 避免涉及其他球员或谈及上场时间。
- 讨论你对孩子的担忧和你能够协助教练做点什么。
- 对自己也沿用"24小时法则"。你对比赛的看法，第二天和前一天或许会完全不同。
- 对教练别有太多戒心，更不要有报复心，而是放平心态，坚持使用以"我"为主语的陈述句，避免不公正的声明或表述。
- 不要谈论其他的家长或队员。
- 确保参加教练召集的赛季前和赛季中的所有会议，这有助于相互间的理解和尊重，有利于把球队纪律和赛季计划坚持到底。

出现以下状况时，家长需要参与：

- 当你认为孩子有危险隐患。
- 当你觉得孩子对这项运动失去了兴趣。
- 当你看到孩子性格发生改变。
- 当你的孩子自诉很不舒服。
- 如果教练贬低他们，羞辱他们，或将他们与其他队员进行比较。

沟通是最好的解决办法

阿比·瓦姆巴赫和克里斯蒂曾经同时效力的俱乐部，可以说汇集了一批世界顶级的足球球员。球员都是由老板亲自挑选的，并且只从世界女足的顶级球员名单里选择，加入球队后待遇优厚。克里斯蒂和阿比被指定为队长。

俱乐部老板为这些球员提供极其高端的服务。球员们住在"西棕榈房"的高档公寓里，享受一流的医疗保健和定期按摩，在高级餐厅用餐，享受世界一流职业球员的待遇。这家俱乐部是名副其实的"梦之队"，它拥有令人敬畏的球员、卓越的组织能力以及充分信任球员的老板。这个豪华阵容和超级配备，按说应该是冠军的不二人选，但事实却让人大跌眼镜。当克里斯蒂回顾自己在球队的经历时，她说："当时球员们对享受如此优待很不习惯，有些不知所措。当然，奢侈的生活方式不可能是失利唯一的原因。事实上，问题源于我们一直在强调的这件事……"

▲ 克里斯蒂的故事

所有出现的问题都源于缺乏沟通。理论上讲，我们是最好的团队。但现实中我们并没有完全做到相互成就。作为一个整体，我们本应该全程互相全力支持，但我们之间却连交谈都没有。

阿比和我是那个赛季的队长，同时也是闺密，但是随着赛季持续进行，我们却很少讨论足球。整个队长任期，我们从未策划或制定过整个团队的技战术。

这并不是说我们疏忽大意，而只是因为相信我们的球队能行。阿比全权负责组织进攻，而我则专注于组织防守。我们只是分头负责，这意味着球队对整个赛程缺乏整体规划。球队没有设定最终目标或阶段性目标，甚至连赛季中需要共同练习提高的技能的清单都没有。

令人难以置信的是，我们在该俱乐部的队长生涯中，从来没有为讨论、分享或筹划球队的任何事进行过一次面对面的会谈。我们转而听任老板掌控场内外的一切决策，而这本来应该是队长的分内之事。我们遭遇了很多场意料之外的失败，进而输掉了整个赛季，这让我和阿比都得到了极其深刻的教训：没有沟通的团队在对战善于沟通的团队时，结果只能是不堪一击。尽管我们的队员个顶个优秀，但离开了坚实可靠的沟通，她们的个人技能优势就无处施展。最后，阿比和我意识到，虽然我们每个人都很厉害，但决定比赛胜负的最重要的因素并不在球员个人的能力。这是我整个运动生涯中得到的最大收获。

虽然我们队里都是清一色的高手，且比赛时都处于巅峰状态，但由于缺乏沟通，便无法形成合力，最终与胜利擦肩而过。

如何与年轻队员沟通

一个刚刚从事体育运动的 7 岁孩童，能够像 15 岁的队员那样理解同样的反馈意见吗？当然不能。

发展心理学中的大量研究不约而同地给出建议：教师、教练和家长不要把孩子当成微型成年人对待。当沟通方法与年轻队员的发育水平不匹配时，会出现沟通不充分，甚至沟通失败，导致家长与孩子、队员与教练之间的沟通脱节。当我们与孩子沟通时，一定要知道，与决策、冲动和解决问题相关的技能和能力贯穿孩子整个童年，会不间断地得到提高，直至成年之后。美国国家心理健康研究所的杰伊·吉尔德（Jay Giedd）和他的同事们利用扫描成像技术，对大脑发育的持续性进行了研究，发现人类的大脑发育事实上贯穿其整个青春期，一直持续到20多岁。[3] 你有没有注意到，即使是大家公认的头脑聪明之人，青少年时期也会做出随意、冲动甚至错误的决定。这是因为这个时期他们的大脑前额叶尚未发育完全，而该区域主要负责持续关注、组织安排尤其是解决问题。

　　球员在比赛时的情绪控制和决策能力，更多反映的是他们大脑前额叶的发育水平，而不是他们的能力水平。当然这并不是说年轻球员一定会做出不理智的决定。但这的确表明，球员年轻时尤其是十多岁的少年时代，需要正确引导，特别是在情绪控制和理智决策方面。就这方面来说，还有比在球场上、压力下以及在家人和同龄人面前更合适的学习场合吗？家长和教练可以给青少年在成长过程中营造开放式沟通的场域，并为他们的行为设定明确的界限，促进其成长进步。

　　空间意识缺乏是年龄较小的孩子身上普遍存在的问题，同样也与大脑发育有关。空间意识由大脑前额叶负责，该区域同时负责感官信息的运转和处理，直到25岁才会发育完全。这就是为什么不仅需要教年轻球员在场上如何灵活穿插走位，还要时刻提醒他们与既定站位的偏离度。孩子们在听到"你跑动不够"或"你站位不对"这类模糊指令时往往反应不佳，因为他们根本理解不了。这时，我们需要将目视定位直接告知他们。同时还需要根据孩子的情况灵活处理：一些年轻球员无法将教练讲解时在记事板上演示的标记转换为场上的位置，有些孩子需要亲眼看到动作演示才可以模仿并学会。

在与年轻球员交流时，克里斯蒂演示较多，说得反而不多。她不会简单大喊"别懈怠"，而是直接说出她真正想表达的："球动人不停。"教孩子们时不会说："谁有问题或者不明白问我！"而是直接通过视频向他们展示高手是如何穿插到空档的，甚至在后院手把手地教她们。以下是一些指导年幼队员的小贴士：

- 当他们问"为什么"时，用具体的方式展示给他们看。
- 注意区分你所看到的内容与他们所能看到的内容之间的不同。
- 教孩子解决问题时，将替代方案作为建议给出。
- 征求他们的意见，而不仅是让他们按你说的做。
- 鼓励和期待对话交流，而不是一味地说教。

在与孩子交流时，必须考虑他们的身心发育水平、运动方面的天赋，以及他们的年龄、心智、技能对比赛的影响。点评赛场表现时，从解决问题的角度出发而不是只着眼于技术欠缺的方面，针对前者的点评往往更有效果。

沟通优先事项

去年，基恩博士的儿子克里斯蒂安问她，马上要比赛了，是否可以不去参加球队组织的意大利面派对。

基恩的故事

我告诉他应该去。我的理由是，尽管他不太愿意坐一小时的车去参加派对，但他毕竟是团队的一员，不能对集体活动无动于衷。我儿子说："整个夏天我都兢兢业业坚持训练，即使是自发训练都没错过哪怕一场。我真的累了。今晚只想一个人待着。我的事情我做主不可以吗？"

我觉得言之有理，就同意他待在家里。我提醒他及时将决定告知教练，并做好接受惩罚的准备，包括可能影响上场，不得不坐在替补席。我尊重他的选择，当然，我并不想看到儿子坐在替补席。但他和我在更重要的理念上达成了一致：当需要时，他有权决定自己何时休息。更重要的是教他信任和尊重自己，而不是在身体撑不住时还去做无谓的消耗。当然，他同样需要明白，并不是每个教练、家长或队友都会理解并支持他的做法。

令我惊讶的是，教练理解他的苦衷，并没有送克里斯蒂安上替补席。教练说他自己在中学时也是同时从事两项运动，隶属于两个球队，对既不能耽误繁重的学业，又要在两个球队教练间周旋的滋味深有体会。他对克里斯蒂安说尊重他的决定，并欣赏他的开诚布公。他本可以假装生病，当然如果那样的话，教练也不会跟他说这一番掏心窝的话了。

想一下，当孩子说他不想继续，需要休息时，你却没有答应，传递给孩子的信息是什么吧。虽然克里斯蒂安的脚本原本也可能朝完全不同的方向发展，比如说因此被教练惩罚了，他应该同样会得到收获和教训。体育运动的特点和要求，常常使你不得不做出艰难的人生抉择。照顾好自己，花时间放松或与家人和朋友聚会，对于保持身心平衡和自得其乐是必不可少的；话虽如此，但不可能每个人都能理解你的诉求。我告诉儿子，他的感受比比赛更重要，但是他的决定同样可能会产生意想不到的后果。

各个级别的比赛都有此类情况。家长应尽早以言传身教的方式告诉孩子还有比运动更重要的事情，应该优先处理好。有一次克里斯蒂在国家队的一位队友因参加姐姐的婚礼耽误了比赛，结果在接下来的几场比赛中，这个队友都被雪藏了起来。

克里斯蒂的故事

我的队友必须依靠自身努力重新回到首发阵容。好几次我不得不拽她坐下，帮助她冷静下来。她差点就辞职撂挑子了！对她来说，参加姐姐的婚礼比参加那次比赛更加重要。我理解她，但教练却没有。在队友的帮助下，她坚持了下来。但是，在教练看来，她犯了不可原谅的错误，必须为此付出代价。

有趣的是，她并没有因此改变参加姐姐婚礼的初衷；讽刺的是，教练后来似乎对因这件事限制她上场深表后悔。事实上，我们应该认识到，教练和球队工作人员同样都有不完美的地方，他们也是在边学边做。

一定要认真地把你的想法表达出来。如果你在心里把家庭放在第一位，那么就可以鼓励孩子在必要时为了家庭错过比赛，并坦诚表达牺牲比赛的后果与错过重要的家庭事件的后果不相上下。如果把孩子的感受放在第一位，那就让他们自主决定，同时教会他们尊重和履行自己对教练和团队的义务。童年绝不是一次次简单的练习或彩排，我们需要有意识地向孩子传达积极的信息并付诸相应的行动，即便这样可能会令当事人不快甚至感到痛苦。

行动胜于雄辩

你知道有多少家长会重提他们在高中运动生涯中的故事吗？那些故事中有多少在二三十年后仍能唤起强烈的情感呢？那些都是对成长有着重要影响的时刻。家长们回顾自己在高中的光辉事迹时，往往会引来孩子的白眼。"爸爸，我真不敢相信你还在谈论这件事，还是在我的朋友面前！"作为家长，你在帮孩子留下深刻回忆方面可以发挥重要作用。你的作用是增加孩子的生活体验，而不是让孩子去实现你想要的生活。担任"家长代表"是神圣的、有价值的。

和孩子们沟通前一定要明确自己的意图，因为你与年轻人的沟通，将对他们的生活产生重要而持久的影响。你想让你的孩子在20～30年之后，记住你说的哪几句话？

我想大多数家长都想向孩子传达有关运动的积极信息，那么我们建议你花时间考虑一下你正在和孩子交流的内容。你希望他们从你的运动经历中学到什么：是坚持过去的荣誉，还是理解过去是如何塑造现在和未来的？为供参考，我们编制了这份沟通信息清单。当然，你也可以根据自己的喜好随意添加。

- 胜利不代表一切。
- 从失误中汲取教训。
- 体育运动是一种宣泄情绪的方式。
- 玩得高兴，玩得开心。
- 不懈努力，态度端正。
- 做一名优秀的队员。
- 善待你的队友和对手。
- 善待自己。
- 不要害怕冒险。
- 输了也没关系。
- 这不是你如何跌倒的问题，而是你如何站起来的问题。
- 人际关系很重要——这需要全面协同，多方合作。
- 领导不仅是一个空头衔。
- 体育运动是终生的心灵良药。

有时候，我们会通过语言直接口头告诉孩子这些；有时候，我们会通过文字表达对孩子的肯定，包括转发网上看到的诸如励志语录或幽默段子给孩子。记住，93%的沟通是通过肢体语言完成的，所以在与孩子的沟通上，我们的行为方式影响巨大。有多少家长大谈特谈体育精神的重要性，但一出现低级判罚便对裁判恶语相向？这种事情每天都在发生。为此，值得花点时间写下并反思自己作为家长的一些日常不当行为，以及不经意传递出去的错误信息。以下是一些具体建议。

在比赛中保持冷静。家长在比赛中表现得情绪激动、言辞激烈会对孩子造成严重的不良影响。当家长在场地边大喊大叫时，一则会让孩子感到难堪，二则会激怒裁判和教练，三则有损体育精神，传递和强化"只有赢球才重要"的错误信息。与之相反，如果家长始终保持冷静，传递和维护的就是关于端正态度、享受乐趣和积极乐观的信息。

比赛失利时的表现应积极正面。孩子们面对比赛失利时心里会五味杂陈，有愤怒，有失望，有悲伤，甚至有自嘲。这种情况下，家长自然而然地会立刻进入养育模式，支持和安慰他们，随之移情进入失望情绪也是很自然的。你会发现自己开始对比赛吹毛求疵，甚至贬低教练或队友。有时候，家长的理智甚至会完全输给情感。

无论如何，一定要花点时间评估一下你的情感反应，以及不经意间传递给孩子的信息。要认识到自己该如何应对失意，孩子看到你的反应会有样学样。你的情绪越激烈，向家人传达的"只有赢球才重要"的信息就越强烈。

要允许孩子在必要时休息。有时，孩子不想去训练，而是想与朋友一起出去玩或者参加别的活动。家长大多会担心孩子因此影响对团队的义务或造成不良后果。当孩子要求休息时，记住，一定认真听听他们的理由。他们真的应该休息吗？显然，你并不想孩子养成松松垮垮不负责任的习惯，但是，他们也可能有正当理由，比如疲惫不堪、劳累过度、身体不适或有更重要的事情去做，等等。

总的来说，家长有责任和孩子一起做出这个艰难的选择。最终，你肯定是希望孩子既能理解奉献和义务的含义，同时还能平衡童年的其他兴趣爱好。

BE ALL IN

需要记住的沟通要点

◎ 了解孩子的沟通方式和肢体语言。教会孩子有效地使用语言和非语言的方式与他人有效交流。

◎ 明确自己的目标与意图。你是在为孩子赢得世界杯做准备也好，或者只是为了去结交几个朋友也好，但你的意图应该是清晰和一致的，避免有任何隐秘意图。

◎ 传递信息时考虑孩子的发育水平。确保你所传递的信息与孩子的理解水平相匹配。

◎ 确定要与孩子进行什么样的对话，并在孩子按预期接收到信息后，注意孩子的反馈。

◎ 用积极的倾听来教孩子重视自己的看法、信念和观点。生活中有些事情只能通过亲自经历去探索学习。

BE ALL IN

第 3 章

全力以赴

足球训练定于下午 6 点整开始。5:30，3 个孩子都吃饱了。至于家庭作业，早在 4 点前就做完啦！他们已把足球包收拾好，整齐摆放在门厅里，就等着上车了。5:45，每个孩子都戴上了护腿，背上球鞋，往车里爬的时候，球鞋垂在胸前晃来晃去的。手机呢，都留在了厨房柜台上的充电站里。没有人在吵闹打斗，大家都情绪饱满，吃饱喝足，热切地期待着与心爱的队友一起踏上球场。如果一切真如上面所说的这样，那真是太棒了！但现实却完全相反。足球训练应该在 6 点开始，但直到 5:30，3 个孩子中只有一个下楼吃饭，另外两个孩子还穿着校服，脸几乎贴在手机屏幕上；一个孩子找不到护腿了，另一个孩子的训练衫压根就没投进洗衣篮，还有一个孩子表示今晚不想去训练了。到 5:50 时，3 人手捧没吃完的食物匆匆跑向汽车。哎呀，孩子们打起来了。其中一个孩子一直捧着手机，什么话也没听进去。

如果第一段你听起来很耳熟，那就直接跳到下一章，没必要看这一章了。如果第二段听起来更像是你家孩子的日常场景，那就请继续读下去吧。其实这也是大多数运动员家长的画像：时间总是不够用，总有做不完的事；天天疲于奔命，狼狈不堪，根本应付不了孩子、训练和比赛这一地鸡毛。这种感觉就像不仅车道上汽车不够，司机也极度缺乏，根本无法保证将每个人送达目的地。

在这一章，我将讲述怎样才能更从容地应对这一切，以及如何在心理上做好准备。有专家表示，运动表现中高达 90% 的部分取决于球员的心理因素，仅有 10% 关乎生理因素。不管确切的比例是多少，大多数专家认为心理因素占比肯定超过 50%。很明显，孩子在球场上的表现很大程度上受特定情境、思维定式、情绪基调和行为方式的影响。孩子需要多种因素加持才能专注和自信地参加比赛，我们在参加考试、准备公开演讲或准备工作面试时也是如此。

克里斯蒂记得，美国国家女子足球队特意规划设置了赛前体验环节，许多职业球队和大学球队也是如此。这是因为年轻队员们往往无法自主决定在比赛之前做什么，他们没有能力控制家庭的运作模式，也不知道家庭能给予什么支持以及家长或兄弟姐妹能帮忙做什么。如果你计划帮孩子创建一个良好的赛前环境，那请认真想一想应该采取什么措施来让一切尽在掌握。你认真考虑过孩子在离开家参加比赛之前的心理状态吗？当去参加训练或比赛时，他们的心态是怎样的？哪些家庭因素会影响他们的情绪状态？我们发现，多数家庭并没有考虑过赛前环境对孩子的影响，一切照旧，大家都在按习惯行事：说话聊天，为孩子们拉架，为赶时间冲出家门。

赛前的过渡期是孩子能否成功的关键因素。如果你把这个过渡期看作孩子发育和成长过程中必不可少的组成部分，继而认真以待，那么你很可能会发现他们的表现越来越好。更妙的是，你还可能会看到孩子们对这一经历总体上越来越满意。一定要抓住孩子的情绪脉搏，除了在比赛或活动之前改善家庭的氛围或环境外，还应考虑遵守特定的程序。例如，克里斯蒂和她的国家队队友们在比赛当天都坚持进行赛前准备。

克里斯蒂的故事

每当要参加一场重要的比赛或活动时，我都会确保自己在前一整天保持放松。有时我会和三五个队友一起去购物，过程中随意走动放松双腿。但主要目的还是让自己不去考虑比赛的事情，因为我不愿意用赛前的一整天来做心理准备，这时只需要照顾好自己就行了。我一般是在乘大巴车前往比赛场地的途中才开始做心理准备的。这时候内心的那些声音就会开始在我的脑海里交织激荡。整个途中，我会安静地坐在车上，除了专注于心理调适，不做任何事情：感受自己当下的情绪、紧张程度、身体状况和内心想法。

通常，国家队队员们坐在大巴里都非常安静。现在我脑海里仍然能浮现出每个人坐的确切位置，都有谁坐在我的周围，以及大家在做什么。我们总是自得其乐，尊重彼此的赛前自娱习惯。很多人喜欢在去比赛的路上听音乐或者阅读，有些人会和邻座疯狂地追剧，还有比如阿比，按照老规矩，靠着网上纸牌接龙游戏打发时光，通常下车前至少会赢下一局。如果去球场的车程较短，而阿比尚未来得及赢下一局，她就会惊慌失措。在她看来，要想赢球，就必须在赛前先赢得纸牌游戏才行。我们最喜欢坐邻座，因为我需要安静，而她需要静静地玩游戏不被打扰。

迈进更衣室之前，我的绝大多数（如果不是全部的话）队友会按惯例给家人或爱人发短信或打电话。她们想要在投入激烈的比赛前，从她们爱着的和相信的人那里获得积极向上的力量。

专业人士指出，你对孩子的一言一行都会对他们的表现产生持久的影响。如果传达的信息是积极的，那么你具体说的什么并不重要；这里要说的是，无论世界发生了什么，你都得为孩子着想。要记住，球员能否成功取决于是否敢于冒险，而比赛本身可能会让球员处于脆弱的境地。无论是罚点球、对传球或射门的快速决断、快速抢断或保守处理，光是在成千上万人的眼皮底下决定怎么办，就需要莫大的勇气。作为家长，你是他们勇气的第一源泉。要想培养孩子的勇气，必须得先培养他们的安全感。

美国心理学家亚伯拉罕·马斯洛（Abraham Maslow）因他的"需要层次论"而闻名。[1] 他说，一个人必须首先获得基本的安全感，才能逐渐关注更高层次的需要，比如尊重和自我实现的需要。人们在低层次需要得不到满足时会感到焦虑。他认为，在低层次需要得到满足之前，人们无法实现最高水平的人类功能，即他所认为的自我实现。当一个人获得自我实现感时，才算是充分发挥了自身潜力。当然，孩子们要完全实现自我，不可能只是靠比赛或训练之前的短暂时光，可能需要耗费一生的时间。我们在这里用这个范例旨在说明，当一个人感到不安全或感受不到爱时，即他的基本需求得不到满足时，就会阻碍他最大限度地发挥自己的水平。当然也会有反例，一些运动员在低层次需要没有被满足的情况下，却实现了超水平发挥，但他们在比赛中表现出一定程度的焦虑是毋庸置疑的。至于青少年体育，想象一下，当一个孩子的安全需要、爱与归属需要不断得到满足和加强时，他们在比赛中会是什么样子。基恩博士回忆说，在高中的一个足球场上，她亲眼看到马斯洛的理论得到了生动地体现。

基恩的故事

记得我女儿卡梅伦告诉我，她通常在下半场踢得更好，因为上半场太紧张，这让我很震惊。我知道她在比赛之初很紧张是真的，但却万万没想到她在整个上半场都很紧张。卡梅伦告诉我，她认为紧张是正常的，当然事实上她也的确紧张。她还觉得这根本无法克服，直到有一天，她的一个朋友在"球迷日"比赛上做了一件完全出乎她意料的事，彻底改变了这一切。球迷日比赛通常是一个赛季最受瞩目的比赛：许多学生、家庭和教职员工都会来观看这一年一度的比赛盛事。这是卡梅伦高中足球赛季的第一场夜间比赛。

我女儿告诉我，比赛刚开始时，她甚至比平常还要焦虑。但在中场列队时，她听到朋友们在场外喊她的名字。她抬起头，看见 3 个自己最要好的朋友在朝她边笑边挥手。整个赛场逐渐安静下来，等待开场哨声响起。这时，她的朋友凯特身着蓝橙色相间的彩绘战袍出现了，彩绘图案和电影《勇敢的心》中的威廉·华莱士的装束几乎一模一样。凯特疯狂地挥舞着双手，大喊道："卡梅伦！我爱你！我爱你！"凯特的喊声划破了赛场的夜空，显得格外清晰。我女儿起初因为大家都看向她，感到些许尴尬，但还是忍不住笑出声来。凯特甜美有趣的喊话表白顷刻间打破了卡梅伦上半场总是紧张的魔咒，让卡梅伦摆脱了紧张，与之前的表现判若两人。

这一幕促使我重新审视自己。赛前我又是怎么和女儿说的呢，大概是"一定争取进一个球！"吧，也或许是"好好踢"。这让我更多地思考作为比赛前奏的赛前环境的作用，如果家长处理得当，孩子可以从我们这里得到较强的安全感和归属感，感受到我们对他们深深的爱。那么，孩子在自信心、心理成熟度和场上表现等方面，就会获得家长独特的、不可替代的持久印记。

双职工的父母经常一周中会来回穿梭多次，接送孩子参加不同的训练和比赛，在比赛和训练之前的间隙，他们经常要接打工作电话或处理工作事务。开车接送孩子的路上，本来可以成为赛前孩子和家长忙里偷闲的轻松时刻，却也会成为繁忙之中另外的一地鸡毛。当克里斯蒂情绪低落或有压力时，她会在开车送女儿去训练或比赛场地的途中恶声恶气地讲话。当年办离婚时，她经常心情烦躁，甚至顾不上接送女儿。她太忙了，总是匆匆赶赴训练和比赛，还经常迟到，总是感到情绪难平。

所有的家长和家庭都会在某些事情上，跟孩子产生互动障碍，比如他们不得不严格要求的事，让人感到压力局促的事，等等。如果能对自己的行为有一个简单明了的认知，就会有助于降低压力水平。哪怕只是想着把握好当下，就可以产生意想不到的改变。不妨试着这样做：下车前深吸一口气，一天中多问一问自己在想什么，不要分心或让烦心事干扰自己的目标。我们作为成年人，如果在赛前积极调整身心状态，健康积极地备赛，对孩子来说就是个很好的示范，有利于他们快速进入状态，精神世界也会越来越强大。

在这一节，我们讨论了如何在应对重大事件之前做好充分的心理准备。无论是大型比赛、阶段性测试、项目演示，还是大型舞会，概莫能外。最重要的，你在孩子下车前说的最后一句话，一定要是积极向上的。比如，告诉孩子你爱他们，告诉他们你在他们身边，以此让他们获得安全感和价值感。总之，想要真正做好赛前准备，朝着这些方向努力，养成健康、清醒的习惯是很重要的。

充足的睡眠

休息不仅仅是指在比赛前一晚好好睡觉，比赛之前 3 天的时间里睡得如何，都会影响比赛表现。充足的睡眠对比赛当天的表现至关重要，可以帮助球员恢复体力、康复身体和平复状态。许多孩子在长途乘车时会睡觉。美国国家睡眠基金会也建议在比赛前高效率小睡 20~30 分钟。[2] 不过，在乘坐长途车时，有些孩子往往会入睡过久。研究表明，比赛前的过度睡眠也会降低运动表现。睡眠超过半小时，运动表现就可能会下降。就像海豹突击队在执行任务前一样，阿比在大型比赛前，几乎一整天都在打盹。每场比赛前她都会打盹。没人会相信，像阿比这样精力爆棚的队员，会在世界杯赛前打盹。但午睡对她来说的确好处多多。

家长应该根据孩子的个人情况来决定小睡还是长睡。有的孩子小睡可以增强场上表现，但有的孩子恰恰相反。所以我们应该注意观察孩子的不同需求。总的来说，过长的午睡确实会影响人体生物钟，导致晚上难以入睡。对大多数人来说，如果夜间睡眠充足且连续，加上平日的锻炼，白天的打盹就可有可无了。

合理的膳食

青少年队员最需要的就是充足的饮水。孩子们经常感觉不到口渴，也就不愿主动喝水。实际上运动员在赛前应充分补充水分，甚至在去比赛的路上也要小口喝水。我们建议在他们的包里装一个水瓶或水壶，比赛间隙也要补水。一般建议赛前一小时球员的喝水量应在 120～240 毫升。

克里斯蒂的故事

我的两个女儿都是在美国国家女子足球队长大的，她们通过观察他人学会了如何喝水。所有队员都在时不时地小口喝水，无论走到哪儿似乎都随身带着一瓶水，入住酒店的房间里总是摆着一箱箱的水。我从来不需要提醒孩子喝水，因为一直以来周围的人都在不停地喝水，她们也就自然了解了补水的重要性。

记得长途旅行时，我们经常时不时地停车去洗手间，如果哪次行进较长时间后停车，队员们便会迫不及待地夺门而出，冲向卫生间。我们总是保持水分充足，因为这对保证比赛表现是极其重要的。

许多运动员在比赛前一晚吃碳水化合物，因为碳水化合物能为身体提供产生持久能量的糖原[①]。没有糖原储存，身体就会开始消耗脂肪。这对想要减肥的人来说是个求之不得的好事，但对运动员来说，则意味着他们更容易感到疲劳，甚至引发肌肉受损。

最好的赛前食物大体上是意大利面、面包、水果和蔬菜，当然要适量，一定要鼓励孩子远离油炸食品和高脂肪的食物。赛前的这顿饭应该在比赛前

[①] 糖原是一种动物淀粉，属于糖类的一种，为人体储存后备能量。——编者注

一到两小时吃。根据经验，最好吃正常分量的一半。比赛之前的快餐可以选择蛋奶棒、奶酪串、酸奶、香蕉、蛋白质奶昔和全麦吐司。我们应该告诉运动员将食物视为燃料，并留意身体对不同食物的反应。可以想象得出，很多孩子根本不在意饮食不当的后果，也不会真正花时间去思考。再强调一次：一定不要忽视个人的饮食偏好，这是十分重要的影响因素，赛前需要让孩子吃得胃里很舒服才行。

良好的情绪

如前文所述，孩子的情绪会受到家长行为的影响。你的压力也会变成他们的压力，你的坏情绪可能会让他们感到孤独和不知所措，在比赛时分心。开车送孩子打比赛的路上，是帮助孩子恢复平静的好时机，家长做好了，孩子在训练或比赛时就不会心不在焉。克里斯蒂的女儿赖莉经常因为家庭作业犯愁。在赶往训练场地的路上，她也经常会因为做不完作业而焦虑。

克里斯蒂的故事

每当这时我就会跟赖莉说，无论需要多长时间，我都会陪她完成作业。我是想让她放下包袱，好好投入训练。我希望训练起到解压的作用，而不是制造压力。我鼓励她在训练时心无旁骛，专心致志，我知道这样她就会达到最好的训练效果。我在很小的时候，比赛前也总是很焦虑，甚至会反胃呕吐。我太想踢好球了，一想到可能会让队友失望，就会更加焦虑，多年来我一直不知道该如何克服这种赛前焦虑。直到长大以后，渐渐明白这不是我一个人的比赛，而是大家共同的比赛，才能够做到在赛前有效纾解压力。

焦虑和压力感是运动员赛前最常见的两种情绪。孩子们担心能否打好比赛，担心败给对手，担心教练的态度，也担心自己在教练、同龄人、队友和家人面前表现得不尽如人意。很多时候，比赛的参与者或多或少都会影响年轻运动员的场上表现。很多孩子都说害怕搞砸比赛，害怕看起来傻傻的样子，或者被同龄人奚落。孩子比赛时焦虑的另一个来源是上场时间的多少。令人难以置信的是，一些年轻运动员承认，他们最担心的不是上场时间本身，而是家长对教练分配给自己的上场时间的反应。

心理意象

我们建议孩子在比赛开始前花 5~10 分钟的时间想象一下自己成功之后的感觉。当你想象自己在做某件事时，大脑就会对这种想象做出反应，就好像你真的在做一样；用心理意象的方法，可以气定神闲地在大脑中进行一次活动预演。[3] 大量的研究表明，球员如果在想象中多次完成某个动作的预演，是有助于提高其场上实际表现的。[4] 例如，当球员在想象中完成了一次近 50 米的传球，他大脑中的化学物质和电脉冲就会对这种想法做出反应，跟球员真正在传球一样。这样当球员真正上场比赛时，他们的身心已经为成功做好了准备，也就更可能有出色表现。

这就是为什么专业球员经常运用直观想象的方法来提高运动表现。除了无数个小时的动作重复训练，球员还通过直观想象实现战术目标的方法来训练自己的心理意象。想象激活了运动表现所涉及的视觉、听觉、嗅觉和感觉，想象得越细致、逼真，就越管用。克里斯蒂是在效力奥林匹克足球队期间，学会心理意象法的。

克里斯蒂的故事

我的赛前焦虑一直很严重，直到 2000 年接触了心理意象法才大有改观。一旦掌握了意象的力量，便可以摆脱严重的精神紧张，场上表现也会明显改善。我会带上一份个人精彩表现的剪辑视频，并配上一首我最喜欢的歌曲，每年做一份新的。配乐歌曲有艾丽西亚·基斯（Alicia Keys）的《烈火女孩》（Girl On Fire）、拉赫尔·普拉滕（Rachel Platten）的《体育战歌》（Fight Song）等。

这些视频克里斯蒂看了无数遍，深深印在了她的脑海里。她可以在热身或候场时，在脑海里播放给自己看。如今，孩子们在手机上就能制作自己的精彩视频，并使用应用程序为视频配乐。即使没有视频，你也可以通过谈论孩子在场上的精彩瞬间的方式，来营造一种意象的感觉。你可以提前做做功课，牢记孩子的几个场上精彩瞬间，并在送他去比赛的途中，绘声绘色地大声复述出来。

音乐对情绪状态也有很大的影响。如今，大多数孩子在比赛前都会一门心思琢磨球技。我们可以鼓励孩子在重要比赛之前听一些让自己情绪高涨的乐曲。运动心理学家科斯塔斯·卡拉吉奥吉斯（Costas Karageorghis）进行的一项研究表明，音乐可以在耐力、爆发力、产出率和意志力等方面改善运动表现。[5] 振奋人心和令人愉悦的乐曲可以帮助球员脱离引发焦虑的思维定式，帮助他们进入运动状态，增强信心，并提高比赛的乐趣。鉴于实验结果无不证实这一点，卡拉吉奥吉斯得出结论：音乐是一种合法地提高运动表现能力的"药物"。我们可以和孩子谈谈听什么样的音乐能让他们感觉良好，并鼓励他们在下车前听一听。当然，孩子或许不愿意告诉你，那也没关系，只管把自己的建议告诉他们就好了。或者，还可以与车里的人一起听歌，这也挺好。总之，要学会适当装装糊涂，从而保持灵活性，求同存异。

来点仪式感

仪式感和小小的迷信对消除球员的焦虑也有帮助。

克里斯蒂的故事

10年来，我坐着大巴往返于训练场和赛场，都是坐在第4排座位的左侧，紧挨着阿比。我们看比赛时也挨着，彼此很融洽。回家的路上我们喜欢聊聊足球——我们是如何相互配合的，训练进行得怎么样等。我也清楚地记得梅根·拉皮诺（Megan Rapinoe）和亚历克斯·摩根（Alex Morgan）坐在哪个位置。当我带上赖莉后，她会一头扎到我们中间。2006—2015年的每个赛季都是如此。阿比退役离队后，见不到她让我感到很不适应，甚至开始考虑是不是自己也该退役了。或许是时候了，所有之前不曾意识到的固定模式都消失了：伊人不在，种种习以为常的熟悉感没有了，有种物是人非的感觉，我不知道还能不能独自坚持下去。

一以贯之、长久坚持的老规矩，有助于场上表现，会让人感觉更安全、更胸有成竹。很明显，并不是实际的行为方式本身使场上表现更优异，而是行为背后的信念会给人带来强烈影响。

克里斯蒂的故事

在国家队踢球的时候，我发现香农·博克斯和我都很喜欢香蕉煎饼，于是我们养成了在比赛当天吃香蕉煎饼的习惯。我们还真拿这个当回事，无论条件是否具备，都感觉非吃不可。可是在参加一些国际赛事的时候，这事就有些难办了，有时我们队的营养师只能亲自下场，帮我们到处找寻香蕉煎饼。我们相信只要有香蕉煎饼在肚，就能把球踢好。对此我们深信不疑，就跟相信天空是蓝色的一样。尽管是很简单的慰藉方式，但成效显著，也是我永远的美好记忆。

关于各种仪式，我们可以用一整章的篇幅来分析表述。但事实上，它们是靠影响我们的信念才发挥的作用。真正带来压力的当然是比赛本身，但这些仪式呢，会减弱运动员对于比赛的关注，帮助运动员形成积极的心态。所以我们应该了解赛前孩子在做什么，并且找出促使他们这样做的动机。即使这些行为不属于真正的形式主义范畴，也要对积极的部分予以认同和鼓励。

大家都知道，按照长期坚持的老规矩备赛，有助于提升运动员的场上表现。总之，如果自己感觉很好，看起来也不错，就更容易打好球。

积极的暗示

人类语言中最有力的两个短语是"我是"和"我能"。大家都知道,以这两个短语开头的话可以增强一个人的自愈能力、宽恕的能力和应对困难岁月的能力。你可以通过轮流完成一组以"我是"开头的句子,来帮助孩子获得积极的暗示:

- 我是一个很好的队员。
- 我是一个无私的队员。
- 我善于保持清醒。
- 我是一个善良的队员。
- 我值得。
- 我很坚强。

这个功能强大的练习使用了真实的、可能的和可信的例子,并为家长提供了一条了解孩子自我认同的线索。你可以利用这一方法塑造孩子的积极思维模式。孩子年龄越大,对这个练习的依赖会越小,直到能真正做到赛前保持积极态度。

忙碌、混乱以及与训练、团队、教练和比赛有关的种种情况,包括家庭、工作以及生活的压力,都很容易对我们造成影响。家长送孩子去比赛的路上,情绪状态很可能受到比赛以外事情的影响。我们可能会发现自己沉浸在因比赛产生的刺激和竞争的氛围当中,因此在去比赛的路上就迫不及待地指导孩子。有时,在比赛前有一段美好的谈话是极好的,能增添快乐的气氛。[1] 我们建议你在孩子的下一场比赛之前，选取一个本章中详细介绍的建议尝试一下。你会发现，自己只需要转变一个小小的意识，就会对孩子的表现产生极大的正面影响。一个赛季的正念冥想和意识觉醒，会带来持久的变化。你就是你所想的那样！你要做的就是你正在做的。孩子也是如此。当克里斯蒂谈到要全力以赴时，她强调的是，自己的队员需要全身心投入她们正在做的事情当中。无论你是要投入一场重要的比赛，还是要准备迎接一场重大考验，全力以赴就是要时刻把握当下，为未知的事情做好准备，并敢于冒险。当一名运动员全力以赴时，他们知道自己一定会心想事成，相信等待他们的唯有成功。

克里斯蒂的故事

每当队员抵达赛场，我就告诉她们，你无法做到比现在更健康、更强大，也无法再去提高球技了。现在是什么样子就是什么样子，你无法改变，现在的你就是最好的你。我告诉她们，走进赛场的瞬间，就欣然接受当下的一切。我努力向每一位队员灌输信心，让她们深信自己在那一刻是完美的，正当其时，完全无须质疑自己。

知道如何在身心两方面为事业的这一刻做好准备是一种能力，需要花费大量的时间来培养，但一切付出都是值得的。孩子知道如何打好比赛，过程中伴随的这种处之泰然、尽在掌控、胸有成竹的感觉，会伴随他们的一生，而且很有可能会帮到你。

BE ALL IN

第 4 章

担当精神

担当精神是一种义务，也是一种愿意为自己的行为承担责任的意识。当运动员能够做到主动担当时，他们就不只会为自己的进步感到自豪了，同样会为自己的错误承担责任。教导孩子负责任，最终会培养出他们勇敢和谦逊的品质。人无论在什么年龄阶段，做到诚恳客观地看待自己以及自己美好的、糟糕的、丑陋的方面都是很难的。

我们教导孩子要有担当精神，是希望他们长大后能够认真负责。孩子如果做不到这样，往往会在生活中无视自己可能会对他人造成的影响，遇事喜欢责怪他人，并会想方设法为自己开脱。责任感是学会担当的第一步。它被定义为按约定行事，可信赖，从不食言。与此同时，担当精神是一种个人选择，它将责任感向前推进了一步。担当精神，就是你在接受任务后，兢兢业业地将自己肩上的责任转化为可靠和可操作的成果。

理想状态下的团队训练应该是这样的：训练结束后，所有的孩子都会忙活起来，把训练设备收好，捡起障碍筒，把球放进球袋，并将所有的鞋钉拧下来分类存放。孩子们都应该有这个意识：一旦训练结束，就得把零零碎碎、边边角角都清理干净，只有在教练开完当天最后一次全队会议，所有的东西都规整好之后，才能离队走人。

想象一下另外一种场景：尽管训练设备都已收好归位，但蛋白质棒的包装纸、空水瓶和运动衫依旧扔得满地都是，有些孩子却马上抓起包和手机，和朋友一起兀自走了。而另外一些负责任的队员会主动留下来，去处理掉垃圾，即使这些垃圾不是他们制造的；他们把被遗忘在场上的运动衫送回给教练或家长；有的队员会更进一步，把障碍桶按不同颜色分类码好，或者在队员群里发送详细的运动衫招领启事。不只是做好分配给自己的任务，同时还会照顾队友，保持场地环境清洁，这是队员的个人选择，是有担当的表现。

区别明显的两种情况同样也会在球场上演。有的队员完全按照要求去做，从不多做哪怕一点点；而有的队员不受条条框框束缚，每次都主动多承担一些。他们看到队友不能及时跟上，会主动离开自己的位置，快速补位截住对手。他们还会主动为受伤或劳累过度的队友补位。即使是别的队友造成场上不利，有担当精神的队员也会主动帮助解决。担当精神包含多种因素，这些因素在场上和场外都很重要：

- 个人责任感：意识到自己承载的期望有哪些，并去努力实现。
- 团队责任感：意识到团队对自己的期望，参与其中以确保每名队员都兢兢业业的同时，很可能还要替其他队员顶上，收拾残局。
- 个人自豪感：认识到自己的价值，并确信自己能帮助团队取得更大的成就。
- 主人翁意识：认为自己的贡献大小会影响团队的整体成败。

- 自我分析能力：能够客观评估自己对团队成绩的影响力，并找到需要改进的地方。
- 献身精神：专心致志，始终如一，坚强可靠。

在这一章，我们将讨论担当精神的方方面面，阐明如何让孩子学会勇于担当，以及无论作为球队一员还是在日常生活中的为人处事，担当精神在孩子成长过程中的重要作用。

BE ALL IN

你的涟漪效应是什么样的？

事件或想法产生连锁反应，开始传播并引发进一步的影响，这就是涟漪效应。涟漪效应体现在体育运动上，可以表现为当一个人带着积极和坚强的情绪出现在赛场上，就会对团体产生积极的推动效果；与之相反，如果他们对队友说一些难听的话，可能也会对团队产生负面影响。你可以通过向孩子展示他们的行为对其他孩子产生影响的表现，帮助他们理解什么是涟漪效应。

家长也是一样。一场糟糕的比赛，一次糟糕的裁判判罚，会令旁观家长的抱怨声变得越来越大，情绪越来越愤怒。有一次我观看了一场 9 岁龄儿童的足球比赛，当时场上的拼抢对抗异常激烈。突然间听到一位母亲大喊："裁判！很明显判错了。是个人就能看出他越位了！"

对方球队的一位妈妈以牙还牙，冲她喊道："你不是裁判吧！"

对此，第一位妈妈回道（其实是撒谎）："我就是裁判！"

> "好吧，但可惜你不是这场比赛的裁判！"
>
> 我们每个人都会受到情绪影响。在观看体育比赛时，尤其是当观众的情绪都很高涨的时候，人们往往会身不由己卷入其中，被情绪所裹挟。尤其是孩子受伤、被呵斥或被恶意犯规侵害时，做家长的恐怕就更难保持镇静，甚至会大发雷霆。
>
> 最终，挑起事端的那位妈妈先停止了争吵，她深吸一口气，远离这些被惹恼的家长坐下，远离了糟糕的对峙场面。她本可以留下来继续争吵，因为明明其他人也在大喊大叫。但是相反，她选择了不再多说一句话，选择了让自己的涟漪效应产生作用。
>
> 如果你愿意负责任，你的行为和选择就可以产生小小的正向涟漪。而且，如果你具有担当精神，你的行为和选择还能够产生显著的正向涟漪效应。所以，请不要为自己的行为寻找借口，要敢于主动担当，产生更大的正向涟漪。

制定第一个使命宣言

> 家庭使命宣言是所有家庭成员，对"你的家庭是什么样的，也就是你们真正想做什么和成为什么样的家庭"，以及"你管理家庭生活所采用的理念"的一种综合的、统一的措辞和表达。
>
> ——史蒂芬·柯维（Stephen Covey），《高效能家庭的7个习惯》

几十年来，企业一直致力于制定自己的使命宣言，而当家庭也这么做的时候，过程和结果都会非常强大。家庭使命宣言正如看起来那样，描述了一个家庭的价值观、处世标准、努力目标和存在的意义。当新婚夫妇第一次在一起时，他们很少谈论他们为什么相遇，以及他们的生活目标和追求是什么。这在很大程度上是含蓄的、微妙的，而且通常是由情侣和后来的孩子自己创造出来的。

当我们回顾自己的家庭使命时，会发现家长之间有着相似的价值观和处事标准，但从未正式向孩子们表达过。比如，我们两个家庭都重视态度端正和尽力而为。孩子们知道这一点，因为我们经常在场上和场外向他们反复念叨。我们经常告诉孩子，无论你赢了或者输了，成绩不好还是得了A，这些并不重要，重要的是你的态度和努力都到位了。这是我们的黄金法则。

孩子们知道，他们要对自己的态度和努力程度负责，因为无论教练、老师或其他外部情况如何，这都是需要他们自己控制的部分。有了这种意识，当他们遇到问题时，就会努力倾听自己内心的声音。有了家庭使命宣言，家庭成员会更加了解自身，了解自己所坚持的标准是什么。

在写完本章的初稿后，我们和家人坐下来，正式写下了我们的使命宣言。最初感觉无奈和尴尬的事情，最终变成了一个充满欢声笑语的、深刻的自我反省的机会。每个家庭成员都积极发表意见，共同完成了家庭使命宣言的草案。孩子们想出了"忠诚""尊重""乐趣""决心""爱"等词语。她们讨论了如何将词语转化为行动，比如当其中一人吃完最后一块布朗尼蛋糕后该怎么做；或者谁应该把洗好的衣物拿到楼上来，即使她没有使用泳池毛巾，或者这不是她的衣服。这样的讨论，与我们在局面已经分崩离析、每个人都在争论、指责和证明自己做了什么或没做什么的时候所进行的讨论大相径庭。总之，把你的目标和目的用语言表达出来很有必要，家庭成员可以据此评估彼此的行为，阐明行为的标准，相互鼓励按照这个共同商定的宣言行事。

史蒂芬·柯维在《高效能家庭的 7 个习惯》一书中指出，如果家庭没有一个共同的愿景，孩子们会"被社会主流价值观和社会潮流裹挟而去……只是按照给定的剧本度过余生。事实上，那根本不是生活，只是活着而已"。[1]

我们要在家里教会孩子担当，这在赛场上会显现出来。如果家里有孩子是运动员，在家庭使命宣言中就应该特别提到，成为一名有担当的运动员意味着什么。记住，在参加运动、团队合作以及行为举止方面，家长的模范作用极其重要。很多孩子，他们是在自家的后院打出他们人生的第一个棒球，完成第一个投篮，或者踢进第一个足球，许多年之后才正式作为运动员踏上赛场。无论是和哥哥姐姐之间的游戏，还是专业的体育比赛，他们的首次体育活动一定是和家人一起完成的。教孩子在体育运动中有担当精神，家长可以发挥的作用最大。

你可以问你的运动员孩子几个关于担当的问题：

- 你的包准备好了吗？
- 你的制服干净吗？
- 你整晚都在打电话吗？

- 你睡得够早吗？
- 你吃得好吗，准备好了吗？
- 你喝水了吗？
- 你提前三天准备好了吗？
- 你的家庭作业做完了吗？
- 如果你同时参加两个球队，你会跟教练如实相告吗？
- 你是否全身心地投入这个团队中？
- 教练不在场时你坚持训练吗？
- 你会在训练时请教问题，以便改进自己吗？
- 你会向教练表达自己的感受吗？
- 如果你不打算参加某项活动，会提前计划并告诉教练吗？
- 你能做到准时吗？如果不能，是什么原因？
- 你能做到态度端正、积极努力吗？

训练球员的担当精神

起草一份体育方面的家庭使命宣言。选择至少 7 种你和你的孩子认为定义了他们在运动中使命的价值观，包括诸如乐趣、态度、努力、竞争、艰苦工作、正确选择、体育精神、有备无患和乐于学习等主题。

每个赛季，列出两个最能引起孩子共鸣的价值观，以及两件他们想要关注的事情。把这些文字贴在家里某个大家都能看得到的地方，或者贴在他们的曲棍球杆上，或者放进足球包里，或者用胶带贴在头盔里或球棒上。在整个赛季当中，无论在开车前去还是赛后回家的路上，无论在晚餐时还是在训练之前，多跟孩子谈谈在上一场比赛或训练中他们是怎样展示自己的价值观的，回想一下他们是如何为这些价值观而主动担当的。在每个赛季和不同的团队中重复这项练习，与孩子讨论一下是如何理解和运用这些理念的。

这项练习教孩子在学习新技能和强壮身体的同时，也要注意观察自己的内心。通过练习，突出孩子为每个团队所做的独特贡献，让孩子从中学到担当精神。如此这般，教练负责训练孩子的技能，家长负责养育孩子的精神，教练和家长各司其职，分工合作。

传达期望标准

如果你没有事先说清楚期望标准，就无法要求别人担当。学校会在返校之初，要求老师讨论他们的课程和教学方法，以及对家长、学生和课堂的期望标准，以便孩子和家庭能够达到他们的要求。我们同样建议家长在每个赛季伊始，告知孩子自己的期望标准。例如，讨论一下如何进行责任分工，比如由谁来负责准备比赛装备，谁负责接送孩子去训练，谁负责打包、装满水瓶和清洁制服等。

随着孩子年龄的增长，想要安排好纷繁的日程可不是个轻快活儿，因此要让孩子们尽早形成时间管理的能力，来应对不断变化的日程。

成为孩子的榜样

家长如果做不到以身示范、身体力行担当精神,那就不要期望孩子会勇于负责。再说一遍,担当精神是一种主动选择,也是一种美德。有时候,在教孩子如何做到有担当时,你可能会感到气馁,甚至感觉根本做不到,但你现在所展现出来的行为方式,最终会体现在你孩子的担当能力上。例如,当你勇于道歉而不是去找借口时,你表现出的是个人的责任感。如果我们希望向孩子们灌输主动担当的价值观,教会他们为自己的行为负责,比如讲礼貌,尊重他人,饮食习惯,健康水平,职业道德,保持整洁,组织性强,甚至连习惯养成,都要从我们自身开始做好。

要成为一个有担当精神的榜样,你必须坦诚面对自己的日常行为。注意一下,自己是否经常抱怨,"我没时间去做""我做不到""要不是这周有这么多比赛,我就能⋯⋯"注意你多少次说了"对不起"还是去找借口了。与其要求孩子勇于承担责任,不如我们自己先做担当的表率。克里斯蒂在国家队效力时,她的两个女儿也在成长过程中逐步学会了担当。

克里斯蒂的故事

国家队队员的身份使我在如何照顾自己的身体方面,理所当然地成了孩子们的榜样。孩子们看到我多年来一直坚持锻炼,她们看到我很善于为自己选择食物,因为担心事后影响场上发挥从不过量饮酒。她们也见我喝过酒,玩得很嗨,但总是适可而止。她们还有幸与其他 20 位伟大的女性先行者和学习榜样共处过。谈到担当精神,她们看到我持续锻炼,讲究饮食,甚至在休赛期也注意饮水。她们亲眼看到我因为在生活方式上的用心,四十多岁时还有能力上场踢球。

采取公正可信的态度

很多时候,我们因为对孩子做的事情不满,在气头上,常常会过于严厉地斥责孩子,这种情况下往往不能保证态度公正。比如:

- 就这么定了!今年别再想用手机了!
- 我要将你所有的电子产品都拿走,一件不留!
- 你又把运动衫落在训练场上了,我真是受够了。我看还是把你的装备送给一个真正珍惜自己东西的人得了!

很明显,当我们虚张声势地发出这些空洞的威胁时,我们很少会说到做到,坚持到底。更糟糕的是,我们根本没有触及担当精神的皮毛。如果说教时态度过于严厉,孩子们会把时间花在生我们的气上,而不是学习我们试图教他们的东西。如果我们采取公正和可信的态度,一方面,可以帮助孩子内化我们灌输的规则和价值观,另一方面,还有利于我们与孩子保持健康的亲子关系。

培养孩子担当精神,最好采用自然的方式,限制最少并为孩子创造自己学习的方法。克里斯蒂在美国女子国家队踢球的同时,还要抚养两个女儿,她必须要有创造力才能从容应对。伴随四处旅行的喧嚣和在世界各地踢比赛的压力，克里斯蒂发现自己经常容易头脑发热，态度偏激，尽管她从未忘记应该一如既往尽量平静地教给孩子责任感。

克里斯蒂通常需要带着女儿们在酒店的餐厅和团队成员一起吃饭。为了培养孩子的纪律性，一位朋友告诉她，使用"坏女孩药"是一种快速可靠的好方法。"坏女孩药"实际上是塔巴斯科辣椒酱，在大多数酒店和餐厅都能买到。这种方法是在孩子的舌头上放一点塔巴斯科辣椒酱，让她们感到辣乎乎的烧灼感。如果克里斯蒂的女儿在公开场合有不当行为，克里斯蒂会在她们的盘子前放一瓶塔巴斯科酱，也就是"坏女孩药"，不过她从来没有真正使用过。

克里斯蒂的故事

团队集体用餐时间是队员难得的放松时刻。在我的孩子们还小的时候，她们就不得不规规矩矩地和这些成人一样遵守纪律，她们很早就学会了在餐厅和团队用餐时做到举止得体。当然有时候她们也可以到处跑一跑，这取决于当时的气氛或特定的餐厅环境。比如在刚刚经历惨败或艰苦的训练之后，我告诉她们不能玩，而要坐下吃饭时，她们能做到安安静静的，也能理解为什么要这样做。

国家队的队员们经常拿阿比吃塔巴斯科酱的事开玩笑。她很喜欢吃，大家一起在外面吃饭时她经常抹到食物上吃，但都会避开我女儿。因为我女儿赖莉很爱也很崇拜阿比，如果哪次让她看到阿比在食物上涂了很多塔巴斯科酱，她就不会再相信这是"坏女孩药"了。"阿比她不是一个坏女孩,所以'坏女孩药'显然对她没有作用。"我们以前都这么揶揄她。为人父母也是一门隐瞒的艺术,所以,每当阿比索要塔巴斯科酱的时候,在大家的配合下,我总会想办法转移赖莉的注意力,不让她看到。

家长通过多种惩戒方法培养孩子的担当精神,无论哪种方法奏效了,关键都还是因为家长自己具有担当能力。养育方法是否有效,取决于我们能否控制自己的情绪和行为,保持可信度,做到前后一致。在应用这些方法的过程中,为保证效果必须保持一致性,也因此家长必须做好准备,每一次都要约束好孩子,不能放任。否则,孩子很快就会意识到对他的警告可能不是认真的。无论是场外,在开车回家的路上,以及在其他任何地方,无时无刻不是你亲身演示体育担当精神的时机。

克里斯蒂的故事

我一直很喜欢阿比教导赖莉要有责任感、要有耐心的方式。阿比是这样教她不要打断大人说话的,"我把手放在你的胳膊上,表明我听到了你说的。但我暂时无法跟你说话,你要知道如果我的手搭在你的胳膊上,说明我知道你有重要的话要说,但你必须得先等别人把话说完"。赖莉深以为然,也就从不去打断别人说话。事实上,赖莉从小到大,从未打断过任何成年人的谈话。当阿比捏着她的手臂时,赖莉觉得自己没有被忽视。阿比总是说到做到,每次一结束和别人的谈话,马上就非常专心地听赖莉说话。她只是用那轻轻地一碰,就让赖莉感觉到了不一样,对她很信赖,根本不必担心被忽视。

我真的很佩服阿比教导赖莉时的那份执着和投入。直到今天，我的大女儿都很有礼貌，从不打岔。至于我的小女儿里斯，她嘛，还需要继续努力……

担当精神并不是让你的孩子觉得他们可以靠自己的力量单独行事。这里一定要说清楚，你是在教他们主动承担个人责任的技巧，这一点真的很重要，这将帮助他们更加茁壮地成长。当你把更多的责任放在他们肩上的同时，一定要向他们提供更多的支持，并向他们一再保证，即使你偶尔也会让他们失望，但你仍然会一如既往地提供支持。

如实反馈

否定对方，总不会那么容易说出口，尤其是面对自己的孩子。管理学方面的研究一致表明，领导者往往倾向于不轻易给出反馈，尤其是否定性的或纠正性的反馈。[2] 养育子女也是如此。一方面，家长害怕伤害孩子的感情或有损他们的自尊；另一方面，又害怕会因此助长孩子的自命不凡、自我膨胀和唯我独尊。正向强化，即多加肯定从而产生激励的作用，有助于儿童自尊心和自我价值感的形成。安全感有助于孩子本身内在模式的形成，而这是解决问题和应对逆境所需要的。孩子们既需要奖励和肯定，也需要承担相应的后果，如此才能表现出色。的确，不良行为会带来不良后果，家长同时也要成为提醒孩子的第一道防线。

克里斯蒂回忆说，2009 年，在她担任蓝天足球俱乐部主教练，带领全队朝着女子职业足球国家冠军努力拼搏的过程中，最艰巨的任务之一就是教

第 4 章
担当精神

队员们学会主动担当。

克里斯蒂的故事

美国国家女子足球队在 2008 年北京奥运会上获得金牌之后的一年中，我们一直情绪高涨。娜塔莎·卡伊（Natasha Kai）是球队的关键队员，很有足球天赋，我们可以依靠她来实现五花八门的射门得分。她在比赛时的表现往往好得令人难以置信。

2009 年，娜塔莎效力于我执教的蓝天足球俱乐部，理所当然地成为我们队的几位大牌球员之一。尽管她每场比赛都首发，但她并不肯竭尽全力踢球。当我在赛季中期被任命为教练后，我意识到必须和娜塔莎进行一次非常严肃的谈话。要知道那时候，娜塔莎是我的好闺密之一。她实际上和我同住一个房间！尽管我们是朋友关系，但我知道她也不该有任何特殊，我应该把她和其他队员一视同仁，这跟她是不是公认的大牌无关。如果她还是不想竭尽全力，就会被剥夺首发资格。

和娜塔莎的谈话果然很不顺利。没办法，随后只能把她从首发位置上换了下来。但作为她的教练和队友，我心里清楚，如果这事我不去和她说明白，促使她去主动担当，那对她和队友们都是有害无益的。

就这样一直进入季后赛，娜塔莎本来是我们队的主要得分队员之一，却一直在充当替补队员。我希望通过取消她的首发资格，可以好好给她敲敲警钟。

赛场之外，娜塔莎努力纠正自己的饮食习惯。按她的吃法，无法摄取足够的营养来坚持一场 90 分钟的比赛。我们经常说起这件事。因为她撑不了 90 分钟，我只能在比赛临近结束时才让她上场。只有缩短上场时间，她在球场上才可能会更有效率。我本可以依着她让她首发，也想过这么做，毕竟她是我的好闺密之一。娜塔莎是一位了不起的足球健将，更是一个奇人。她也想把球踢好，但我知道我现在必须帮她改变。如果我不这样做，她受到的损失会更大，这就是所谓的长痛不如短痛。

最后，娜塔莎终于认识到她之前敷衍了事、不肯认真履职尽力踢球的做法继续下去是不可以的。当球队进入锦标赛时，娜塔莎终于如愿以偿重新回到了首发位置。那个赛季，她打进了球队最关键的进球之一。我按照球队的期望要求娜塔莎负起责任，而她最终也做到了按球队的期望主动担当，为我们队的成功做出了巨大的贡献。结果是，塔莎非但没有对我的做法耿耿于怀，还对我督促她取得成功表示了感谢。

立足现实

要求队员主动担当，指的并不是要他们为错误或损失承担责任，这根本就不是关于认定是否有罪或能否认罪的问题。担当，简单地说就是队员能够对结果负责，能意识到自己的行为会对整个团队的结果产生什么样的影响。

孩子在家的时候，家长应该关注他的行为给家人、兄弟姐妹或朋友带来了什么影响。请回想一下你是如何处理他们兄弟姐妹之间的纠纷以及孩子与他的同龄人之间的冲突的。你会让他们打起来吗？你会不会有责怪孩子朋友的倾向？

不管这是谁的过错，事实是每一种情况下的每个参与者都有自己的角色，所以应该让孩子们自己来解决这种现实问题。他们究竟扮演了什么样的角色？退后一步来评估形势，问一问他们，是如何看待自己的行为的？这些行为是如何导致局势升级的？你可以教孩子在任何一种情况下都要留心自己的角色。这样做，你的孩子就会培养出寻找解决方案的能力，而不会只是去找问题。培养担当精神的关键，是培养他们探求好的结果的能力。如果你的孩子在生活中经常被各种问题困扰，那么在赛场上他们同样会麻烦不断。

▲ 克里斯蒂的故事

2012年伦敦奥运会期间，当时美国国家女子足球队的教练是皮娅·桑德哈吉。她是一位了不起的教练，也是我真正钦佩的人，我很乐于在她麾下效力。无论是在更衣室里，还是在球场上，皮娅教练喜欢让球队无时无刻不保持积极的氛围，总是想方设法确保球队团结一致。

视频录像室里也是这样。在我们的视频分析会议上，因为担心影响队员的信心，皮娅教练从不播放太多不尽如人意的镜头。这让我很不习惯，因为我一直认为，回看视频可以使我们对自己的场上表现更有担当精神。没有人喜欢在队友面前观看自己失败或失误的镜头；然而，我在这个过程中学会了剔除自我和情绪因素，利用视频回放帮助自己成长，避免再犯同样的错误。

我记得有一场特别的比赛，当时对自己的表现不满意。我知道我需要找到自己的错误来提高自己，这样对全队也有利。视频回放，是我在球员成长之路上进步提高的关键手段，担任队长后，我感觉视频回放更加重要了。第二天的视频分析会议开始时，我准备通过视频把自己在场上的表现从头到脚再好好看一遍。我已经准备好承认这些错误并继续努力了。然而，团队回放的视频中，我失误的片段竟然一个也没有。难道我踢得没有那么糟吗？是我记错了吗？

我一定要在笔记本电脑上看我的视频剪辑，尽管这并不是皮娅教练要求的。我觉得自己得有担当精神，需要立足现实。

我们不能、也不应该真的让孩子为他们在球场上的所有行为担责。许多家长认为有必要让孩子为破门得分而主动担当，或者是坚持不放弃射门或比分。然而，参加体育运动并不全是为了得分。在某些情况下，教练可能不会让你的孩子去踢能得分的位置。有时，你的孩子可能会面临更强的竞争对手。有时候整支球队都不在状态，或者失去了节奏，所以得分机会并不多。在这种情况下，可以考虑让你的孩子转而对所持价值观和个人操守负责。

最终，你应该把重点放在大的概念上，比如场上效率、队友配合、端正态度和努力程度，以及将有效的训练转化为良好的场上表现。破门或者胜利，应该被视为孩子与队友团结协作、乐在其中、共同努力的回报，属于锦上添花。

BE ALL IN

第 5 章

坚韧不拔

克里斯蒂还在上高中的时候，就被大学足球队提前录取了。

克里斯蒂的故事

我很快就得到了全队的认可。在几场比赛中，我不但连续进球和得分，还打出了很多助攻，上了当地报纸的头条。另外，那时的我刚 15 岁，既害羞又胆小，还很容易受到高年级学生的"暗示"。我不踢球时一般都很安静、很矜持。在球场外，我从不提及或庆祝自己的辉煌战绩。

就在那一年里的一天，我的一位体育老师把我从课堂上带了出去，让我陪她走一走。我跟着她来到足球场上，但感到有点不对劲。但那时，我从来不敢违抗教练或老师。她把我带到了场地的尽头，没人能看到的地方。这位老师告诉我，我"太优秀了"，应该低调一些，毕竟我只是一名大学一年级的新生，不能太抢了别人的风头。她建议我往后退一步，比赛时只出一半的力即可，这样她才能让其他女孩也有成功的机会。那次谈话时间不长，但给我留下了长久的印象，让我在以后的职业生涯中知道如何去踢球。

她说："你又不是要去参加奥运会或其他大的比赛。"我很生气，因为她根本不在意自己的话对我会产生什么影响。我知道不能告诉家长，因为它本身并不会危及生命，但说出来无疑会引出更多的事端。我知道这是我要去面对和解决的问题。那位老师常来观看我们的比赛，每次她在那里，我都能感觉到她的眼睛在盯着我。只要她出现在附近，我都会感到很不舒服，如鲠在喉。她的话令我猝不及防，之前从来没有人要压制我的能力。大家通常都是在努力让我做得更好，而她实际上是在告诉我不用好好踢，在场上当个行尸走肉就可以了。

很显然，这位老师在照顾那些技不如人的高年级学生，其中有几个人来年要去踢足球比赛。这位老师告诉我应该把表现的机会留给她们，使她们能够在大学的最后一年里当一回超级巨星。既然我是大一新生，以后还会有很多这样的机会。她以为可以轻而易举地粉碎我的自信心，但我不会让她得逞的。她把我当成一个只考虑自己的人了，以为我不会顾及我的队友。可笑的是，我极度内向不愿抛头露面不假，但踢球于我而言却是如鱼得水，得心应手。我热爱和队友兼朋友一起战斗和拼搏，从未想过要抢别人的风头。这次"谈话"之后，我确实在一定程度上改变了自己的踢球风格。在看到进球机会时不再一概包揽，但也绝不会放弃努力和忽视自己的感受。当我踢球的时候，即使那个老师站在场边看着，我也能做到不被她影响。我尊重自己，更尊重比赛，不会因为她而改变初衷。

你必须真正相信自己和自己的能力，这种心态会帮你安然度过艰难的时刻，顶住强烈的抵制、轻率的评论乃至嫉妒仇视。而这些遭遇是取得成功后无法避免的。那次经历不是什么好事，却点醒了我。我非但没有为此生气，反而以此来警示帮助他人。我从未像那位老师要求的那样让自己颓废，相反，我提高了协助队友的意识，要求自己在各个方面做个优秀的队员。

这就是顽强精神：在逆境中坚持前进的能力。有些人认为这是一种天赋或与生俱来的品质，有人说这是一种选择，但我认为二者兼而有之。有些孩子天生就性格顽强，而另一些孩子则会随着时间的推移逐渐变得顽强。有些孩子需要在他屁股上踹一脚助推一下，而另一些孩子则需要肯定和抚慰。归根结底，顽强精神也是一种技能，只要在面对逆境时选择迎难而上，而不是望风而逃，就可以提高这项技能。精神顽强也指在工作中遇到新问题时表现出的创造性、灵巧和机敏。这是即使一切都出了问题的时候，仍然能选择不放弃，而不是怒气冲冲或咄咄逼人，受到打击后迅速退缩回来；这是当你满身疲惫、心怀哀伤，认为自己再也不想参与了的时候，仍旧苦苦坚持。这就是精神上的顽强。

运动领域是研究顽强精神的一个奇妙的地方。无论是团队竞赛，还是个人竞争，你都将不可避免地与输赢面对面。有人说，成功有助于建立信心，但失败才是更大的财富。孩子取得胜利时我们祝贺欢呼，而遭遇失败时我们倾向于表达哀伤，但这样是不对的。他们是怎么赢的，或是怎么输的，对孩子的顽强精神都是有帮助的。

家长们请记住，失败时要教会孩子在逆境中选择坚持，这是只有亲身经历才能真正体会到的东西。没有人能够终其一生都一帆风顺，我们希望培养出能吃苦、克服艰难险阻的孩子。

越挫越勇

> 为什么那些成绩斐然的人如此执着于自己的追求?其中大多数人的雄心壮志看起来颇有些不切实际。在他们眼里,他们永远不够优秀。他们是自满的对立面。然而,从一个非常真实的意义上说,他们满足于这种不知满足的状态。每个人都在孜孜不倦地追求一些无比有趣而又极其重要的东西,追求过程本身和最终的成功一样,都会让他们感到心满意足。即使不得不忍受无聊、沮丧,甚至是痛苦的煎熬,他们也总是热情不减,从未想过放弃。
>
> ——安吉拉·达克沃斯(Angela Duckworth)
> 《坚韧:激情和毅力的力量》

性格顽强的人视挑战为机遇。是的,他们的确是这样看待所谓的困难和阻碍的。这是一个认知问题。当一扇门关上时,性格顽强的人不会在它面前愁眉苦脸、闷闷不乐,更不会试图把门砸烂。他们会开始寻找其他的门、窗或其他任何类型的通道,只要能到达想去的地方就行。当克里斯蒂首次应邀参加国家队训练时,球队的前锋实在太多了,以至于她被要求负责防守。要知道,克里斯蒂在之前的职业生涯中从来没有负责过防守。无法在自己喜欢的位置上踢球,并没有使她痛苦万分,克里斯蒂把这看作一个在新球队能够上场的机会。更妙的是,她认为就是靠着这个机会,她才可以在世界上最好的球队中获得一席之地。克里斯蒂最终成了奥运队的首发后卫。她把一个表面上看起来似乎不利的事情,变成了她一生中最难得的机会之一,从此以后无数扇门都为她打开了。更换踢球位置绝非易事,很多方面不得不从头学起,但克里斯蒂下定决心要利用好这个机会。她没有怀疑、恐惧或感到失望,而是相信自己一定会成功,然后想方设法朝着这个目标努力。这让我们想起前面对心理意象的讨论。

在另外一个不同的领域,基恩博士回忆说,为了在充满挑战和失败的荆棘之路上实现自己开设私人诊所的梦想,她和克里斯蒂一样,看到的是机遇,而不是不敢相信或认为不可能。

基恩的故事

在我攻读博士学位的时候,作为学生,我们每个月的第一个星期五可以参加学术研讨会。研讨会通常会安排其他不同学科的教授或专家来做讲座,有时会邀请一些在私人诊所而不是研究所或医院工作的医生来分享他们的经历。虽然参加研讨会不是硬性要求,但关于私人诊所的讲座我从未错过任何一场。当我意识到自己想成为一名神经心理学家的那一刻起,我就梦想着和其他医生合伙开设一家诊所,从事心理学方面的跨领域研究。这样我们在诊所行医的同时,还能够定期聚会交流思想,每天都兴致盎然、有新鲜感、充满创意,为每一位来我们这里接受治疗的人提供一个充满温暖、关怀的环境。这就是我的使命。

每次有来自私人诊所的医生在研讨会上发言,我都会非常兴奋,随身携带的笔记本上写满了问题和我的梦想。每个医生开场都会说自己开诊所是件非常值得的事情，因为可以自主制订自己的时间表，可以在社区工作，可以在做自己喜欢的事情的同时还维持了生计。但无一例外的是，他们讲到最后，都会抱怨严格的执业规定、大量的文书工作，以及为保险公司提供认证服务这个新挑战。一些私人诊所的医生承认，为了降低保险费率，他们会去医院或研究所做兼职工作。很多医生告诫我们，开设私人诊所是个不小的麻烦事，太占用时间且获利也不多，同付出根本不成正比，不值得。

他们的严厉警告并没有令我望而生畏，止步不前。我认真地听着他们说的每一个字，记下了所有的怨言。也许有些奇怪，无论他们怎么说，都没有动摇过我总有一天会开一家私人诊所的梦想，虽然我知道他们说的是对的，他们的经历是真实的。我也知道，新手医生的境遇完全不同于资深医生。但最大的不同在于：我事先预计到前行之路会困难重重，但我觉得自己可以应对。

和其他医生合伙经营诊所之初，我几乎没有接触过商业或管理方面的培训。于是我选修了小微企业管理的课程，读了每一本当时能找到的关于提高管理水平的书。奥巴马的公开声明尤其让我印象深刻：没有人能不经历惨败的折磨而一跃登上成功的巅峰。他说："真正的考验不是你是否能避免失败，因为那不可能。而是你在碰壁和遭受耻辱之后，是选择裹足不前、无所作为，还是选择从中吸取教训、继续坚持。"我开始意识到失败是不可避免的。在研讨会上，医生们可能以为他们是在分享问题，甚至是告诫，但我认为他们是在传授通过艰苦的努力所获得的智慧。很少有人在创业之初不栽跟头，我自己就栽过很多跟头，但我仍然创建了多个私人合伙诊所，并坚持我在个人兴趣、创新、团队合作和社区服务方面的使命。

顽强精神是一种选择，当然这并不是说可以无视记分牌的存在，而是相信自己的技能，更重要的是相信自己的学习能力和适应能力，以及在任何情况下都能茁壮成长的能力。不妨采用这样一种思维模式，你可以认为赢和输最终其实是殊途同归，都是学习、成长和提高的机会。当对某件事充满激情时，你就具有了练就顽强精神的动力。当你相信自己和自己的技能时，你就会变得无所畏惧。我们要告诉孩子，在他们实现目标和梦想的过程中，失败和胜利同样重要。

积极思考

想想你经常对孩子说的那些话。你关注他们的优点和积极的品质了吗？你指出他们的弱点了吗？你在谈论他们的运动表现时，采取的方法能够影响他们对自己应对逆境能力的总体认知吗？最后问一下自己，对于他们以积极或消极的方式影响事态的能力，你的话给他们留下了什么样的印象？

仅仅思考某件事就能在化学和结构层面上改变你的大脑。消极的谈话会影响孩子看待自己和与自己对话的方式。你也可以数一数你对自己说了多少次负面的话。当你用消极思想中的有害信号轰炸自己的大脑时，那就是在训练大脑复制消极情绪。顽强精神是建立在积极思考的基础之上的，但这并不一定只是重复那些凭空想象、没有现实基础的所谓积极信息。有时，当我们对孩子释放正向的信号时，我们可能试图保护他们，不让他们失望，但这反倒可能是一种伤害。

尽管下面的做法可能很难，但家长有时必须让孩子尝尝失败的滋味，然后帮助他们看到失败之外的积极一面。每每看到孩子投篮时差一点就能命中，你可能会被失望袭扰。这时不难做到的是，告诉孩子这不是什么大事，不用放在心上，不是他们的错。但是，只有在经历逆境的时候，他们才能学会克服恐慌，坚持比赛，不到最后一刻绝不放松。当我们用所谓积极的态度掩盖问题时，无意间传递出一种微妙的信息，那就是失败是让人恐惧的。我们要让孩子明白，无论胜负，一切都是学习提高的机会。重要的是个人有没有得到锻炼和成长，而不是记分牌上的比分。

> **BE ALL IN**
>
> ### 给从事体育运动的孩子们的有益信息
>
> - 你对训练很用心，专心致志。
> - 你的耐力太棒了。
> - 你的技术很好。
> - 你是个很强的竞争对手。
> - 你在训练上对自己要求很严格。
> - 你不害怕失误。
> - 你正在成长为了不起的运动员。
> - 你的技术每天都在进步。
> - 即使在感到失望的时候，你的态度还是很端正。
> - 你尽了全力。

在运动心理学中，积极思考的本质是对运动员目标的建设性关注。通过统计数据来衡量自己成功与否的运动员，总是会对表现不佳后的数字感到懊恼。但事实上，运动员应该在磨炼一项技能、增强耐力或提高专注力和注意力的基础上制定目标。研究表明，教孩子端正思想，而不是任凭他们徘徊在消极或焦虑的路上，对他们的整体表现有积极的影响。通过这种训练，运动员可以在对手或比分等大量无法控制的情况下学会自我控制。克里斯蒂在面对她最伟大的对手时，充分利用了积极思考的力量。

克里斯蒂的故事

玛尔塔是我最大的竞争对手，因为她是世界公认的最优秀的足球运动员之一，她总是势不可挡。但我迫不及待地想要阻击她，虽然我知道自己必须竭尽全力才能接近她。我的打算是先了解她的特点和偏好，然后利用我的优势来限制她的整体实力。本质上，我是在比赛中和她斗法。有了这种心态，我告诉自己，无论她有多优秀，我都能做到坚持用我擅长的方面来迎接这种挑战。

当与玛尔塔艰难对抗时，我会提醒自己在比赛中已经取得的小胜，告诉自己，通过多年的经验和训练，我已经为这些重要时刻做好了准备。这使我有信心做到在战术上、身体对抗上和情感上都让对手很难受。要不是和玛尔塔对抗，我都感觉这不像是世界杯或奥运会，因为她的伟大让这场比赛变得更加非同寻常。如果我只是在想玛尔塔是如何厉害，自认技不如人，那比赛还没开始我就已经被击败了。

如果你认为自己做不到，你就不会去做。你很难找到哪位成功的运动员不会用积极的肯定、使命宣言或其他方式与自己进行积极的对话。所有运动项目中的专业运动员，都是凭借积极的心态克服了身体上的巨大挑战。许多顶级运动员会说，当他们感到已经精疲力尽的时候，是他们的信念带着自己越过了终点线，走向成功。无论是在体育还是在生活中，我们都要相信自己会咬紧牙关坚持，直到终场哨声响起。

BE ALL IN

"我能行"的威力

在我们两家中，"不能"一词是一个危险信号。如果孩子使用"不能"这个词，他们就会被要求修改措辞，消除他们言语交流中的消极因素。当他们被逼无奈避免使用"不能"一词时，他们就会意识到他们可以变不利为有利，发现"我能行……"

相信自己

心理学家阿尔伯特·班杜拉（Albert Bandura）定义了自我效能感的概念。简单地说，自我效能感就是你相信自己有能力影响形势、实现目标和迎接挑战。自我效能感高的孩子，从问题状态中走出来得更快，对负面情况的情绪反应更少，对学习更有动力和兴趣。在体育运动中，自我效能感被认为是影响运动表现的最重要因素之一。这是一个乐观进取的信念体系，可以进行教学和模仿示范。

当具有高度自我效能感的运动员面临挑战时，他们不会浪费时间去责怪教练、队友或其他因素。他们勇于承担责任，因为他们相信自己有能力做出改变。孩子们通过被班杜拉称作"口头说服"的方式来学习这一点。人们普遍认为，尤其是在童年时期，那些最响亮、重复最多的声音最容易被内化于心。它们不仅会影响孩子们的自我效能感，还会进入他们的潜意识。年轻的运动员经常会被家长、教练和队友对他们表现能力的评价所困扰。如果你想知道孩子在想什么，那就听听孩子的老师、教练、其他家长以及他们生活中的权威人士是如何与他们交流的吧，正是这些交流信息形成了他们对自己的信念。

孩子们通过间接体验习得自我效能感，比如观看自己的参赛视频或观察别人的赛场表现。当孩子们看到同龄人在体育运动中取得成功时，他们就会产生一种信念，相信自己也是可以做到的。最近，一位朋友在网络上分享了一系列她儿子艾登加入橄榄球训练班后的消息。他们首先分享了一个四分卫①在训练场上打球的视频，接着分享了前一天晚上的橄榄球比赛视频。在视频中，艾登用同一种打球方式，接连取得了成功。第二段视频还展示了艾登在训练班学到本领的另外3个事例，加上他在比赛中的成功镜头，这不但对这家训练班来说是一个很好的宣传，对提升艾登的自我效能感也有直接的好处：视频证明，如果艾登参照正确方式反复实践，他就能够取得成功。

自我效能感让孩子相信"我知道我能做到"。这不是傲慢或自负，而是自信。这是对自己能力的信任，与团队中的其他人无关。有些孩子不敢表达远大的梦想，因为这有可能让人觉得他狂妄自大。家长可以跟孩子讲明白，

---

① 美式橄榄球和加拿大足球中的一个战术位置，是进攻组的一员，排在中锋的后面、进攻阵型的中央，通常是攻方队长。——编者注

第 5 章
坚韧不拔

自我效能感和远大梦想，与自视过高或是质疑团队中的其他成员是不同的。克里斯蒂就经常向家长和教练谈论自我效能感。

▲ 克里斯蒂的故事

这不是一句评论，而是为了安抚孩子，让孩子养成依靠自己的信念，培养他们相信自己的习惯。每个孩子都想要在这场运动之旅中获得即时的快感和满足，然而，我们必须接纳体育运动所带来的情绪起伏并借以教育孩子。

除非你天生自信，已经习惯于每天都会出现在赛场参加比赛，否则你的状态只能随最近的一场比赛表现起伏。如果你的自我效能感很强的话，你的情绪就不会因为比赛的高潮和低谷而起伏不定。

▲ BE ALL IN

如何培养孩子的自我效能感？[4]

- ◎ 告诉孩子失败的重要性以及如何利用它来达到学习的目的。
- ◎ 帮助孩子设定立足现实的短期目标。
- ◎ 多表扬孩子的积极态度和努力，而非结果。
- ◎ 在讨论孩子的能力时，要真诚。
- ◎ 找出孩子的优点，一遍一遍地说给孩子听。

思想停止法

西德尼·勒鲁（Sydney Leroux）是一名职业足球运动员，奥运会金牌得主和世界杯冠军。她在加拿大出生并由母亲独自抚养长大，她的父亲一直居住在美国。西德尼在加拿大学会了踢足球，却梦想着加入美国职业球队。由于她的父亲是美国公民，她有资格参加美国国家女子足球队的选拔赛。因此，西德尼决定离开母亲去美国。她觉得在足球项目上，美国比加拿大机会更多，事实证明她的选择是对的。高中毕业后，她考入了加州大学洛杉矶分校。在这段时期，西德尼得以为美国国家女子足球队效力。

2013年，西德尼回到了加拿大，代表美国国家队参加了一场国际友谊赛，对手是她祖国的加拿大队。她的回归是苦乐参半的：没有哪个国家的人们愿意看到本国极其优秀的球员流失，加拿大粉丝对西德尼在她职业生涯早期转投美国感到愤怒。当她每次在比赛中拿到球时，加拿大球迷都会报以嘘声。克里斯蒂对那场比赛记忆犹新。

克里斯蒂的故事

我意识到这场比赛对西德尼来说有多紧张，以及她的心态究竟是怎么样的。即使没有那些嘘声，我也知道她承受了多大的压力。我真希望那些嘘声别太影响到她。我知道西德尼有多努力。我也知道她决定离开加拿大去美国踢球时冒了多大的风险。万一这一步走错了呢？她当时留下来会更安全。我担心这场比赛会不会彻底改变她的足球生涯。

但西德尼挺过来了，这要归功于她的顽强精神和心理韧性。尽管观众情绪消极，但西德尼仍能做到全场保持专注和高效。当她在那场比赛中破门得分时，我清晰地记住了她那一刻的表情，夹杂着快乐、悲伤、愤怒和兴奋，就是这些。她抬起头来看着观众席，比画着她球衫上的美国徽章，用一根手指抵住嘴唇示意观众安静下来。西德尼冒了风险，这成了她走向成功过程中的一部分，我为她感到无比高兴。

仅仅两年之后，在为美国国家队效力期间，西德尼赢得了在加拿大举办的世界杯冠军。

心理比拼

有时候看待运动的心态往往比比赛本身更重要。克里斯蒂认为心理状态决定一切。当她刚开始在国家队训练时，她错误地认为接受训练是为了提高自己的体能水平。她回忆起了紧张的体能测试课程，其中包括一些让人身心俱疲的训练。她记得，最大强度的体能训练是在 1999 年赢得世界杯的国家队里进行的。克里斯蒂后来明白，测试与她的实际体能状况几乎没有关系，而与心理韧性有关。

> 克里斯蒂的故事

我们总是争分夺秒，一切都被记录在案：你赢了多少次，有多少次失败，多少次一对一对抗、四对四挑战、七对七小型比赛。完成所有这些任务后，取下护腿板，又得去跑步了。训练要求毫不留情，我们必须在 18 秒内到达场地的一侧，然后 30 秒内再跑回来，一组训练是 10 个来回。如果做不到，就表明你不行。你就失败了。天哪，我失败了！

当克里斯蒂将她在 1999 年的记录数据和 2004 年的体能水平进行比较时，差距是惊人的，体能状况提高了很多。她意识到，1999 年的那支队伍塑造了她顽强的精神。她接受的训练是如何处理压力，如何发挥自己的潜力，如何在想要放弃时坚持下去，以及如何控制自己的情绪和心态。她相信，1999 年那支球队在心理韧性方面的训练是她们赢得冠军的原因。她们学会了如何比对手做得更好并战而胜之。她们相信自己无所不能。这支球队是一支技术和运动能力都很强的球队，但精神上的坚韧不拔最终给了她们所需要的优势。

家长应该公开谈论一些技能，比如坚韧不拔、坚持到底、重新规划、目标设定和适应能力。如果一个孩子想放弃，家长需要做好准备促使他们履行自己的承诺，但也要倾听他们的理由：他们想放弃是因为已经尽了全力，还是因为这件事意想不到地难以处理？家长的角色是，决定孩子目标的值得信赖的指导力量和积极参与者。

生活是不公平的。体育界最重要的一课就是学会应对各种不舒适。有时候，即使看不到结果，你也必须昂起头来继续前进。在生活中，我们总是要面对各种逆境：没有得到的工作、没赶上的升职、令人失望的高考成绩，或者渴望却没能加入的团队。你在这些逆境中所做的一切决定了你的生活。精神上的坚韧与顽强，使孩子们有别于同龄人，并为他们迈向成功赋能。如果一名球员很有天赋，但很容易被周围的比赛环境分散注意力，或者容易受到外部因素的干扰，那么他可能需要认知抑制能力方面的训练。这是一种排除任何与手头任务无关的刺激的技能，包括情绪、噪声、他人、外部环境甚至是身体不适。运动员排除抑制因素能力越强，他们获得成功的概率就越大。

克里斯蒂义务协助的一支高中球队在下半场以 0 比 4 输掉了比赛。更糟糕的是，她们的 5 名首发队员不得不坐到了替补席上。教练对她说："我们怎么可能翻盘逆袭呢？最好的 5 名球员都受伤了。"克里斯蒂告诉教练："这 5 名球员只是情感上受到了伤害。"她知道，队员们在同龄人面前输掉比赛，心里一定非常难过，她们的心理"受伤"了。

当一名运动员在比赛中受伤时，决定他们是否会重返赛场的，是他们对疼痛的感知和认知抑制程度。有时运动员受到严重的身体伤害后，会强烈坚持重返赛场，因为他们一门心思想着比赛和赢得胜利。而有时只是一点儿轻微的身体创伤，却会严重影响他们的自信和坚持下去的信念。当我们受伤时，大脑会感知到痛并进行处理。如果用晾衣夹夹一下皮肤表层，我们会感受到暂时的刺激，并很快被其他事情转移注意力，甚至忘记晾衣夹。我们都知道，焦虑和抑郁会加剧疼痛感。事实上它们并不会让伤势加重，只是这种情绪状态使痛苦的体验变得更糟。当运动员处于忧虑状态时，他们不仅更容易受伤，而且体验到受伤后的痛苦也更深刻。当然这个理念不适用于身体伤病严重的运动员，他们离场后不适合重回球场。如果经过评估，运动员被告知不宜继续比赛，那就不要去交涉了。但是如果在评估之后，最终决定权交给了教练和队员，就另当别论了。

克里斯蒂在美国国家女子足球队训练时回忆，体能训练是对身体的严峻考验，很痛苦。为了完成任务，她必须学会转移自己对疼痛的注意力。

克里斯蒂的故事

我告诉自己，我不是队里第一个不得不接受训练的队员，但我可以把自己当成战斗中的第一个士兵。跟其他人面对的困难比起来，训练的难度真不算是什么。我会想象在狂风暴雨中被抛在大海中央的感觉——训练中无论做什么，都不可能比海上溺水更糟糕。我最害怕的就是溺水了，所以每当我在训练中感觉精疲力尽时，就想象着如果面临溺水，我需要付出多大的努力才能逃生。这是个激励自己的好办法。我总是告诉自己，无论面临什么，都不是最糟糕的。事情永远没有想象得那么糟！我用我内心最深的恐惧来帮助自己克服困难。

其中一项最具心理挑战性的训练被称为"哔哔声测试"。它是一个多级体能测试，一种穿梭式的测试，教练借以估计运动员的最大氧摄取量——换句话说，跑到你不能再跑为止。这项测试就是在相距 20 米的两个障碍桶之间来回跑，与预先录制的音频中按设定的时间间隔发出的哔哔声同步。训练要求队员一听到哔哔声，就立刻跑向相反的障碍桶。随着测试的进行，哔哔声之间的间隔变短了，这意味着你必须动作更快，才能在测试中坚持下去。哔哔声响时你必须到达障碍桶，如果做不到就会被教练叫停，淘汰出局。

随着时间的推移，我对哔哔声测试的看法发生了变化。一开始，我满脑子想的都是要在这方面做得越来越好，直至做到最好。这成了我在国家队训练营的第一要务。随着年龄的增长，我内心的声音变得成熟了，开始认为这有助于我充分发掘自己作为球员的潜力。一开始的时候，我肾上腺素激增，整个人都发蒙，事后总要品评一下是否做到位了。后来，每当站在起始线上时，我会告诉自己，此时此刻就是最好的。我本可能会漂浮在水中苦苦挣扎活命，也可能是作为现役军人在前线服役，我把自己放入了这样的心理场景中。在那样的环境里，无论在精神上还是体力上，都比我现在做的事情更加艰难。这样我就会觉得轻松多了。事实证明，现在我开始测试前的心率明显要比前几年低。

当我能够转移注意力并且不再焦虑时，哔哔声测试就变成了愉快和令人满意的事情。没有人愿意把自己推向失败，尤其是在同龄人的注视之下。最后，测试成了衡量我体能状况的标准，能帮我充分挖掘潜力，而不是一味去和别的队员比较，使自己极度不安。问题变成了"我能否战胜时间？"而不是"我能否战胜队友？"。刚开始的时候，我只是不想做得最差，但后来我与自己竞争，成了最好的自己。

克里斯蒂的故事反映了认知抑制原理，这一术语描述了大脑排除不相关信息的能力。有时我们故意选择我们关注的东西，有时我们只是在不知不觉中忽略了这些东西。从比赛开始到终场哨响，运动中的认知抑制限制了情感、朋友、家长和观众嘘声的影响。你可以通过训练孩子主动应对干扰，而不是试图消除干扰，来培养孩子顽强的精神。

心理韧性策略

追踪你的想法。许多运动员都会记录与比赛当天的表现和训练有关的所有想法。记录想法有助于提高你对自己思维模式的认识，并帮助你根据需要做出改变。鼓励孩子记录自己在活动中的想法，可以帮助他们确定自己的优势在哪里，哪些方面需要更多的支持。你也可以要求孩子就比赛、他们自己或他们的队友讲3个优点。

"停"的技术。如果有运动员倾向于自我贬低，或者觉得无法控制消极的想法，他们可以尝试停止思考的技巧。当一个消极的想法浮现在脑海中时，他们可以大声地喊"停"，然后转向一个积极的或肯定的框架。基恩博士就喜欢在消极和积极的想法之间，想象一个停车标志或车库门正在关闭的情形。

换个思路。教孩子们如何把消极的想法重新塑造成积极的想法。如果孩子因为天气不适合比赛而心烦意乱，那就教他们换个思路，转而思考因为下雨可以有更多的机会。当球队中最好的队员受伤，而球队觉得他们不可能赢时，可以这样来转换思路：因为你们队没有了最好的队员，另一支球队失去了重点盯防目标，反而不知道该如何击败你们。没有好队员，这可能是你们大放异彩或更上一层楼的机会。这样教育孩子，遇到问题不要只想着如何去努力控制，还应该转换思路后重新看待问题。这是在教孩子如何用建设性的方法重新诠释球场上的一切——无论是消极的还是积极的。

转换表达。在别人紧张的时候告诉他要冷静下来，这种方法很难奏效。如果你真的能做到，心理治疗会议也将邀请你花上几分钟的时间给大家好好讲一讲。相反，告诉他们试着用不同的词汇来描述同样的感觉。所有运动员都会在重大赛事开始前感到肾上腺素激增。许多成功的运动员称他们的紧张为兴奋。他们称它为"激情"，而不是"焦虑"，他们把它描述为一种能显示出他们多么喜欢的感觉。要让孩子们知道，有时无法控制的情绪实际上可以作为一场精彩表演的燃料。

- 你感到精疲力竭，说明你在真正认真地工作。

- 你害怕失败，说明你很投入。
- 你感到愤怒，意味着运动强度会提高。
- 你感到沮丧，说明你在乎。
- 当你打得咄咄逼人时，说明你在努力对抗。
- 你情绪激动，说明你充满热情。

练习冥想

马萨诸塞州总医院和哈佛医学院的神经科学家萨拉·拉扎尔（Sara Lazar）是马拉松专业选手，因跑步多次受伤，长期接受物理治疗。她的理疗师说她需要做伸展运动，建议她练习瑜伽，认为这样可以减少受伤的概率。理疗师还说瑜伽会增加她的同理心，打开她的心扉。拉扎尔最初对瑜伽会影响她的同理心的想法嗤之以鼻，但她还是选择将瑜伽作为一种伸展身体的方式。

经过几周的瑜伽练习，拉扎尔不仅感觉身体好多了，还惊讶地发现自己的心态开始发生变化。她注意到自己在工作中更加平静，能够更好地应对压力。她比以前更容易换位思考，从别人的视角看问题。拉扎尔研究了关于正念和冥想的文献，发现冥想可以缓解压力、抑郁、焦虑、疼痛和失眠，同时也能提高儿童和成人的生活质量。大量研究还表明，长期冥想的人大脑中多个区域的灰质都增加了，包括他们的听觉皮质和躯体感觉皮质等。[5]

冥想有助于减慢思维速度，并有助于对当下的意识感知，包括呼吸和周围的噪声。顽强精神就是为了加强情绪控制、注意力控制和创造力而进行心智调节的结果。神经科学家发现，长期冥想者的额叶皮质中有更多的灰质，而额叶皮质是大脑中负责注意力、决策力、创造力和记忆力的部分。拉扎尔在自己的实验室里验证了这些发现，并且还有进一步的发现。坚持冥想多年的人的大脑灰质发生了实质性变化，但许多人没有时间去进行长时间的冥想。拉扎尔让没有冥想经验的人参加了一个为期 8 周的冥想和正念实验项目。她在研究中发现，冥想和正念练习即使只持续两个月，也会对大脑产生实质性影响。拉扎尔指出，每天坚持 15～20 分钟，就足以收获冥想的好处。

尽管有关儿童与冥想的研究并不那么活跃，仍处于发展阶段。但研究表明，练习冥想的孩子成绩会更好，出勤率更高，注意缺陷多动障碍症状发生概率更小，自我控制能力更强，幸福感更强，洞察力更强。对冥想和运动员的研究得出了类似的结果，并表明冥想可以改善注意力、自我调节、人际关系、注意力持续时间和减轻压力等。[6] 有很多方法可以帮助孩子练习冥想，首要的方法是从家长做起。当孩子们看到家长在做冥想时，更有可能对冥想产生兴趣。一开始，家长可以教孩子简单的呼吸练习，甚至每天练习几分钟的静默。家长也可以把冥想当成游戏让孩子做。在家里安排特定的时间和空间一起做冥想，是个不错的主意。可以在家里找个安静的区域，你和孩子可以用垫子、枕头或其他舒适的配件来设计空间，以此提醒孩子从冥想中可以获得舒适感。参加儿童或家庭瑜伽课是另一种很好的方式，可以让孩子在幼年就开始学着冥想，并受益终生。

"正念"这个词经常被等同于"冥想"，都是指活在当下的过程，而不是思考过去或未来的事情。这会帮助运动员体验与某个时刻或事件相关的所有刺激，而不是总想着能否获胜、能否实现目标。正念在体育运动方面是指保持对运动过程的关注，并花更多的时间思考如何实现自我提升。通过正念获得的头脑敏锐度和清晰度是必不可少的，克里斯蒂认为，即使是最好的训练也做不到这一点。

▲ 克里斯蒂的故事

在蓝天足球俱乐部的最后几年，我学习了正念减压法。我们的目标是成为更好的自己，每天都争取做得比前一天更好。教练们提倡一种专注自我提升的思维模式，这让我们能够享受自我提升的乐趣，每周都能更好地了解自己的进步。当输掉比赛，我们并不认为这只是失败而已，而是会重新审视它，看自己是否还有提升空间。每一次我们的表现都必须是可衡量的，否则，我们就是一只没有风帆、随波逐流的小船。

将目标定向和过程定向结合，可以让孩子实现更平衡的发展。要忠于孩子成长的过程，让他们朝着自己的目标成长，帮助他们明白，在整个过程中既会有成功，也会有挫折。提前了解这一点，有助于孩子避免因失败而产生的那种痛苦的挫败感。当孩子完全以目标或结果为导向时，遭遇失败可能会让他们感觉像是世界末日。

精神张力

14岁的体操运动员利兹只差一点没能进入国家级水平排行榜。她颇有运动天赋，拥有高超的技能和惊人的技术。她的家长认为她还不够"顽强"，所以才没能上榜。所以他们额外聘请了教练帮助她整体提高，但毫无效果。在他们看来，顽强精神意味着更刻苦的训练，而利兹实际上已经做到了。当利兹颇具状态时，表现得令人难以置信，她的家长和教练都对其在场上的才华和创造力惊叹不已。但当她不在状态时，表现却大相径庭，看起来像个新手一般。利兹在十几岁的时候，外界的影响和她无法控制的事情，让她越来越无法集中注意力。利兹的家长最终求助了运动心理咨询，希望能帮到他们的女儿。

利兹从小就和队友们很亲密，然而，她们越来越嫉妒她的成功并且越发不加掩饰。她们抱怨说，当所有人都像她一样努力时，却只有她赢得了所有的奖项，这不公平。她们跟利兹抱怨，每次被选拔出来参加比赛的不应该总是她，应该把这个改变人生的机会让给别人。因为朋友们没有像她一样的成就，利兹感觉很糟糕，她觉得自己有责任帮助她们表现得更好。她总想着帮助她们，因为只有这样她们才不会再生她的气。利兹的家长不明白，为什么利兹会如此在意队友们对她的看法。他们说，希望看到利兹变得强硬起来，又有谁在乎这些女孩们对她的看法呢？但对利兹来说，这并没有那么容易，因为她在乎。利兹对队友的感觉是正常的，从成长发育的角度看也是适合的。大多数青少年都很看重融入社会和社交。利兹需要与朋友们之间建立适当的界限，搞清楚在这样的关系中，她到底对她们负有什么责任。改善利兹的精神张力，要集中在教她如何进入状态，保持专注，并运用认知策略来提高自己的场上表现。

在一位运动心理学家的指导下，利兹首先被要求回顾并重新制定赛前常规程序。利兹学会了利用这段时间为比赛做好心理准备：与教练好好交谈，想象自己的成功，进行积极的自我暗示，并进行良好的赛前热身。她同意在赛前和队友分开坐，这样她就不会如此分心。她把注意力从照顾队友转移到了比赛当天自己的需要上，比如赛前的营养和睡眠习惯。利兹的重大转变是重新专注于自己。

在几周的时间里，利兹调整了自己的日常作息，她的总成绩也有所提高。精神张力来自利兹的内心，而不是总盯着更努力的训练，或者是记分牌上的分数。

你可以教孩子如何控制和利用他们的力量，不管他们是正走向未来的领导岗位，还是想做一名严阵以待、超越自我的士兵，都应该下意识地选择毅力与坚持。告诉他们，只有永不放弃，才可以在未来获得真正的成功。

- 输掉比赛不会对身体造成伤害。
- 真正重要的是每天都有进步，而不是希望凡事都立见成效。
- 不要总盯着记分牌，把注意力集中在你能控制的事情上。
- 境由心生，物随心转。
- 把注意力转移到如何帮助队友上。
- 比赛中对自己说些积极和鼓励的话。
- 和那些因你而魅力四射的队友待在一起。

你无法改变一个孩子的基因，当然你也不会想去改变，但所有的孩子都可以学着在精神上变得坚强和敏捷。我们可以教孩子们如何理解和改变他们周围的世界，以及如何改变他们对环境的看法，可以播下"种子"。这也适用于那些在运动中处于顶级地位的人。在克里斯蒂的职业生涯早期，由于在适应新教练方面遇到了问题，她曾寻求一位体育心理学家的帮助。

克里斯蒂的故事

在我们的一次谈话中，这位心理学家说我有领导才能。我当时很是震惊，因为我从来没有想过自己会当领导，就如实告诉他了。他说我需要调整对领导者固有的认定模式。

这位心理学家在那次谈话中告诉我，由于性格内向，我会选择坐在远离人群的地方，始终看向人群，观察眼前的队长是如何领导团队的，团队是通过什么运作的。我观察到大家不同的个性和优缺点。我说的话比我的大多数队友少得多。但我一直在观察和倾听，很有自知之明。他说，一个好的领导者会为他人着想。他们愿意尝试着让自己和团队变得更好。我说："但我有想法却不会大声说出来，你怎么能说我适合做领导呢？"

他告诉我，领导别人的方法有许多种，但我还是不相信他的话。然后也许命中注定，这一天还是到来了：皮娅教练让我担任美国女子足球国家队的队长。尽管一开始有些不情愿，但我回想起了心理学家说的那些"我能行"的话，现在就连皮娅教练也在我身上看到了领导能力，于是我就站了出来。

"种子"先是播撒在了心里，最终，克里斯蒂以"美国队长"而闻名。今天，我们该如何评价她的这份顽强精神呢？

BE ALL IN

第 6 章

坚持本真

真正可靠的父母，在养儿育女的过程中，能够主动放弃自己认为孩子应该成为什么样的人的念头，设法教会他们成为真正的自己。[1] 这是一种能够尊重事实规律，且不受外界干扰的能力。这是我们对自我的清醒认识，清楚自己的优缺点，甚至了解自己的短板，还具备如实表达自己思想的能力。我们如果坚持以这种原则养育孩子，则能够成功培养孩子的良好性格、勇气和同情心。保持青少年在从事体育活动方面的可靠性，关键在于引导孩子们去从事他们想做的运动，而不是由家长选择的或他们碰巧擅长的运动。当你允许孩子选择他们热爱的运动时，他们会有更多的奉献精神和更好的整体表现。源于纯粹的快乐而参加运动的孩子，会自然而然地进入应有的状态。当由孩子选择自己喜欢的运动时，他们往往有更健康的运动习惯，更好的体能和运动态度，这使得运动损伤和运动倦怠不那么常见。

你对待邻居、同事、孩子和其他家庭成员的态度，你面对老师、其他家长和教练时的讲话方式，以及你应对生活中多种压力的方法，都显示出你作为家长或教练的可靠性。让你在孩子面前保持真实，不是看你住在哪个城市，赚了多少钱，也不是你在工作中的地位与头衔，而是你的行为和语言与你对孩子的要求之间的一致程度。对于孩子们来说，最重要的不在于他们是否能获得首发资格，他们为哪支球队效力，或者他们进了多少球，而是他们在团队中如何表现，他们参加比赛的方式，以及他们在逆境和冲突出现时的直觉反应是什么样的。

这一章要求你审视自己的内心，评估你在生活中同孩子们说的话和做的事，是否与你的价值观、你的意图以及你内心的真实情况相符。我们和孩子共同生活的时间其实很短暂。医学博士哈利·罗特巴特（Harley Rotbart）在《不做后悔的父母》（*No Regrets Parenting*）一书中提醒家长，从孩子出生到上大学之前，我们只有 940 个周末可以和他们待在一起。对我们来说，这段短暂的时光太宝贵、太神圣了，容不得处处假装。

> 性格第一，能力第二。
>
> ——铃木镇一，铃木教学法创始人

在不惜一切代价追逐奖牌、冠军和胜利的价值观充斥的体育文化中，我们该如何传播人格的可靠性？不得不承认，我们中的许多人就是在这种文化中长大的。我们会发现自己可能想要把自己在孩提时代参与运动时所没有的东西，提供给孩子。

约翰在 20 世纪 80 年代长大，成长期间从事过橄榄球、足球和棒球运动。在那时，优秀的运动员可以选择加入这三项运动，而不必接受额外训练或加入严格的精英俱乐部或巡回球队。他哀叹家长很少观看他的比赛，放学后他经常独自骑着自行车去参赛。然而，他知道父母都需要工作，来养活他和他的兄弟姐妹，他们不可能到场观看他所有的比赛。

约翰上高中时加入了这三项运动，尤其擅长足球。尽管他想踢中场，但他总是被安排去当守门员。他一再向教练恳求，但教练却像没听到一样，总是安排他当守门员，仅仅是因为他"非常擅长当守门员"。在高中时，他已经成为一名闻名遐迩的优秀守门员，大学一年级时顺利进入了校队。不过，他却并不满意。他认为，他是被迫当守门员的，因为他的家长从来没有去跟教练争取过，也没有设法让他加入另外的球队去踢他自己喜欢的位置。大三的时候，约翰就永远地退出了足球比赛。因为他始终没有说服教练改变主意，便开始讨厌足球了。

约翰在大学期间退出了竞技体育。他涉猎篮球"只是为了好玩"，在大学阶段打过室内壁球，并在后来抚养孩子的同时参加了 30 多个联赛。当约翰的孩子哈珀和肯尼斯进入体育运动领域时，他全身心投入了进去。他从未缺席过孩子们的训练或比赛，甚至还亲自指导过几个赛季。他为孩子们报名参加了额外的训练营，两个孩子都有各自运动项目的私人教练。此外，他还参与了哈珀所有的小提琴课。

当哈珀还是一名高一新生时，有一天她告诉父亲她不想再踢足球了。约翰大吃一惊，因为哈珀在中学和巡回球队中都是最好的中场球员。每次约翰看她踢球时，都能隐约看到自己的影子。当哈珀说不想再踢球的时候，他死活想不出这是为什么。他给哈珀提供了很好的运动环境，都是自己童年时期渴望却没有的。约翰没有意识到的关键一点，就是他从未允许哈珀做她自己。他从不让哈珀真正和他一起探索，也不让哈珀和他分享她喜欢做的事情。像许多家长一样，他看到了哈珀的运动潜质，并得出结论：如果他能对哈珀做得比他自己的家长对他所做的更好一些的话，他将培养出一个幸福而强壮的足球运动员。但事实上，约翰没有让他的女儿自己做出选择。

幸运的是，约翰很快意识到了这一点，并允许哈珀在当季退出了比赛。约翰希望他的女儿过得快乐且充实；强迫哈珀继续参加运动意味着重蹈他年轻时理想破灭的覆辙。没有了来自训练和精英团队的压力，哈珀重新找回了自己对足球的热情。然后，她要求接受额外的训练，并寻找机会参加其他球队的试训。约翰意识到，如果他的女儿只是想取悦父亲，或者同样过上约翰那种被剥夺童年的生活，她就不可能发自内心地踢球。

塑造忠于内心的特质

克里斯蒂上八年级的时候，参加了学校的中学篮球锦标赛。她父亲是对方球队的教练。她清楚地记得这场比赛，因为她最后的带球上篮本应为她的球队赢下比赛，但父亲冲着裁判大喊说她走步①了，进球不算数。

---

① 走步是篮球运动中的一种违例动作，指球员在不应移动双脚的情况下，移动了脚的位置。——编者注

"上篮非常完美,我没有走步。"克里斯蒂回忆道,"最终裁判同意我父亲的看法,上篮得分无效,我们队输了。"

克里斯蒂很生气,因为她觉得是由于父亲的阻挠她才未能赢得冠军。开玩笑的话,她从那场比赛以及她父亲的经历中得到的教训是,无论是在比赛中,不是在训练中,可以说在任何处境中,尽管特定情况下都会遇到困难,而忠于内心、尊重事实非常重要。

克里斯蒂的故事

我父亲基于他看到的真相行事,没有因为是自己女儿上篮得手就装聋作哑。他当时——直到现在也是,确信我走步了。就这么简单。如果他当时没有大声说出来,那肯定是因为他作为父亲的偏袒之心,压过了对真相负责的责任感。这就是他灌输给我的东西:尊重比赛。我认为父亲是我所认识的最可靠、最诚实的人之一,他在体育运动中将这个最强大和持久的理念教给了我,即使当时让我很受伤害。

克里斯蒂的父亲告诉她,胜利不是来自胜利本身,而是来自诚实和正直,来自你基于真理而行动的内在力量,而这些真理只能通过经验来教导和培养。所以要找出是什么让你感到最快乐、最自豪,并将它坚持到底。

克里斯蒂把自己的成功很大程度上归功于她在任何情况下都忠于自己内心的品质,她带着父亲教给她的一切,一路走上了世界杯的赛场。

对抗"社交控"

当我们驻足张望，自然而然会思索我们的时间都去哪儿了。我们自己在工作和生活中有一大堆的事情，孩子的出现令我们更加地忙乱，所以我们经常会刚扔下这件事又立刻捡起那件事，刚离开这个活动转而又跑向下一个活动。我们整日忙碌奔波，根本没有机会停下来思考一下做这些事情的意义。生活为我们提供了如此多的不同的选择，每一个选择都那么引人入胜甚至让人无法自拔。无论孩子从事哪一类运动，只要你有足够的时间和金钱投入，在他的面前都有着无穷无尽的机遇。因此这会在孩子和家长身上培养出一种欲罢不能、唯恐落后的所谓"社交控"的感觉。

社交控（FOMO，即"错失恐惧"）是当今时代一种普遍存在的焦虑感。当人们开始想了解其他人在自己不知道的情况下到底在做什么时，就会产生这种焦虑感。我是不是错过了什么乐子？我的孩子错过了什么重要的事情吗？虽然对错过比赛感到恐惧并不是什么新鲜事，但我们现在可以持续地、间接地通过各种渠道了解到其他孩子在做什么：他们在哪支球队打球？他们赢得了什么冠军？以及谁在训练他们？等等。

"社交控"是忠于内心养育孩子的最大障碍之一，扰乱了青少年体育活动，因为它引发了人们对精英团队、奖学金和明星梦想的痴迷与追逐。尽管时间有限，还有金钱成本和家庭压力，也会因此错过假期，但有社交控的家长往往觉得，如果他们没有给孩子提供尽可能多的机会，就是辜负了孩子。其他看似成功的运动员发布在社交媒体上的照片，可能会让家长怀疑他们自己是否做得还不够。"我的孩子全面发展了吗？""竞争太激烈还是恰到好处？""我培养孩子的天赋和冲劲了吗？"在青少年体育运动中，如果我们患上了"社交控"，就很容易忽略真正重要的东西，比如家庭、朋友，甚至是教育方面的追求。

> **BE ALL IN**
>
> **用"严厉的爱"对抗"社交控"**
>
> ◎ 只管走好自己的路！不要越过篱笆望向邻居的院子。关注好自己孩子的幸福、福利和成长。
> ◎ 关注当下而不是将来。勇敢地相信你所做的决定必将把孩子引上正途。无论孩子是什么情况，都无条件地爱他们。
> ◎ 如果孩子想去参加社交活动，一定要允许他们去。我们不可能面面俱到，总会错过一些机会。把握机会，保持平衡。
> ◎ 找到你错失的快乐！告诉孩子休息时间、家庭时间，以及利用业余时间运动和参加比赛的意义，那就是娱乐身心。

找寻独特优势

让孩子参加体育运动的理由因人而异，这取决于从体育小白到参加过专业比赛的家长完全不同的生活经验。当被问到这个问题，大多数家长会告诉你，他们让孩子参加体育运动，是因为体育运动可以培养孩子的领导力、意志力、团队协作、奉献精神和责任心。然而，当我们观察青少年体育的一些现实情况，就会发现其中的许多价值观在激烈的竞争和对失败的恐惧中迷失了。

孩子天生就会讨家长欢心，这是天性使然，他们属于"求赞党"系列。这本身很棒，因为这会塑造他们的自尊。孩子在父母的推动下从事体育运动，但你怎么知道这是否超出了他们的兴趣或能力呢？你怎么知道他们表现出来的兴趣到底是真实的，还是源于他们天生的取悦你的需要？

所以，我们建议你给孩子一些自由的空间，让他们思考一下自己到底想做什么。对孩子表示关心和向他们强行推销自己的兴趣完全是两回事。别局限于赛场，要努力在他们所做的每件事上寻找他们独特的优势和能力。争取时间让他们探索新事物，然后你就可以悠闲地坐下来旁观了。

还是那句话，每个孩子都是不同的。有的孩子可能需要推一把才能参与进来，然后发现自己原来很喜欢某项运动；另外，因为渴望得到外界的赞扬而为之付出努力；还有的孩子表示希望家长能给他们更大的助力。但是，我们鼓励家长抓住一切机会，让孩子自己去找答案。请放心，他们总会想出办法搞定一切的。具有讽刺意味的是，事实证明，来自外部的赞扬或者惩罚，到头来都会抑制孩子的内心发展。因此，我们要尽量对孩子表示关心，但不是用赞扬或惩罚来刻意推动他们；我们还要避免先入为主，要试着了解他们到底是怎么想的：他们为什么要打比赛？他们喜欢的是什么？

如今，许多家长说起自己的童年，都记得课余时间可以自由自在踢球的时光。奇怪的是，放学后去外面和朋友一起玩球的做法已然成为遥远的过去。以前自由玩耍的大部分时间，已经被电子游戏、过多的家庭作业以及严格的训练、练习和比赛所取代。阿比·瓦姆巴赫是7个兄弟姐妹中最小的一个，在纽约州的罗切斯特市长大。阿比认为自己后来的成功，很大程度上归功于当年和兄弟姐妹在后院的自由发挥。她把她的坚韧不拔、反应敏捷归功于她的兄弟：她曾经深情地回忆过她的一个兄弟向她投掷冰球的情形。

相信自我价值

"当事人中心疗法"之父卡尔·R. 罗杰斯（Carl Ransom Rogers）创造了"价值条件化"（conditions of worth）一词，他用这个词阐明了人们相信自我价值，或作为人的价值的程度，取决于外部因素或是否满足他人赋予自己的某些条件。[2] 价值条件化现象在儿童时代很常见，但进入成年后可能会因此导致一些问题。例如，家长有时会在无意识的情况下，制定复杂的条件要求孩子去遵守。孩子们很容易就会发现如下规律：如果他们做了某些特定的事情，家长就会满意，自己也会因此得到来自家长的赞许或喜爱。因此，他们就会非常卖力地去做这些事情。但是，因为价值条件来自家长对孩子的希望和梦想，它们可能与孩子的真正能力、兴趣或天赋并不真的匹配。

价值条件化是一个非常微妙的概念，虽然它很容易被人们忽略，但力量却非常强大。价值条件化在体育运动中的出现，恰是因为孩子们的目的经常是取悦家长、教练、老师和队友。让我们静下心来问问自己：你觉得你需要做什么，或者拥有什么，才能在这个世界上有价值？通常情况下，人们也许会说：

- 永远不要让别人看到你出汗了（心虚了）!
- 生气吧？

- 要坚强！
- 好好干！
- 照教练的话去做！
- 不要让别人看到自己的痛苦！
- 智胜他们！
- 向他们展示你其实更强大！
- 做个冠军！

有时候，这些表达是有帮助的，可以激励和引导孩子们取得巨大的成功。然而，有时它们与孩子的实际能力水平、情感和天赋不匹配，可能导致孩子们不快乐、紧张或缺乏满足感。甚至有时候它们会让孩子觉得家长对他们的爱是有附加条件的。请你思考一下，你是怎么对孩子说这些话的？是出于什么样的考虑？当他们赢得冠军时，你会对他们表现出更多的爱意吗？当他们智取对手时，你会更关注他们吗？你鼓励他们隐藏自己的情感吗？

总之，我们要认识到自己的赞美、惩罚以及判断是否真的对孩子的成长有益，把孩子从价值条件化中解脱出来，让他们有机会去发现真正的自己到底是什么样的。

关注自己的感受

美国各地的家长往往会在比赛前 30～45 分钟到达赛场，他们通常带着帐篷、水瓶、手机、相机、冷却器和躺椅，他们几乎总能把全部身心投入多项工作中：家长们为了去参加锦标赛，可以在周末开上几小时的车；他们可以开车从城市的一头出发，接上孩子，然后到城市的另一头去参加下一场训练；他们习惯于在路上吃晚饭；他们在下班后开车几小时去送孩子，却往往直到晚上 10 点或 11 点才收到孩子的电子邮件。一旦家里有从事体育运动的孩子，一家人的家庭生活、学业，甚至是情绪都会受到影响。

尽管多数队员的家长绝不会掂量这样的付出是吃亏还是赚了，但他们仍然会因感受到孩子不知感恩而不知所措、压力很大或沮丧万分。当然，人们存在这类情绪是意料之中的事情。但是，如果你发现自己经常发火，经常与孩子发生冲突，或者总是觉得自己围着别人的时间表转，那么就需要考虑一下如何也让自己的事情得到优先安排，也就是要思考如何关注自己的感受。

照顾好自己。当你自己的所作所为与你试图教给孩子的理念不一致时，你就会失去在孩子心中的权威性。既然你都不拿自己当回事，那孩子为什么要努力照顾好自己呢？当你为怎么能让孩子学会全力以赴、专心致志做事而不停抱怨、心烦意乱时，我劝你还是先认真花些时间，来确保你对自己制定的运动生活方式和日程安排真正感到舒适。如果你经常抱怨或动辄情绪失控，那就需要考虑一下这会对孩子产生什么影响。当孩子们相信家长关心他们并愿意随时提供帮助时，自然就会茁壮成长。如果你给孩子树立起自尊和自立的榜样，他们就会更愿意将自己的真实感受告诉你。如果孩子能以你为榜样，那么你的优点就会成为他们送给自己的成长礼物。

做到表里如一。布琳·布朗（Brené Brown）教授在谈到"真实"一词时说，"真实"体现为你每天所做的选择、你每天在众人面前出现时的表现。

"真实"不是一个宏大的概念,相反,它体现为人们日常行为的一致性。在胸怀大志的同时,你一定还要时时关注这一点,并跟你的孩子强调这个原则。当然,孩子们会在体育运动中自然而然地习得表里如一的特质。

学会接纳自己。像"做你自己就好!""做真实的自己!""现实一点!"这类话你听过多少次了?但事实上,有些孩子根本就不知道自己到底是什么样的!意识到这一点,会让他们感到焦虑。所以,父母首先要学会接纳自己,做个好榜样。因为只有这样,你的孩子才能学会接纳自己。我们要做到接纳自己的弱点,自信地谈论自己,对孩子坦承自己的优点、缺点与美丑,让他们明白无论自己是什么样的,都没有问题。你能想象得出真诚接纳自己的感觉吗?那感觉真是妙不可言!要多棒,有多棒!

知道自己是"谁"。当运动员在比赛日踏上赛场,他们需要明确地知道自己是"谁"。比如,他们是湖人队的,或者是红牛队的,或者是火箭队的;他们需要知道人们对他们的期待是什么——不仅仅是"赢";更进一步的是,他们需要思考人们在期待他们如何协调自己的行动。他们是锋线[①]球员、防守队员、投球手、四分卫、守门员,他们需要知道比赛策略,需要明确接下来该如何开展比赛。

但当家长们踏上球场时,他们能说出同样的话吗?他们知道在比赛这天人们对自己的期望是什么吗?他们能否认识到自己的养育方法可能会影响孩子的运动表现、自我认知,以及对比赛和自己未来的态度呢?比赛当天,当你在球场上看到自己的孩子时,你是打开草坪椅安静地坐着呢?还是在场边

[①] "锋线"是前锋线的简称,以擅长进攻的球员为主,包括大前锋、小前锋和中锋。——编者注

来来回回地踱步呢？想一下，你属于哪一种呢？请看看以下常见的球场边上的家长类型吧！

- 成就导向型：这一类家长高度重视胜利和成就。他们关注孩子的个人发展和成长，以及团队的竞争力和赢得比赛的能力。
- 大喊大叫型：这一类家长会为比赛提供不间断"解说"，会对在比赛中看到的一切进行评论。他们声若洪钟，在球场的另一头也完全听得到。
- "压力山大"型：这一类家长在比赛时来回踱步，情绪处于易激惹状态，赛后需要好好放松。
- 切换场地型：这一类家长会随时把自己，连带椅子和家人，移到孩子正在比赛的场地一侧。当孩子不在场上时，他们很难专心观看比赛。他们花了很多时间，只为关注孩子的场上表现。
- 冒犯裁判型：这类家长一旦对判罚有异议，就会冲裁判员叫喊。如果裁判在比赛中直接跟哪位家长说什么了，那肯定就是跟他们说的。
- 怪罪他人型：当对自己孩子的成绩或球队的表现不满意时，这一类家长就会把责任归咎于教练、其他队员、场地条件等。
- 茕茕孑立型：这一类家长总是在球场的另一侧观看比赛，远离其他家长，甚至是和对方球队一起观看比赛。反正就是避免与别的家长接触。
- 群体中心型：这类家长往往更重视孩子的社会化和个人成长，而不考虑参加什么运动，也更重视与孩子队友以及其相关家庭发展关系。
- 过度赞扬型：这一类家长鼓励孩子重在参与。无论孩子的表现、努力或动机如何，只要他们高兴就好，从来不吝惜表扬和鼓励之辞。
- 足球妈妈型：这一类家长（这适用于任何运动）为每场比赛都做好了充分的准备，包括急救、茶点和对任何自然灾害的应对措施，很受球队其他家长的喜爱和尊重，高度重视人际关系和服务他人。
- 社交为主型：这一类家长在比赛的大部分时间中都在与其他家长交谈，他们看重的是团队成员之间的联络，而不是比赛的结果。
- 热衷派对型：这一类家长倾向于邀请其他家庭或整个团队到自己家，或者为团队组织外部活动或庆祝活动，参与周末或夜间锦标赛的发起或组织工作。
- 社交媒体型：这一类家长在社交媒体上与团队的家人建立了联系，拍摄并发布大部分甚至所有的团队活动的视频或照片，为自己的孩子和他们的队友感到兴奋和自豪。

你可能在生活的不同时期扮演过一个或多个这样的角色，可能会很容易被归入以上一个或多个类别。需要说明的是，这里所描述的角色，没有好坏或积极、消极之分。你只需要关注你所参与或认同的行为，并思考你的行为是否符合你对孩子的要求：如果你想让自己的团队经历变得有趣，不妨考虑一下在场外大喊大叫所造成的影响；如果你想让孩子不断努力，从成功走向成功，那就要好好考虑一下持续的表扬对孩子表现动机的影响。

了解我们自己的性格，以及我们想要向孩子灌输什么价值观，这对养育孩子是很有帮助的。虽然每家书店至少会有两排书架摆满与养育孩子相关的书，虽然到处都是关于如何做家长和教育孩子的观点和建议，但请你明白：

真正高质量的养育，需要首先了解和意识到父母自身的价值观，并检视自己的行为是否跟对孩子的要求相一致。

找到真正的梦想

阿莉莎家境富裕，父母都是极具竞争力的大学球队运动员，非常宠爱这个独生女。她从 5 岁起就上私立学校，喜欢参加各种体育和娱乐活动。当阿莉莎对一项运动表现出兴趣时，她的家长便为她配备家庭运动器材和私人教练，还为她提供了参加精英团队的机会。七年级时，阿莉莎将自己的兴趣缩小到足球和篮球上，这让她的家长欣喜若狂。他们都准备全力以赴。

阿莉莎是个运动员的好苗子，无论参加什么运动，无论练习次数多少，总能脱颖而出，这确实很神奇。阿莉莎在学校和当地的教练那里都很受欢迎，她每天参加训练，打得很有激情。阿莉莎的家长看到她这么快乐且充满热情，也感到惊叹不已。

阿莉莎无疑是一名出色的中学足球运动员。到七年级时，她已经是全校进球最多的队员了。她的家长是学校足球队的热心成员，经常在球场上做志愿者，甚至还协助管理球队的整体计划。他们成了当地闻名遐迩且备受喜爱的足球之家，而阿莉莎理所当然是这一切的核心。阿莉莎的家长在社交媒体上分享了她的成功故事，无论场上场外都和其他家长谈论足球，并与许多足球家庭建立了友谊。他们看到阿莉莎还继续参加其他体育活动，感到很高兴，因为他们知道，接触各种活动和环境对她的成长很重要，他们希望她能选择自己想做的事情。阿莉莎似乎毫不费力地全都涉足了，而且样样表现出色。由于阿莉莎大部分时间都在踢足球，并表现出了如此大的成功潜质，她的家长计划让她上高中后开始专攻足球。

在新泽西州，高中足球队通常在每年的7月开始，免费对现有球队队员和即将入学的新生进行训练。高中教练要到8月才能接手训练，因此许多高中都从校外聘请教练来管理7月的训练。实际上，许多高中教练都会在7月偷偷参加培训，开始评估新球员，这一点并不令人意外。如果你想加入球队尤其是校队，最好去参加培训。主教练给阿莉莎的父亲打了电话，说保证能让她参加培训。她的家长喜笑颜开，憧憬着她的未来。

离足球训练开始只有一周时，阿莉莎突然向家长宣布，她不想再踢足球或打篮球了，因此不会去参加训练。她说自己想专攻一项运动，那就是冲浪运动。冲浪？一切都要从头开始学！有没有搞错？

阿莉莎之前冲过几次浪，但她几乎没有表现出对冲浪有任何真正喜欢的意思。她的家长从不认为冲浪是一项体育运动，甚至不认为这是一项有价值的运动，但度假时玩一玩还是可以的。阿莉莎的家长立即表达了不满，他们和她认真谈了一次，甚至谈到了即使参加了足球训练和争取到高中足球队名额，整个夏天仍旧可以去冲浪的事。他们认为也许她这样做，只是对参加高中体育活动感到紧张的表现。

阿莉莎提醒父母回想一下不久前他们和她的一次谈话，当时她要求退出教会青年团体，因为她在里面一个朋友也没有。当时家长让她考虑一下自己的内心，并说如果她真的想退出，那就退出。她仔细考虑了一番，最终还是决定留了下来，因为她感觉参加这个团体对自己很重要，虽然这同时意味着不能再像以前那样跟朋友在一起待那么久了。这次她告诉家长，自己清楚冲浪是她发自内心喜欢的事情。

阿莉莎的家长虽然不情愿，最终还是同意她从事冲浪，但除了给她买最好的潜水衣和冲浪板外，不知道该如何帮助她取得成功。冲浪和家长已经习惯了的其他运动不一样，场边没有冲浪妈妈，没有裁判、犯规或压哨球。刺激点在哪里？她会和谁交往？随着时间的推移，阿莉莎的家长意识到足球可能更多的是他们自己的梦想，而不是阿莉莎的，而在别人的梦想中度过余生的话，阿莉莎本人是不会幸福的。

阿莉莎的家长最终想出了成为"冲浪家长"的方法。这次经历与平时迥异，美妙无比。他们最后帮阿莉莎找到了专业的训练机会，以确保她在竞争中占据优势。到了高三，阿莉莎在冲浪锦标赛上获得的荣誉，超过了那些一直在从事冲浪运动的同龄人。到了大四的时候，阿莉莎已经开始获得国家赞助。

在家长的指导下，阿莉莎坚持听从自己内心的声音，做真实的自己，并在冲浪运动中邂逅了快乐和成功。顺便提一句，直到今天，阿莉莎仍然是她所在冲浪团体的活跃分子。

BE ALL IN

第 7 章

回家路上

谈到家长和球员孩子之间的亲密关系的培养，开车回家路上的时光是一个极其重要的时间窗口。因为在那段时间，比赛或训练中的事件刚发生不久，沮丧情绪是最原始的，也最激烈。虽然乍一看，体育赛事结束后回家似乎是再平常不过的经历，甚至是无关紧要的，一般也不会引起什么不快。但涉及这一话题的许多文章甚至图书都强调了它的重要性：能否利用好这段时间，会影响孩子对参与体育运动的兴趣和态度。

随便找一个运动员，询问一下他们与家长一起回家路上的感受，你肯定会听到各种趣闻轶事。多年来，我们向青少年、大学生和职业运动员进行了持续访谈，得到的回馈内容范围之广令人咋舌，关键词如下：

- 家长棒极了！
- 接二连三的问题！
- 每次都争论不休。
- 剖析我的表现。

- 为在哪里吃饭而争吵不休。
- 对我所从事项目高谈阔论,虽然他们对此一窍不通。
- 审判日。
- 我的进步目标清单。
- 抨击我的队友。
- 关于教练的激烈讨论。
- 过分地对我赞美。
- 拿我和我的哥哥、弟弟做比较。
- 讨论我的上场时间。
- 恭维不休,爱意绵绵。
- 他们为此花费了多少钱。
- 他们为我跑了多少路。

因为比赛消耗了身体的水分、电解质、碳水化合物和肌肉蛋白质,在比赛结束后,运动员需要补充水分、恢复活力和身体复原。还有一点应当注意,那就是运动员们的肾上腺素水平仍然维持在很高的水平,这可能会影响他们接下来一连串的想法和情绪。

接连进行激烈的体力活动,使孩子容易受伤或感到精疲力竭,因此赛后必须重视照顾好他们的身体需求。你可以递给孩子一瓶水,带他们去吃午饭,或者让他们回家后玩一会儿游戏、看一会儿电视。但即使你已经及时为孩子安排了身体复原措施,他们的情感需求也往往得不到满足。这预示了一同回家之路是亲子关系中的一个关键部分。

赛后生物学变化

运动员的情绪可以在短暂兴奋与绝望、极度兴奋与愤怒之间大幅度转换，甚至在获胜之后也是如此。这些情绪表明孩子的交感神经系统，或者说急性应激反应系统仍然处于激活状态。这些情绪可能在比赛中、看到比赛结果后或者在教练赛后的谈话中表现出来。当孩子上车准备回家时，他们可能仍然深陷急性应激反应的情绪之中，或者刚开始从这种反应中恢复。

急性应激反应即急性应激障碍（ASD），是指在遭受到急剧、严重的精神创伤性事件后数分钟或数小时内所产生的一过性①的精神障碍，一般在数天或一周内缓解，最长不超过1个月。急性应激反应是在面对认为有压力的事情时产生的一种原始本能反应，曾经是一种生存本能。当我们的祖先遭遇可能危及生命的危险时，比如面对正在接近的敌人或者野兽，人们往往来不及思考就能做出一些身体反应：猛地站起来冲上去，或者转身溜之大吉。[1]

现代社会，急性应激反应很少是由真正的危险所激发产生的，通常是因为感知到了威胁而被激活的，例如丢了工作、终结了关系或损失了金钱等。由于来自教练、家长和球迷的压力刺激，体育运动成为激活压力系统的温床——更不用提其他能切实感觉到的因素，诸如声望、奖学金、上场时间和未来机会的损失了。运动员在比赛或训练中也会经历急性应激反应，这是对对手、场上失误或丢球的直接反应。

---

① "一过性"是指某一临床症状或体征在短时间内一次或数次出现，往往有明显的诱因。随着诱因的去除，这种症状或体征便会很快消失。——编者注

第 7 章
回家路上

跟我们所有人一样,运动员在赛前、赛中和赛后都会经历急性应激反应。像汤姆·布雷迪(Tom Brady)和卡利·洛伊德(Carli Lloyd)这样的顶级球员,在经历这一切的时候能够做到不动声色。他们之所以能够在压力非常大的时候打出制胜的比赛,而且看起来非常镇定,动作完美无瑕,是因为顶级球员了解急性应激反应,他们学会了巧妙利用蹿升的肾上腺素、皮质醇和氧气消耗来加强自己的优势。

然而,就像普通人一样,即使是顶级运动员有时也会经历无法控制的恐惧,可能被情绪所淹没。当恐惧来临,球员可能会感到心跳加速、出汗增加、呼吸变化、紧张、恐惧、注意力无法集中,以及对比赛的担忧和纠结。如果运动员带着严重焦虑上场,就会呈现出反应被动、视野狭隘的特点,很难恢复到他们通常的比赛实力。有些人深陷其中而不自知,稀里糊涂就被换下场。

大脑新皮质是大脑中负责抽象思维、高阶思维、持续注意、创造力和想象力的区域。大脑新皮质也是我们自传式记忆的来源,正是这种记忆使我们能够思考、写作、开车或踢球。边缘系统就像是人体中的应答器。每当大脑接收到真正的或想象中的威胁信息时,大脑新皮质就会退居次要位置,而边缘系统则是第一个到场确保你安全的系统,会不假思索地对威胁做出反应。

你有没有遇见过你的孩子在讨论完比赛后,戴上耳机闭口不言,或者干脆对你不理不睬?你的孩子在比赛后有没有大哭过,或者看起来完全失去理智?这些表现并不能说明他们无法承受压力,而只是边缘系统在兴奋状态下劫持了他们的大脑而已。孩子上车后,可能会在心理上将想象中的威胁反馈关闭。这个时候与他们对话，就是在强迫一个充满情绪的人来进行对话，不太可能得到理性的回馈。

比赛刚刚结束，你也可能处在应激反应的恢复当中。在和孩子说话之前，花些时间思考，也会帮你自己争取到做出调整的机会。当你放松下来，想清楚要对孩子说些什么时，跟他谈话也就会更有目的性了。

我们就以默里为例，他是一位公司高管，长期生活在激烈竞争的环境之中。他的儿子在高中的篮球队，对于孩子的上场时间，他习惯性地感到压力很大。毕竟，默里也曾经打过 4 年的甲级篮球。他的儿子比他更高、反应更快，但默里一直认为自己并没有赢得该有的认可，这都缘于自己不够努力。默里的儿子对自己的上场时间也是倍感受挫。为了帮助他，默里不断提醒他在比赛中为自己设定目标。比赛完开车回家的路上，他试图对孩子讲述他所看到的问题：

- 你为什么总是传给约翰？他从来没成就过你。
- 你看起来不是在比赛，而是在场上悠哉悠哉的。你是不想在那儿打球了吗？
- 我认为你可以更自私一点。为什么不尝试更多的投篮或者带球冲向篮筐呢？

在一次乘车回家的路上，默里注意到儿子在忍受自己一连串质问的时候，脸上隐隐浮现出痛苦的表情。他一声不吭，一直看着手机，干脆装听不见。默里的妻子也同样坐在他身边沉默不语。他意识到，他的妻子和儿子都对他的连环质问感到沮丧。他自己又何尝不是呢？他终于意识到，自己的行为并没有帮助他实现真正的目标——帮助儿子成为一名更好的篮球运动员，并像他一样热爱比赛。

如果赛后想通过谈话帮助孩子，你必须首先确定自己的意图，然后开始传达信息。默里认为儿子本可以获得更大的成功，并真诚地施以帮助不假，然而他采取的方法却存在问题，这是因为他在比赛之后的情绪太激动了。他需要等大家都冷静下来，再聊打球的事。从那以后，每次开车回家的路上，默里就和妻子计划一天的行程安排，儿子则在一旁玩他的手机。最终，他们又能好好说话了。默里发现，他必须理解儿子，而不是戴上有色眼镜先对他做出评判。他还学会了相信儿子正在尽自己所能争取最好的结果。他坚持在白天晚些时候或在晚餐时与儿子接触，这样儿子就能够处于一个更加安心的谈话环境。如果对谈话不满意，他可以起身离开。可以看得出，默里真正学会了倾听。

如果你的乘车回家之路一直比较难熬，那就需要重新考虑你此行的目标。当你在训练结束后想要顺便干点别的，而孩子却表现得异常暴躁时，这可能意味着他们只需要回家减压。那你就不要在比赛结束后，马上利用这段时间来分析比赛，而是改变你的目标：享受一次平静的回家之旅，或者就像默里一样，想办法恢复与孩子之间的关系。这并不是说你必须把帮助孩子成功的想法放在一边，而是你需要看清楚孩子何时适合讨论问题，并确定好合适的时机。

无论是家长对裁判大喊大叫，以至于被赶出赛场，还是在场外与对方的家长激烈理论，其本意都是不希望自己的孩子受到伤害、羞辱或感到难堪，只是这些家长常常一叶障目不见森林，因小失大。他们常常过于关注比赛的细节——裁判的判罚、上场的时间或位置，以至于他们可能会忘记自己的行为以及该行为对孩子或球队造成的负面影响。作为家长，必须认识到我们的行为在赛前、赛中和赛后对孩子产生的影响。

是时候改变对赛后回家之路作用的认识了。与其把它当作一次教练课程或制定战略的时间，不如把它设定为帮助孩子冷静下来的机会。我们的交感神经系统控制无意识思维和自律性，而副交感神经系统则产生一种放松、清晰和专注的思维，能够帮助我们更好地倾听和解决问题。

克里斯蒂回忆道，在为2008年奥运会做准备时，她的焦虑情绪比较严重。与此同时，队友们因为兴奋而肾上腺素飙升，因为全世界都将观看她们与国际高水平球队过招，她们感受到了参加奥运会的魔力。参观奥运场馆是一回事，而被奥运精神以及奥运团队、奥运奖牌、奥运村和奥运名人所包裹则是另一回事。运动员们知道，他们不仅代表自己，更是代表各自的国家！美国女子足球国家队承受了之前作为金牌和银牌得主所带来的光环压力，并希望保持世界最佳水平。虽然情绪高涨，但克里斯蒂和她的队友本能地知道，解决问题的最好方式是保证正确的心态。

克里斯蒂的故事

奥运会前的集训结束后，我们队的守门员霍普·索洛表示不赞成我把对手撞倒的方式和我给前锋传球的角度，而我对自己的技战术很满意，不想做出改变。有一天我们在球场上发生了争执。霍普和我之间没有达成任何一致，我们越争论越厉害，甚至训练结束后还在争论。最后，教练们喊话："够了！先上车！"

第 7 章
回家路上

霍普和我本能地暂时坐在大巴中间过道的两边，让我们之间的分歧慢慢消失。我们知道那是最好的处理方式；在回到酒店重新讨论这个问题之前，我们需要先冷静下来。霍普不喜欢我的防守方式，而我认为我的防守不仅很好，而且也成就了我。我们到达酒店后，又和防守教练埃丽卡·沃尔什（Erica Walsh）一起接着讨论，话无不尽，终于就如何进行团体配合达成一项共识。我们各自做出妥协，却对我们共同协商所做的调整充满信心。那件事以后，我俩的关系甚至更紧密了，因为我们各自都更深入地了解到对方是如何看待比赛的。

霍普和我之所以能够圆满解决我们之间的问题，是因为我们在训练结束后回来的路上，花了时间留出空间让各自平静下来。我们俩对这场比赛都很上心。我们彼此充分尊重对方，知道我们虽然会一度达到非常不和谐的程度，但最终能够克服。对我来说，在体育运动中进行沟通是非常重要的，尤其是面临奥运会比赛，我们好好谈谈各自的感受更是至关重要。我们必须充分表达自己，进入一种放松心态，相互间哪怕是对比赛有着完全不同的看法，也要保持洗耳恭听的态度。

基恩博士孩子的高中足球教练，在每个足球赛季开始时都会对家长发表相同的演讲。他解释说，他眼里的足球比赛只有 3 个角色可供选择：教练、球员和家长。他说："我是教练，而且仅此一个教练岗位，我已经选了 18 个男孩加入我的球队，那就只剩下家长角色了。我希望你们其余的人能担当好这个角色，教练和球员的角色已经不属于你们了。"

他的话意味着开车回家之路的意义，是让自己在情感和身体上冷静下来，暂时忘记所发生的一切，而不是再次回味赛事。他认为，家长的角色与教练和队员的角色一样，都是至关重要的。他说，家长的主要责任是提供支持。他要求家长帮助小伙子们完成他们该做的事，鼓励他们玩得开心，最重要的是，无论他们表现如何，都要让他们感到是被爱着的。

如果你的回家之路经常是高度情绪化的，最终搞得一家人憋闷生气，那就得考虑采用另外一个选择，即对比赛的事只字不提。家长放弃指导权，把教练的工作留给教练，可能正是一些孩子尤其是参加高级别比赛的孩子所企盼的。这也可能带来一些附带的好处：回家路上，你指示的话越少，孩子可能就越想和你说话。在没有压力的情况下，孩子可能会自发地回来和你讨论比赛。

怎么才能做到这一点呢？可以询问孩子是否需要水，是否需要停下来吃午饭，可以擦干他们的眼泪，还可以递给他们一个新的创可贴。如果他们想说什么，就认真地听一听；如果他们不想说，也设法让他们感到舒服。让他们从充满竞争和压力的比赛模式中转换回来，尽量不把比赛情绪带出场外。你可以只是提供支持，把讨论、评论和批评的工作统统留给教练。

我们采访过的大多数职业和精英运动员都表示，在回家途中，他们的家长从未批评过他们，也没有给出负面的反馈。

事实上，我们调查过的大多数大学水平和职业球员都表示，家长很支持他们，体育运动是他们家庭的快乐源泉。许多优秀球员都说，是家长让他们觉得从事体育运动充满乐趣，家长对他们的爱和支持从来都不是以获胜为条件的。

> 我的家长通常问的第一个问题是:"你发挥最佳水平了吗?"如果答案是肯定的,他们通常会回应,"很好,尽力而为就好。"问过这句话之后,我们会讨论更多的比赛细节,但他们从不强调输赢,而是关注我是否尽了全力,因为这才是最重要的。
>
> ——菲尔·科斯塔(Phil Costa)
> 美国国家橄榄球联盟达拉斯牛仔队前中锋

建设性的反馈意见

克里斯蒂还小的时候,从来不想听到"踢得很棒"或"踢得糟透了"这两句话,因为这对她来说毫无意义。

克里斯蒂的故事

孩子们想要建设性的反馈意见。尽管一条简单的信息会让他们感到松一口气,他们仍然想知道更多关于比赛的有价值的信息。当我执教的时候,我总是喜欢针对某个具体的球员说一些具体的细节。

如果我觉得某个球员踢得不好，我会和她谈谈她比赛中需要改进的特定部分。例如，我从不批评她的努力程度，而是和她讨论如何解决能够帮助她全面发展的基本技能问题。我把反馈内容与比赛中的五个不同组成部分紧密联系，即球在哪里、空间、队友、形势和目标。

当队员"踢得很棒"时，也可以这么说。我跟她们不是说"踢得很棒"或者是"好极了"这样平淡无奇、毫无益处的话，而是就表现不错的具体方面谈谈，比如无球跑动意识或是顶住压力解决问题的能力。这些对话对孩子的学习曲线（learning curve）[①]提升至关重要，我们作为教练，需要欣然接受此类细节，来更好地帮助球员成长。

一句"踢得很棒"不会使孩子提高自我评估能力，也无法让孩子再接再厉，重复执行想要的行为。他们可能刚刚经历了一个糟糕的时刻，但这并不意味着他们打了一场糟糕的比赛。同样也不能仅仅因为你进了一球，就说你整场踢得棒极了。不能用瞬间的得失来定义整个场上表现，这就是为什么跟他们谈具体细节很重要。

与运动员建立并保持一个清晰的反馈循环是很重要的。先问问他们自己觉得表现怎么样，而这通常是一次富有成效的谈话的良好开端。让他们主动来交流，而不是上来就给谈话定性、定基调。中场休息时，我对运动员说的第一句话往往是："你感觉踢得怎么样？"

在我的职业生涯中曾经有这样一位教练，她会在中场休息时走进我的更衣

[①] 学习曲线指在一定时间内获得的技能或知识的速率，又称练习曲线。——译者注

室，直接问："你感觉刚才踢得怎么样？"这种提问方式，从运动员的角度来看，有利于教练或家长跟他们之间的相互理解。毕竟是孩子们在场上拼搏，承受压力。我们作为父母，或许并未真正理解他们。从这一点上讲，我们应该跟孩子进行更有意义、利于参与方的双向沟通。这样不仅可以加强双方的信任，最终还会帮助孩子在无惧指责的情况下充满自信地评估自己。

即使孩子失误很多，踢得糟糕，或者根本没有太多的上场时间，家长还是需要做好对他们的支持，提出支持性的问题，并积极思考如何成为一个好的倾听者。你可以帮助孩子反思过去的经历，也可以帮助他们看清全局。告诉他们，生活不仅仅是一场比赛或踢一次球。提出问题并引导他们自己找到答案，为孩子创造一个足够安心的谈话空间，让他们准确地了解自己正在经历和处理的事情。

有些孩子可能会期待在回家的路上听到情况汇报，回顾发生了什么，谁做了什么，还有哪些起起落落等。许多家长说他们家更喜欢在开车回家的路上进行交谈，而不是在其他家长或队友面前进行，因为私下谈论比赛比较安全。虽然这是事实，但重要的是要注意保持好平衡。

交谈的时候，避免先定性孩子踢得是好还是坏。很多时候，孩子们会顺着你的说法，跟着认为比赛如何，或他们踢得好还是坏。他们也可能对自己过于挑剔，赛后一心想着自己和他人的失误。谈论一下其他队员或回顾自己孩子的上场表现可能很诱人，但克里斯蒂喜欢在开车回家的路上关注另外两个话题。

克里斯蒂的故事

赛后我和孩子们交谈时，最重要的是观察她们的肢体语言和了解她们的努力程度，这些是我唯一会评论的东西。许多家长更关心的是孩子的上场时间和是否得以首发上场。

对我来说，关键在于态度。如果我的女儿不想参加比赛，那就不会让她上场。如果孩子哪一天对比赛表现得不够投入或兴趣索然，她就应该面对后果。我认为这是一个引导教育的好时机，提醒孩子们无论自己当天的兴趣水平如何，都不应让她们的队友失望。

我提醒自己，和我的女儿在一起的时间，是她们告诉我她们情绪的好机会。我女儿知道，在开车回家的路上，我总是会询问她们的态度，但我也不会根据自己的所见所闻仓促下结论。如果她们看起来不专注或者心不在焉了，我会问她们为什么不想踢了，是不是因为累了。

我心里清楚，作为离异家庭的孩子，我的女儿们可能还需要克服一些跟运动毫不相关的困难。比如当爷爷奶奶和姥爷姥姥同时到场观看时，我的女儿们有时就很难安心踢球，无法处理好这些事。重要的是，我女儿了解了这些因素是如何影响到她们的，并且学会在踢球时有意识地调整自己的感受。

回家的路上我也会和女儿谈论她们的队友，但对队友的表现从不评判。我想让她们意识到，队里的其他女孩此时也正在做与球队无关的事情。

不管你对孩子从事的运动项目了解多少，当孩子放松下来并能够与你交流时，你们总有办法展开对话。不管你对比赛的理解有多深，一旦开启对话，你可能会遇到像本章中描述的那些关键的教学时刻。

下面是一些简单的对话开场白范例，如果你想通过让孩子参与运动来得到教训和收益，这些是非常有用的。

教学点	开场白
健康	进行比赛的时候，你的身体感觉如何？
技能提升	你给自己今天的表现打多少分？
应用策略	教练让你遵循的比赛策略是什么？
恐惧	当你尝试新的东西时感觉如何？
团队	你今天是如何帮助队友的？
竞争力	能告诉我你是怎么拿下那些势均力敌的比赛的吗？
毅力	你坚持到终场哨响的动机是什么？
学习	你从这场比赛中得到什么收获，有助于下一场表现得更好吗？
注意力	你能描述一下比赛时面对所有观众欢呼喝彩时的感受吗？
爱	今天的比赛中你最喜欢的是什么？

巧妙谈论失误

所有的体育运动,不管是个人还是团体,青年还是职业,室内还是室外,都免不了会有失误。让我们重复说一遍:体育运动无法避免失误。对于在回家路上苦苦思索跟孩子谈什么的家长来说,这是最需要掌握的概念之一。克里斯蒂回忆说,每次和美国女子足球国家队队友一起乘坐大巴赶路时,她的队友们都喜欢利用这段时间进行个人和团队层面的自我反思。

克里斯蒂的故事

我和队友赛后坐大巴的返回之路,常常是解决问题的时机,有时甚至会一路谈到球队的餐厅。这时交流的内容往往是平时在训练或比赛中无法解决的问题。在车上我总是坐在阿比的旁边,我们经常讨论如何才能做得更好,讨论我们认为有成效的和急需的工作。

这个习惯来自从少年到高中到大学,再到专业级别的所有训练。我们需要很长一段时间的训练才能学会自我评估,并坦诚面对自己的真实表现,而大多数职业运动员都表现得对自己过于挑剔。但对我们来说,乘大巴回去的时光从来都不是消极的或者充满挑剔的,相反,大家觉得谈话开诚布公,很有建设性。

反思是成长进步的一个关键因素,而这些对话是我们球员在成长路上的重要内容。能够审视自己,明白如何才能让自己表现得更好,这使我们能够将自己的比赛能力推向极致。在这些对话交流中,我们在很大程度上依赖于相互信任的文化。

第 7 章
回家路上

我们都是团体中的一员，懂得如果我们每个人都能成长和进步，将会使整个团体受益。帮助身边的人提高，我们自己也会因此受益。因为我们彼此依赖，相互信任，所以懂得即使是负面的反馈也值得好好吸收，并终将被证明是有好处的。我总是对这样的内部谈话很期待，我们因此得益，茁壮成长。

> 我没有失败过，一次也没有。我已经发现了一万种不起作用的方法。
>
> ——爱迪生

要高度关注你是如何在回家路上讨论失误的。但凡成功的球队，都善于利用失误。球队之所以获胜，经常是因为对手乌龙、失误或犯规。每一位达到专业水平的运动员都明白，无论自己从事什么运动，都免不了会失误。

要用现实和健康的眼光看待运动失误，这非常重要。如果你平时总用批评的语调跟孩子说话，前面列出的开场白可能会有所帮助。有些孩子天生对自己很苛刻，因此，必须教他们在比赛中找出几个连统计数据或得分都不一定能体现出来的积极时刻。孩子们需要明白，即使他们没有赢得比赛，没有包揽所有进球，也没有上过新闻头条，但他们的所有努力仍旧是有成效的。教他们把自己的失误看作学习的机会。

艾弗里从 8 岁起就参加了青少年长曲棍球队的比赛，16 岁时，她成为一支高水平学院球队的一员。她是一名首发出场的攻击手，对曲棍球充满热情，不屈不挠，深受教练和队友的欢迎。她的母亲凯莉在读高中时曾经打过长曲棍球，了解这项运动。即便如此，艾弗里还是觉得她的母亲不可能理解她所承受的压力。

赛后，艾弗里会发泄情绪。"我的队友拒绝在应该传球的时候把球传给我。有时我明明在无人防守的开阔地，但她们认为我打不好，所以宁可自己带球，或者把球传给她们认为能打得更好的人。这太令人沮丧了！"

凯莉对艾弗里的情绪爆发会作出反应，鼓励女儿理解队友的做法。"也许有时候你也不会把球传给她们？也许你需要大声点喊？没试着换到球场上的另外一个位置吗？"凯莉的建议总是引发孩子更多的挫折感，最终会引发一场激烈的争论。凯莉感到很无助，而艾弗里则觉得妈妈的话没用。艾弗里从妈妈的话里感觉她不理解自己的感受，总是站在队友一边。16岁的艾弗里浑身散发着荷尔蒙的气息，情绪容易波动，满脑子不理性的想法。

凯莉最终决定在艾弗里很激动的时候不作任何回应，只是任由艾弗里发泄情绪。她问一些问题只是确保自己真正了解情况。她只是变换主语，几乎完全重复艾弗里的话，说："听起来你很沮丧，因为今天没有人把球传给你。""你很生气，因为球队里没有人遵守教练的比赛计划？"凯莉的方法奏效了，艾弗里平静了下来。当凯莉在没有评判、解释或纠正的情况下倾听时，艾弗里赛后的咆哮减轻了，两人说话的感觉变得像是在聊天。凯莉继续好奇地听着，艾弗里觉得可以放心地说出自己的想法，表达自己的感受。

随着时间的推移，凯莉逐渐能够与艾弗里谈论她对比赛的看法，以及如果她处于同样的情况可能会如何解决问题。一旦艾弗里觉得自己得到了认可，她就能听取母亲的建议，并得到提高。凯莉教女儿如何建立伙伴关系，这是团队合作的真正意义。她教艾弗里如何与队友沟通，以促进传球顺利进行，而不是制造障碍。她还在认真倾听方面做了好的榜样，这样艾弗里就可以对她的队友做同样的事情。

完成这一突破之后，就可以跟艾弗里谈论如何成为一个好队友了。凯莉解释说，那就是投入时间去理解周围的人。凯莉和艾弗里从用词、语调和时机的角度谈了沟通的重要性。她还帮助艾弗里试着从队友的角度看待比赛，并了解到不同队友在能力、冲劲和技术实力等方面各不相同。这种正念赋予了艾弗里勇气，她主动改进了自己在比赛中的不足，最终，她能够更好地团结队友和与她们相互配合。

当你让孩子在比赛后发泄情绪时，你是在让他们自由地表达自己的感受。一旦你不加斟酌地说那些可能被认为是评判、批评或纠正的话，孩子肯定会觉得自己没有被认可，就像他们的感受并不重要一样。当孩子以这种方式表达情感时，家长最需要做的是给予支持，要做到坚持不表达自己的意见，并认识到这是倾听时间，而不是教学时间。你必须让孩子知道，你重视他们的感受，想听他们倾诉。另外，不要觉得必须去验证什么是无效的：失败后的沮丧或悲伤是有效的，而噘嘴或攻击性的行为则不是。认可一个孩子并不等同于哄骗或安慰。当艾弗里抱怨没有人传球给她时，她的母亲说出了自认为真实的话，"当比赛不按你喜欢的那样进行时，确实让人感到很难受。"

在回家路上，你还是得跟孩子进行一些特定的对话交流。内容可以是孩子是否对教练或队友态度粗鲁或表现出不尊重，或者他们在比赛中有没有我行我素、拒绝倾听。这些对话需要及时进行，尽管孩子可能情绪激动或不愿去讨论。要注意对话时要明确、直接，言简意赅。说明你的理由，并解释为什么你认为他们的行为是不适当的。不要纠结于他们做错了什么，而是要把话题引向他们以后应该如何做，不再犯同样的错误。但在很大程度上，如果能跟随孩子的脚步，你跟孩子的关系就会更进一步，心理方面也能走得更近。

赛后的坚定支持

请记住：无论是艰苦的训练、令人心碎的比赛抑或是胜利的比赛之后，你回家之路的目标，应该是给孩子们所需要的支持，使他们尽快恢复正常，并从所有的经历中有所收获。在凯瑟琳·塔米宁（Katherine Taminen）、佐伊·波彻（Zoe Poucher）和维多利亚·波维赖提斯（Victoria Povilaitis）教授合著的《运动、锻炼和表现心理学》（Sports, Exercise and Performance Psychology）一书中，就回家的路上如何对话才能得到孩子的支持与配合，提出了几条指导原则。[2]

避免不请自来的谈话。如果孩子在回应质询或者在跟你对话时变得情绪化，那就马上改变谈话方式。家长不顾孩子意愿强行进行谈话，孩子则会闭口不言，心怀怨恨。孩子在情绪激动时解决问题、推理和回忆信息的能力会显著下降。你可能会注意到，有时孩子想三言两语搪塞过去，说话时眼睛不离手机屏幕，或者带着情绪，甚至恶声恶气，这就提示你该换个时机跟孩子谈话。

我们还建议你允许孩子说"现在不行"。教你的孩子通过自我评估，自行决定什么时候能准备好谈论比赛的事，什么时候不行。据说有的家庭采取了这样的办法：回家路上给每人发张红牌，任何一个家庭成员不想讨论比赛时，就亮出红牌。既然球员在足球比赛中有不当行为会被亮红牌罚下场，那么对于家庭来说，回家路上出示红牌，就是要求停止讨论比赛的有效凭证。这个家庭通过红牌这种幽默、轻松的方式，在尊重个人边界的同时，及时终止不受欢迎的谈话。

让孩子可以在没有压力或内疚感的情况下，决定他们是否愿意讨论比赛，本质上是在帮助他们培养对自己的恻隐之心。你需要告诉孩子你在意他们的感受，而且意识到当孩子觉得不得不说时，很可能会怀有愤怒和怨恨，也不可能跟你说实话。

理解并清楚自己的意图。与孩子交流之前，请先想一想你的意图和动机。你的目标是让他接受教训还是提高技能，还是说要强调如何在竞争中领先的范例？你到底是想让孩子注意自己在某一方面的表现还是比赛态度？提前思考一下自己希望孩子从对话中学到什么，这可以使你更有成效地安排讨论。不要提一些反问性的、消极攻击性的问题，比如，"你在下半场到底试过没有？"或者"这个你练了很多遍了，比赛时在想什么呢？"孩子会感到很无助，也无法回答。许多好心的家长希望通过这些问题来培养孩子的担当精神，或者期待下次能表现好一些。然而，接二连三、劈头盖脸地质问孩子的表现，往往会引发孩子的抵触情绪甚至干脆拒绝交流。

既然你本意不是让孩子难堪或受到惩罚，那么你在说话时就要非常小心，不能口不择言，信马由缰。说话前先自我检查一下，看看你想说的话在大的方向上是完全正确的吗？你想说的话有必要让孩子听到吗？怎样才能用最善意的方式来表达你的想法？

以支持的态度提问。有时孩子会把你的意见当成自己的内心声音。如果他们感到你的反馈是批判性的，他们可能会习惯性地对自己挑剔。例如，《临床心理科学》(Clinical Psychological science)刊登的一项研究中，实验人员让受试者随机听取5组关于自己的音频指令中的一组。[3]这些音频指令有的是积极的和自我肯定的，而另一些则是消极的和批评的。

不出意料，听到负面、苛刻批评音频的这一组人表现出更多的应激反应症候，那些被要求对自己保持积极和恻隐之心的受试者，则表现出了更强的副交感神经活动。

不管比赛结果如何，保持镇静，在接纳态度上树立榜样，赛后用积极的语气跟孩子说话，这对提升他们的理解能力，以及教会他们将来如何与自己对话都有重要的作用。当我们在自我接纳和与人为善方面做出榜样，即使孩子出现了问题，我们也会帮助他们关掉威胁反应系统，提供疗愈的机会。

由于孩子赛后正在经历情绪波动，回家路上的谈话很容易影响他们与你的关系。沟通方面稍不留意，还可能会导致他们感觉没有被爱，尽管那肯定不是你想要的结果。尽可能温柔地对孩子表示支持。问他们的问题，也只是为了帮助他们回想一下教练要求的内容。

> **BE ALL IN**
>
> **回家路上的中性问题**
>
> ◎ 问孩子比赛打的什么位置。
> ◎ 问孩子比赛时在这个位置上都做了些什么。
> ◎ 问孩子教练在赛后都说了什么。
> ◎ 问孩子在比赛中学到了什么。
> ◎ 问孩子有关比赛的知识。
> ◎ 问孩子打算怎么开创一种新的打法。

运用三明治反馈法。三明治反馈法，就是给孩子反馈的时候不吝赞美之辞。找出孩子在比赛中做的积极的或者富有成效的几点表现，开始对话时先以简短的语言强调或称赞一下。接下来，你要以一种非指责的口吻来传达你想要教给孩子的东西，注意要从有利于孩子成长的角度，为孩子提供你希望他们获得的信息，注意要言简意赅。

三明治反馈法的最后一步，你要称赞孩子的一个优点，比如他们在球场上的态度、毅力、竞争力或体能状况。你也可以赞扬他们做出的改变和成长为一名球员的能力，然后结束对话。记住反馈内容要包含他们所做的效果好的事情，他们在此基础上取得了什么进步，还有他们从输赢中学到了什么，等等。这有助于孩子认识到，无论比赛或活动的结果如何，他们的努力都是有意义和有效果的，并将这种观念内化于心。

我们并不是让你去凭空制造所谓的积极反馈，或是搞什么可怕的参与奖。如果你在孩子身上没有感觉到任何积极的东西,那就跳过赞美的步骤去说其他内容。当克里斯蒂执教时,她会特意用一句恭维的话作为开场白。

克里斯蒂的故事

我这样做是为了获得队员的关注和信任,然后我继续进行我认为对她们的进一步发展至关重要的反馈。最后,我在结束谈话之前再表扬她们的一个优点。我认为教练对球员的情绪状态保持敏感非常重要。找准时机很关键,所以我即使在以赞美的口吻开始谈话,也会时刻关注对话效果。比如,发现现在可能不是按原计划向她们提供纠正信息的合适时机,那我总能再找个时机把这件事说完。如果一定要继续批评,我就把正面的、赞美的信息也夹杂进来一起谈。这样做可以消减批评的反作用力,能使她们不至于对我产生戒心。最终,这种做法会使对话更富有建设性。

> 孩子最希望你爱他们本来的样子,而不是把全部时间都花在改造他们上。
>
> ——比尔·艾尔斯(Bill Ayers)
> 教育活动家

BE ALL IN

第 8 章

专注自信

几年前，基恩和克里斯蒂这两位作家的命运出现了重叠交织。基恩博士的女儿卡梅伦当时上八年级，是校队队员，也是克里斯蒂的旅行球队队员。与此同时，克里斯蒂的女儿赖莉在附近的一所中学踢球。赛季结束时，她们女儿所在的学校球队在锦标赛中相遇。基恩博士回忆了当时的场景。

基恩的故事

在平局的最后时刻，我的女儿被安排罚点球，罚进与否显然会影响最终结果。这不仅吸引了两校所有人的目光，卡梅伦所在旅行球队的两名教练也在现场观看。她把球放到地上，镇静下来，向后退去……球却踢丢了。她眼睁睁看着皮球越过横梁，没能入网。结果是她们学校输掉了比赛。卡梅伦低着头走下球场。她的队友和教练告诉她"不错，很好的尝试"和"别担心"，但她们脸上的神情却藏不住心里的另一番滋味。她们感到很失望，因为她们本来想赢的。卡梅伦觉得自己不仅让她的校队失望了，也在前来观战的旅行球队教练面前丢了脸。

第 8 章
专注自信

第二天在学校,卡梅伦的一位老师,本身也是一名前足球队员,当着许多学生的面,冲卡梅伦搞出令人瞠目的动静和姿势。这你能想象吗?她回到家后,说害怕去旅行球队训练,因为不知道教练会对她说什么。不过出乎意料的是,克里斯蒂首先告诉卡梅伦的就是,她为她感到骄傲,因为卡梅伦是当时第一个走上前去罚点球的。她还告诉卡梅伦,她能体会到那需要多大的勇气。克里斯蒂还说,换作是她,也会采取和卡梅伦完全相同的角度和方式去踢。克里斯蒂注重的是加强技巧训练和视野方面,这都是她在训练中强调的,并没有去关注最终结果。

作为家长我有些喜忧参半,百感交集。当然,我对卡梅伦射丢点球感到非常失望。没有人希望看到自己的孩子失败或自我感觉糟糕。但我很高兴卡梅伦可以在正面榜样的支持下,克服失败带来的消极影响,找到了平衡。卡梅伦很幸运,遇到一位致力于培养她的人做她的教练。克里斯蒂指导她如何以建设性的和实事求是的方式克服负面因素,这会对她的一生产生影响。3 年后,卡梅伦和赖莉成为同一支旅行球队的队友。她们的球队在锦标赛中以不败战绩杀入决赛。当时我们 4 个人正开车去赛场。大家都很安静,除了收音机里传来的低沉的圣诞音乐声,似乎在提醒我们不要把这件事看得太重。但我们的确看重,我自己知道的呀。我虽然知道如果赢不了,就当是练兵了……但作为家长,谁不想让自己的孩子赢得冠军呢?

我们跳下车,走向赛场。克里斯蒂在草丛前的台阶上转身面对女孩们,突然打破了沉默。"嗨,卡梅伦。今天做好准备。如果有点球,我想让你来主罚,争取低角度射入死角。"

"好的,明白。我能做到,没问题。"克里斯蒂满意地转过身,没有再跟孩子们说什么。这次对话让我这位足球妈妈心里一颤。要知道，我真心不希望会有点球要踢。虽然，我可能不是一名直升机式（为孩子事事包办）或者除草机式（为孩子清除一切障碍）家长，尽管我知道孩子需要经历失误才能更好地成长，但我从来没有尝过看她连续失误的滋味。因此回到这本书：照我说的做，但不要跟我学。

开场不到 10 分钟，正如混沌控制理论①所说的那样，我们的一个前锋在禁区内被人犯规。卡梅伦被安排去主罚点球。我不情愿地拿出手机，无论能否罚进，我都想留住那一刻，事后再带给孩子的爸爸看看。

"我为您感到难过，"我身后的一个声音说，她是对方球队的一位家长，"真是不忍心看下去！"真的是那样！卡梅伦将球低射踢入死角！球没有经过守门员头顶，也没有被她的手触到。低射直挂死角，跟事先她们俩约定的一模一样。球⋯⋯进啦！3 年来，卡梅伦罚点球的身体条件并没有改变，只是自信心不一样了。

克里斯蒂带领她的球队赢得了冠军！

如果丧失信心，运动能力和技术能力就会变得毫无意义。家长们经常会问，如何才能培养出一个勇敢的孩子？如何让她勇于接受挑战，并始终相信自己？答案是：宣扬自信心。自信是恐惧的另一面。在我们看来，除非

---

① 威廉·迪托（William Ditto）、艾伦·加芬科（Alan Garfinkel）和吉姆·约克（Jim Yorke）3 人把混沌理论思想上升为一项实用技术，他们称之为混沌控制。这一思想的核心要义是通过混沌控制的有效实施，让蝴蝶效应为我所用，也就是把初始条件的小变化，通过有效的影响，确保得到自己想要的大变化。即对混沌动力学如何运作的认识，使我们有可能设计出能完全实现自己要求的控制方案。——译者注

你能做到完全不怕输，否则想赢是不可能的。如果只用胜败来衡量孩子的成功与否，到头来孩子会被焦虑、恐惧和其他让他们无法做到最好的那些心理内耗绊倒。无论孩子目前的水平如何，要想帮助他们培养自信心，最重要的是为他们创造一个可以安心承担风险、从失误中学习和增长技能的环境。

在整个童年时期，孩子们都会接触到各种各样的教练、老师、权威人士、队友和同龄人，这些人中既有成功培养他们的，也有让他们伤心失望的。与这些人成功相处的诀窍在于分辨清楚他们的不同特质，并教会孩子要多关注建设者而不是破坏者。我的意思并不是说，孩子们应该自动避开那些可能会让他们崩溃的人或经历。相反，我们应该更积极地帮助他们解决这些状况，并从中吸取教训。

每个人都能得到奖牌吗

如何最大限度地为孩子营造一个不过分关注结果的环境，在儿童心理学中存在着相互矛盾的观点。一些儿童心理学家认为，家长应该反复给予孩子表扬和鼓励，并特意为他们创造积极向上的经历。他们认为，掌握和成功相关的积极经验会让人产生一种"我能做到"的感觉。按照这种思路，孩子们在学会相信自己之后，就可以应对生活中的其他挑战。一些心理学家提倡，无论技术水平高低，应该为所有队员颁发参与奖，给他们同样的上场机会。他们认为，要培养一个自信的孩子，得从促进积极的情感体验和回馈着手。

但另外一些人认为，如果没有失败或被质疑的经历，孩子们就无法开发出应对逆境所需的素质。一些心理学家认为，家长给孩子提供了过多的积极反馈，以至于大部分的表扬都是毫无根据的。对孩子的一切都给予赞扬，意味着真正的成就也不会带来相应的自豪感。一个会骑三轮车就受到如此多赞誉的孩子，会愿意去骑两轮车吗？一个认为自己翻跟头很棒的孩子会甘愿去学习侧手翻吗？

其实，每一个孩子、每一种情况都是独一无二的。一些孩子如果经历了太多人为刻意的重要事件和奖励，可能会无法意识到自己的实际成就；但有些孩子的确需要很多积极的反馈才能保持进步；有些孩子就是需要那几枚参赛奖牌，因为没有这些奖牌，他们可能在体育运动中一事无成。总之，孩子们参与体育运动的原因有很多，例如锻炼领导能力、团队合作等。难道不应该有多种基于队员独特个性和能力的教育和培养方法吗？

我们的意见是，你应该为孩子选择他们真正需要的那一类活动。仔细想一下你和孩子参加这项体验的目标是什么，是迫切希望得到一个有竞争力的位置，还是需要推动他们提升基本技能？是不管结果如何，他们都喜欢参与这项活动呢，还是更想和某个特定的朋友出去闲逛？

评估你和孩子参加这项活动的目标，将帮助你决定哪种方式对你的孩子是最好的。也许对他来说，参加一支拥有平等上场时间的娱乐球队，要比花几千美元在学院球队打球更加合适；当然，也或许你应该考虑让他尝试一下更高水平的球队，这些球队重视技能和技术，但不会给每个人平等的上场机会。

专注于最重要的目标

即使是世界一流的球员,他们的自信心也可能会动摇。当克里斯蒂第一次应邀到美国女子国家队训练时,她的自信心受到了很大的打击。

▲ 克里斯蒂的故事

当我在 1997 年 1 月被招入国家队时,无论是篮球还是足球,我原本对成为所在队里的顶级球员之一已经习以为常,但到了国家队后,我又回到了无名小卒的状态。训练营为期 10 天,在这段时间里,我的自信心频繁受到打击。首先是我们看了一段球队在 1996 年赢得亚特兰大奥运会金牌的视频。我是一直梦想着能够赢得奥运会金牌的。在意识到身边有这么多牛气冲天的队员的那一刻开始,我开启了极度的自我怀疑之路。我甚至在想我这是来做什么的呀!足球不是我最擅长的,篮球才是!

在进入国家队之前,我一直是前锋和射门得分手,在 80 场大学比赛中踢进了 79 球,这让我对比赛充满信心。但……但……但……但……等我去了国家队,仅仅是竞争前锋线上一个位置的人选,就有米娅·哈姆、米歇尔·阿科尔斯、迪芬妮·米尔布莱特、香农·麦克米伦(Shannon MacMillan)!还有辛迪·帕洛!因为竞争过于激烈,教练认为,对我来说最好的选择是去打防守。突然之间,我最擅长的事,也是让我感觉自己最具价值的事情,没办法再做下去了。我被安排在一个自己从未待过的位置上。如果想继续留在团队中,就只能接受这个安排。自然,这让我质疑我是否有能力踢好这个从未接触过的防守位置。

真正影响我自信心的事情发生在第三天的体能测试中。为了继续留在国家队，并向我的新队友们证明我可以，我想我需要在体能测试中表现一番。事实证明这是个糟糕的主意。我从大门快速跑了出来，领先于所有人，但后来却无法保持这个速度，最终被许多人赶超。在我最需要信心的时候，自信心却处于历史最低点，周围全是史上最厉害的女足名将。最终，我意识到自己必须改变态度和心态。我告诉自己，必须做最后的努力。需要改变的不是训练，而是我的内心。我必须停止找借口，专注研究自己的比赛风格。我必须适应比赛，迎接挑战，继续前行。

自信源于人的思维方式。孩子们总是追求立竿见影的效果，优秀惯了的人更是如此。这是克里斯蒂第一次进入国家队时意识到的。她希望能像过去一样得到认可，但事与愿违，这次她并未像以往那样立即被公认为场上最好的队员之一。克里斯蒂不得不利用她之前的成功，找回在国家队打球所需的自信。除非她选择相信自己，否则谁也不会相信她。

攀比注定失败

很多运动员都会通过教练、家长和队友来了解自己的表现，了解自己是否"足够优秀"。社会比较理论的心理学概念是这样说的：许多人在不知不觉中通过将自己与他人进行比较，来确定自己做得是好还是坏。[1] 有些人的自我价值感，来自他们感觉自己能否赶得上别人。研究表明，反复将自己与他人进行比较的人，容易对自己产生深深的不满，并且容易造成竞争过度和自我惩罚。

第 8 章
专注自信

许多年轻运动员把自己的打球方式与他人进行比较:"她比我强。""他是队里最好的球员。""我担任守门员的话会比她强。""我的破门次数比他的少。"不同级别的球员都会将自己与打同一位置的其他球员进行比较。克里斯蒂承认在自己的职业生涯早期,她也是这么做的。为了达到增强自信的目的,球员可以从关注评判其他球员和队友,转变为关注如何与他们建立联系和沟通。如果不是去批评或评估他们,而是努力去理解他们并从中学习,才能真正对自己有帮助。为了建立这种模式,家长和教练应尽量避免与孩子谈论其他球员,除非沟通的目的是帮助其他球员做得更好。在一场令人失望的失利之后,经常会听到家长或球员指责前锋线或后防线,或者指出其中哪一名队员要为哪一次失球负责,或者说球队因射门得分不足而无法取胜,等等。

在各个层级比赛的孩子,自信心都会受到打击。然而,在从一支球队转到另一支球队,或者从一种比赛水平切换到另一种比赛水平的过程中,自信心是至关重要的。例如,在足球运动中,球员最终必须经历从小场地过渡到大场地的过程,篮球队员也必须过渡到更高的篮筐。

随着孩子越来越专业,他们经常从娱乐球队过渡到更高级别的俱乐部或学院球队。随着孩子年龄的增长,比赛的节奏以及比赛所需的速度和力量也会发生变化。这些过渡很多会影响到孩子的自信心。因为很多习惯了在某一级别上成为明星球员的孩子们,到了另一级别,可能会发现自己不得不坐到替补席上。无论是哪项运动或哪个级别,几乎所有的运动员都会评价同龄人,并怀疑自己在指定的级别上是否适合,或者是否足够优秀。

任何一项运动的更高阶段,都会有更优秀的队员和更大牌的明星等着你。让孩子们提前为这些过渡做好准备，从而保持信心。让孩子了解即将发生的变化，并让他们去期待这种变化，就像他们期待新队友、新教练和新的比赛理念一样。不管他们在更高级别的表现如何，都必须让孩子们明白，那是他们应在的级别。转变之所以会发生，是因为他们在此之前取得了一些成就。

孩子也许有不断进步的潜质，但他们同时也需要自信。应该提醒孩子，要以开放的心态和相对现实的期待进入过渡阶段。许多孩子认为，无论他们加入哪支球队或哪个联盟，都将是明星球员。这种想法明显是不对的。

当孩子过渡到一个更高级别的球队时，家长要把这个变化表述为一个成长和学习的机会。要提醒孩子，不要希望马上成为房间里最聪明的人，或是球队中最好的队员。如果现在就已经是了，那还怎么继续进步？谁还有能力来训练他们呢？要跟孩子解释，转型带来的挑战可能会让人不适，但却会让他们不断走向成长、获得进步。

那些明确自己想从其他队友身上学到什么的运动员，往往会比那些反复念叨自己成绩不佳的运动员做得更好。正如我们前面提到的，每个运动员都有其独到之处，不可能存在两个一模一样的运动员。站到球场或防护垫上的每名运动员，都有着自己独特的经验、天赋和技能，而比赛总是从旁观者的角度被评价的。

我们要教育孩子不断追求卓越，达到自己的标准，而不是别人的标准，并知道他们的成功永远是独一无二的，是关乎个人的，是由内而外的。

BE ALL IN

如何判断孩子正在自信与不自信的边缘挣扎

- ◎ 暂时避免尝试新事物。
- ◎ 总是想起那些造成伤害并因此离场的事件。
- ◎ 反复表达对自身能力的怀疑。
- ◎ 眼睛只是盯着错误或失败。
- ◎ 需要家长激励才会努力。
- ◎ 完美主义或对表现抱有不切实际的期望。
- ◎ 总是把自己跟其他球员进行比较。
- ◎ 将自己的成功归因于运气而非能力。
- ◎ 比赛时遮遮掩掩，喜欢站在队友后面。
- ◎ 怯于向教练或队友提问或说话。
- ◎ 缺乏主人翁意识，指责他人表现不佳。

鼓励情感表达

在孩子经历失望或失败之后，家长往往会赶紧擦干他们的眼泪，并安慰他们一切都会好起来，或者向他们保证下次一定能打败对方，却没注意到孩子其实对此很反感。有些家长担心如果孩子因失败而感到难过，可能会伤到他们的自尊心，或者下一次就不愿意尝试了。我们鼓励家长还是要让孩子体验负面情绪，让他们从中吸取教训。要想增强他们的自信心，就要把注意力转移到如何帮他们从失望的情绪中恢复过来，而不是试图用保证或借口来逃避或绕过去了事。

《行为决策杂志》(Journal of Behavioral Decision Making) 2017年刊登的一项研究成果显示，如能让自己完全感受到失败，实际上是为未来的成功奠定了基础。在这项研究中，98名志愿者接受任务，去寻找一款搅拌机的最低售价，并承诺会为成功找到的志愿者提供现金奖励。一半受访者被要求专注于他们对失败的情绪反应，另一半则被要求简单地思考导致失败的细节。结果揭晓，没有人赢得奖金，所有志愿者都被告知，这款搅拌机的最低售价比他们找到的那款还便宜3.27美元。[2] 然后，所有人都参与了第二项类似的任务，即购买一本书。研究人员发现，被要求关注失败时的情绪反应的小组，在第二项任务上花费的时间，比被要求只思考失败细节的小组多出25%。研究结果表明，对自己的挫败进行情感反思的那组志愿者，比不这样做的另一组更加努力。总之，该研究表明，当我们没有认识到并接受自己的失败时，我们就不可能从中吸取教训。

要让孩子体验与失望相关的情绪，并反思他们可以改变和改善的方面，从而建立信心；要给他们足够的时间讨论，并反思他们的感受和所作所为。家长这样做的时候，要注意有一个不偏不倚的态度，不提供初步的建议，只表达理解。例如，"我能理解你投篮不中时有多尴尬"，或者"当他们不把球传给你时，你一定很沮丧"。不管孩子最初对他们的失败或失望的评价是多么的不理性，让他们表达自己的感受都是很重要的。你可以设法在之后将他们的注意力转移到他们未来可能会如何改变或改进方面。情绪表达是一件很难掌握的技能，但它非常重要。克里斯蒂就在她的整个职业生涯中时不时地受到这方面的困扰。

第8章
专注自信

▎ 克里斯蒂的故事

真正了解我的人会说我轻易不会表露自己的情绪。小时候爸爸给我定了一个规矩，那就是不要表现出恐惧。"如果你被撞倒了，那就马上站起来。"他说可以通过打球发泄情绪；他告诉我们在比赛时要尽力跑动起来为球队尽力，而不是在比赛之后；他告诫我们不要在对手面前庆祝胜利。他说："你应该永远尊重对方球队的拼搏和努力。"他曾经告诉我们，应该通过在场上尽力而为来表达对对手的欣赏之情。所以一旦哨声响起，比赛结束，我从不去庆祝胜利，而是又变回了一个安静、害羞、不那么自信的人。

我是家里三个孩子中的老二。姐姐在足球和篮球方面也很出色，但我总是比她优秀那么一点点。我爱她，钦佩她，从未想过从她身上寻找优越感。姐姐踢了一段时间的甲级足球，然后又踢了一段时间半职业性比赛。我认为，我们分道扬镳、各奔前程的唯一因素，是我们对父亲告诫的遵循。

弟弟在篮球和棒球方面同样很有天赋，打得相当不错。但是，在成长过程中，他总是被拿来和我做比较，无论是在其他家长那里，还是在报纸上，这种比较几乎随时随地都在发生。他最终退出了，因为他厌倦了总被人拿来和姐姐作比较。我上大学时他给我打过电话，问如果他不打篮球了我会不会不高兴。我告诉他，我只是想让他对自己选择的任何事情都感到自信和快乐。虽然他喜欢打篮球，但环境却让他感到很糟糕。所以他转而加入了保龄球队，他是个很棒的保龄球球手，并且继续在打棒球。弟弟后来玩得很尽兴，因为他从事运动只是为了开心。我们3个都有不同的运动能力和截然不同的个性。

我们3个人年少打篮球的时候，因为技术水平不同，联盟负责人没有把我和姐姐安排在同一个团队，所以我们经常对阵比赛。每当我所在的球队赢的时候，我都不能谈论比赛的事。后来我学会了关注其他事情，之前我过于关注姐姐的情绪了，胜过了关注自己。我从来没有为了让姐姐赢而放弃自己的天赋，但压制自己不去庆祝胜利，却抑制了我享受成功的能力。我变得过于关注别人的情绪，我把自己的胜利看作别人的失败。我把庆祝当作一件不应该的事。直到今天，我都很难真正欣然接受自己的成功，而是习惯了赶快专注于下一个目标。

这就是我们所说的运动经历会影响到生活。我还是生自己的气，没有在情感上完全照顾好自己。我虽然已经有了幸福的家庭生活，但那些缺失的技能却很难弥补了。因此，我正在通过为自己做事，努力学习一套新技能。通常是在踢球和照顾他人的时候我才感到自信，但我仍在努力培养自信，让自己感情充沛。当我执教的时候，我真的从我的经历中吸取了教训，那就是允许孩子们自由表达自己的情绪，享受胜利，在必要时感受失败。

允许自己去感受，这是我从体育运动中得到的最大收获之一。我希望孩子们能感受到这一切，并且知道，热情和激情是他们保持竞争力的源泉。

我们不仅要允许孩子表达情感，还应该教他们如何来表达，这很有意义。但我们也必须向孩子们表明，态度和努力才是他们成功和骄傲的本钱，而不仅仅是最终结果。让孩子们感受到伤害、失望和痛苦，就孩子情感发育上的意义而言，与让他们感受到欢庆的兴奋和喜悦作用相当。请记住，对情感上遭受的痛苦加以认真反思，意味着进步。

直面公众不满

当运动员在万众瞩目中获得成功,会不可思议地感觉全世界都在和他们一起庆祝所取得的成就,但遭遇惨败时,也往往是在大庭广众之下。这时拥有自信变得尤其重要,这不仅可以帮助他们从失望中恢复过来并改善自己,还可以阻止来自外部的消极情绪。荣获2000年奥运会银牌是克里斯蒂职业生涯中最大的亮点之一。在冠军争夺赛之前,队员们知道如果获胜可以期待什么——庆祝活动、采访、游行等。但她们不知道的是,如果没有赢得金牌,这些事情都不会发生,一切统统会被取消。果真是如此,那一次美国人认为这支伟大的球队失败了。

▶ 克里斯蒂的故事

我在2000年奥运会上有着很棒的体验,但当回到家后,我的一位家庭成员反复称呼我"老二",这让我有些惊讶。老实说,我没想到会被人看作一个失败者。这是美国国家女子足球队历史上第二次参加奥运会,而且我认为我们队是美国有史以来表现最好的球队之一。尽管如此,再加上其他人的反应,带着银牌回家后的体验,仍然让我觉得自己简直等同于空手而归。

但我认为,孩子们只有在体育运动中体会到消极情绪之后,才能找到真正的成功。他们需要感受到它。那次,有些人说我是奥运选手,有些人说我是失败者。最终,获得银牌只是成了我学习过程的一部分。对这种悲伤的经历,我并不感到遗憾。尽管当时我极度沮丧,但这让我变得更加坚强。那次经历没有伤害到我，在那之后，我先后赢得了3枚金牌。我很感谢那枚银牌，因为它激励我去学习，去变得更好，去获得持久的成功。这枚银牌提醒我，在没有取得胜利之前，我们还需要学习和进步。

当克里斯蒂带着她赢得的奖牌四处参加演讲活动时，她一定会同时带着她的银牌。她解释说，对她来说那枚银牌才是最好的礼物。她在演讲中会谈到自己是如何接受失落的情绪，并将其融入以后的训练之中。

"成功的人，往往只是比失败的人多尝试了一次"。小乔治·M.莫尔（George M. Moore Jr.）的这句话提醒我们，我们从失败中学到的东西，往往比从成功中学到的更多。如果我们随意采访一名顶级球员，问他针对某项技能的练习次数，他一定会告诉我们答案是"成千上万次"。孩子们在社交媒体上接触到大量的图片影像，反复播放球员们成功的高光时刻。具有讽刺意味的是，随着科技的发展，大学球队教练反而更不喜欢使用高光镜头了。因为他们知道，一段视频只是讲述了一个宏大故事的一小部分情节。这样想吧，一段精彩的视频剪辑可以将整整两年的比赛时间提炼成6个精彩的瞬间，也可以是从两场比赛中挑选出6个精彩的动作。社交媒体并没有显示在那些辉煌之前有过多少次失败。我们也不知道在球员命中篮筐之前，他一共投丢了多少球。信心的基础是内在的，而这一基础来自一次又一次的反复练习。

克里斯蒂的女儿里斯在9岁的时候成为一支精英足球队的成员。她对这项运动有着真正的热情和热爱，但并没有像队里的其他队员那样取得相应的发展进步。她发现上场机会越来越少了。她喜欢教练也喜欢训练，但因为无法上场，对只能坐在一边当旁观者越来越打不起精神。

第 8 章 专注自信

▲ **克里斯蒂的故事**

里斯与我聊天时，谈到她对很少有机会上场这件事感到非常沮丧，她不理解为什么她就不能上场。我鼓励她继续努力练习，并充分利用一切能上场的时间。但是，尽管她努力了，却仍然鲜有机会上场，所以她仍然感到很泄气。然后，教练们开始让她在场上打不同的位置；同样作为教练，我知道这通常意味着她在球队中的地位是不稳定的。他们只是在给她放宽一些时间而已。

我问里斯，她是不是玩得很开心，是不是觉得能学到新东西。我们越从这个角度考虑，她就越坚定了转队的想法。我们对一切都保持积极乐观，最后她告诉我说暂时不想踢足球了，想试试其他的运动。里斯做了决定并休息一段时间之后，就打起了篮球。接下来的赛季，她回到了当地一支娱乐足球队，玩得非常开心。她踢起球来满面春风，队员们轮流上场，所以她获得了很多上场时间。她觉得这才是适合她的地方，自信心一下子就爆棚了！这段经历体现了她心底对自己在场上的自我定位。如果她继续留在精英队，就会错过很多上场的机会。在她这个年纪，总坐在替补席不仅限制了她的学习能力，显然还影响了她的自信心。

不要回避和孩子讨论消极的经历。你可以把这类挑战当成孩子学习的好机会，并看到它们的真正意义，它们是成长所必需的经历。第二年，里斯又重新加入了那支精英球队，但再一次选择退出。就她的选择，克里斯蒂与她进行了开诚布公的讨论，并鼓励和支持里斯的选择。里斯的足球能力、对比赛的兴趣和信心因此不断增强。

成功源于努力和能力

在莫伊·町田（Moe Machida）、罗斯·玛丽·沃德（Rose Marie Ward）和罗宾·维莱（Robin Vealey）的一项研究中，大学生运动员自信程度的最可靠预测指标，就是他们过去的成绩，但只有当他们的成绩与他们对事件的感知控制相统一的情况下才可以。³ 当运动员觉得外部事件超出了他们的控制范围时，情况就不一样了。换句话说，当运动员将自己的成功内化为主动付出的结果时，他们比那些将自己的成功归因于运气等外部因素的运动员更有信心。这项研究表明，运动员应该把注意力集中在自己能做什么、自己有把握的是什么以及自己能控制什么，比如取得个人最好成绩和保持高标准。如果你不觉得你成就了自己的成功，你就不会把这种做法带到下一场比赛中。

克里斯蒂首次踏入职业足球队是加入纽约力量队。就是在这里，她遇到了她的队友、后来的密友香农·博克斯，克里斯蒂亲切地称她为"鲍克西"。鲍克西是一个完美的例子，她获得成功绝对是因为她专注于个人的拿手好戏，因为当年她来到美国女子国家队训练营时，根本没想到会有机会上场比赛。鲍克西最近被从别的球队交易到了纽约力量队。她的教练和队友给她贴上了"体能差"的标签，因为她有体能测试不合格的记录。令人惊讶的是，在为力量队踢球的3个月里，鲍克西在2003年世界杯开赛之前被召入美国国家女子足球队训练营。遗憾的是，"体能差"的标签依旧跟着她。当鲍克西到达训练营时，主教练告诉她，她没有机会真正进入国家队。她因为在联盟中表现出色而被征召到训练营，但只是训练需要，根本没有机会进入世界杯的花名册。训练营只有10天，所以鲍克西决定充分利用这个机会。她认为，仅仅是这次受到邀请，就表明了某一天她有成为团队成员的潜力和能力。她非常肯定自己上不了花名册，但鲍克西并没有感到难以承受。她只是专注于好好踢球。而且，因为她每天都在赛场上展示最真实的自我，她最终成了球队的一员！

因为自由自在地踢球，鲍克西充分发挥了自己的潜力。她很感激，也很享受这次经历。她没有因为外部压力或精神压力而分心，而是自信地踢球，然后好运就来了。她不仅入选了国家队，而且在揭幕战和整个锦标赛中场场都是首发。鲍克西的自信来自她在另一个心理空间里的训练。她专注于享受这一刻：与世界一流的球队作战，身着美国国家队队服，拥抱她从未梦想过会同场竞技的队友。由于她的命运在当时似乎已经注定，反而使鲍克西获得了彻底放松，从而发挥出了自己的优势：无须多虑，没有患得患失和过分完美主义这类的精神包袱。几乎是在不经意间，鲍克西发挥出了自己的最大潜能。

1997年，克里斯蒂第一次参加国家队集训时，她无法做到在体能测试中与队友并驾齐驱。根据她参加各种全场冲刺和短距离训练的时间来衡量，结果就是这样。每一次训练，她都被要求去达到或超过一个特定的跑步时间。在头一个赛季中，克里斯蒂经常在长跑测试中被队友击败，也被贴上了体能差的标签。尽管她在短距离冲刺中表现出色，但在全场冲刺中却总是落在后面。克里斯蒂感到非常难堪，自信心也受到了打击。她感到很尴尬，因为觉得自己让队友失望了。她在短跑时很有信心，但往往一开始跑得太用力，造成没有足够的耐力应付长跑。她开始怀疑自己是否真的适合这个团队。

克里斯蒂想"修正她的指标",她认为远程体能测试给自己敲了警钟。她需要更强的体能,才能在国家队得到重视。因此,她重点关注在训练之外,需要额外训练多少小时来提高自己的体能指标。起初,克里斯蒂只注重能通过体能测试,而不是真正让自己的体能变得更好、身体变得更健康。她只是在努力不让自己失败。她的自信程度取决于测试结果。她对达到这些指标极度关注,以至于她对其他进步机会不感兴趣。她踢得很好不假,却没有真正发挥出潜力。

如今,体能测试已经改进了,提高体能的方法也有了很大的不同。应该根据每个队员的个人优势和劣势来综合评估他们。体能目标应该与每个队员独特的能力和才能的发展相适应。为了发挥出最佳水平,运动员必须专注于他们能为团队和比赛带来什么。自信来自对自己的优势和劣势的掌握,而不是来自自己无法控制的事情,比如输赢。最终,克里斯蒂和鲍克西没有继续纠结自己是否能进入花名册或通过体能测试,而是专心发展自己的特质和能力。她们学会了在精神上和身体上理解和鞭策自己。等到第三次参加世界杯时,克里斯蒂已经是队里体能最强的球员之一。她已经准备好每次参加 90 分钟的比赛,而不仅仅是为了通过测试。

培养积极的内心声音

在 2012 年的奥运会决赛中,美国国家女子足球队在温布利球场迎战日本队。美国队以 2 比 1 领先。比赛还剩 10 分钟,克里斯蒂的常规防守搭档因头部受到震荡性冲击而被迫离场。虽然接替她上场的队友也很优秀,但克里斯蒂并不习惯她的踢球风格。克里斯蒂接到了一次出乎意料的传球,可惜的是,她的第一脚停球非常糟糕。日本队前锋趁机突然扑了上来,成功抢断,突破至球门,极有可能以 2 比 2 的比分扳平。这名前锋打出了一记漂亮的射门,但美国队守门员霍普·索洛做出了一次令人难以置信的、扣人心弦的成功扑救。

克里斯蒂的故事

我紧紧拥抱着霍普,不想放手,抱了很长时间。我以为我几乎毁了一切!我为什么不离球门远一点呢?我当时在想什么?比赛结束后,我回想起那一刻时仍旧心有余悸,以至于做不到专心庆祝胜利。几个月过去了,我对那个失误仍久久不能释怀。我没有去庆祝一枚来之不易的奥运金牌,而是把时间花在了一遍遍重复那个令人遗憾但最终却无伤大体的时刻。这次比赛和这届奥运会有很多积极的方面,但不知为什么我偏偏盯住消极的那一点儿不放。最终我无奈地意识到,这不只是我一个人的比赛,我只是这个由富有才华的队员组成的团队中的一员而已。我提醒自己,身后有可靠的队友和令人惊艳的守门员,你只有像周围人一样好。当你完全明白"团队"中无"我"这一点的时候,你会踢得更加自信。

尽管克里斯蒂在比赛中通常遵循积极的内心呼唤,但偶尔也会出现讨厌的消极声音,这通常是由于她认为自己应该为场上的失误负责。这种声音会在她的脑海中萦绕数天,甚至数周。你能教给孩子的最有力的本领之一,就是教他们识别内心的声音。很多孩子没有意识到他们的脑海里有一个声音,一直在和他们说话。当运动员犯了错误并陷入思想困境时,他们的自信心就会受到打击。顶级运动员比大多数人更善于将自己内心的声音从破坏性的批评转换成富有成效的自我反省。

> **BE ALL IN**
>
> **如何教会孩子转换自己内心的声音**
>
> ◎ 跟孩子谈谈如何识别那些让他们感觉难过的以及消极的重复性想法。
> ◎ 让你的孩子知道他们不需要重复消极的想法；相反，一旦发现自己开始这样想了，要尽快选择一个积极的想法来替代。
> ◎ 帮助孩子明白如果他们对自己多加留意，可以觉察到自己的想法。问题往往不在于想法本身，而在于他们认为自己无法改变想法，或者既然他们有这个想法，它就是真的。

正如前面讨论到的那样，克里斯蒂内心的声音来自她的家长。这使得她告诉自己，在赛场上庆祝自己的胜利和表达自己的情感是不对的，只有在场外才可以那样做。如果家长总是持否定、批评或评判的态度，孩子就会把这些词纳入自己的词汇之中，并对自己说出同样严厉的话。想想当你的孩子在球场上使出了昏招，造成失误，或者由于粗心或注意力不集中而导致局势反转的时候，你对他们有何反应？你会选择用什么样的语言来帮助他们？

孩子们要学会有效的自我调节，妥善处理自己或好或糟的情绪，这需要年复一年的长期训练。帮助孩子培养积极的内心声音时，一定要有大局观，而不是消除孩子生活经验中的所有消极想法。你要做的应该是倾听他们消极的情绪表达，并引导他们进行自我安抚和解决问题，而不是促使消极的情绪在他们的脑海中沉淀、酝酿或发展成无意识的负向自我对话。帮助他们认识到有权利在任何时间感受自己独特的情感。家长可以指导孩子赛前在心里默默演练积极的情景，而不是提出明确的期望，比如他们应该进多少球。因为他们可能会将这些期望理解为自己的场上目标，如果没有达到预期，会伤及自信心。你可以运用多种策略，来模拟和教导你的孩子，培养积极的内心声音。

树立积极的自我对话榜样。在孩子面前说一些关于你自己的能够塑造积极的内心声音的事情。当你为自己感到骄傲时，就这样说："我很高兴我完成了草坪的修剪工作。""遇到问题时，说出来。""这并没有像我计划的那样成功，但没关系，明天我再试一次。"

远离要求完美的养育方式。很多时候，当孩子遇到问题或处于消极的情绪状态时，家长马上会觉得这是他们养育的问题："我本应该为他选报一支更好的球队。""我早该知道他在这里得不到应有的上场时间。"如果我们为自己的养育方式自责，其实对自己和孩子都没有任何好处，因为不健康的认知习惯是会传染的。与其悔不当初不能自拔，或者为力所不及的事情去自怨自艾，我们还不如从完美的家长转变为有价值的家长，树立一个健康的自尊模范。

分享你的经验。当听到孩子进行消极的自我对话时，你需要先认真倾听，随后再向他们反馈和提问，深入了解孩子是如何独特地理解他们的问题的，而不要轻率武断、自以为是。如果一开始没听清楚，就让他们告诉你。一旦你觉得确实听到了孩子所说的内容，就用同样的感受分享你自己的经历。你可能没有打过长曲棍球，也没有在高中篮球场上投丢过一次罚球，但你肯定也有过相当多的失望或不合格的表现。

教给他们正确的观点。你能教给孩子的最重要的事情之一，就是理解别人，争取共鸣。孩子的同龄人、教练、老师和其他权威人士的行为处事方式，不仅仅是针对你的孩子的。人们按自己的方式做事，这源于他们自己的感受和生活环境。你可以在孩子很小的时候就教育他们，别人的行为不当不等同于孩子的过错，这样他们就不会总觉得是自己的问题。

教他们如何解决问题。当孩子们知道如何有效地解决问题时，就不太可能陷入多愁善感和感到无所适从。而当孩子过度关注某一问题时，往往很容易失控，感觉问题比实际情况糟糕得多。当你发现孩子在表达自己的感受，就及时抛出可能的解决方案，让他们习惯于在感觉糟糕透顶时，主动去着手解决问题。

运动员感到自责是常事，因此拥有合适的支持团队是至关重要的。我们要采取切实措施，通过熟悉、掌握间接体验、重复对话和情感功能等方式，了解孩子们独特的自我效能感。

BE ALL IN

第 9 章

克服焦虑

格蕾丝是一名职业足球运动员，曾参加过国家级和国际级别的比赛。她在让人难以置信的超低年龄就应邀加入了青少年国家队，并在条件具备后立即开启了职业运动员生涯。她的战绩一直令人惊叹，在加入的每支球队里都是不可或缺的存在。然而，尽管她拥有过人的技术、技巧和天生的运动能力，格蕾丝的教练们却一直被她的态度问题困扰着。他们认为，虽然她具有与生俱来的运动能力，但缺乏与世界上最伟大的选手竞技所需的激情和紧迫感。格蕾丝总是表现得事不关己，无动于衷。

作为一名专业球员，格蕾丝知道自己真正的问题是害怕失败。她非常关心自己的赛场表现，这种焦虑已经影响了她的专注力、决策力和控制力。失误时，她会伤心、哭泣，担心自己的未来。失误越多，焦虑就越严重。当格蕾丝对自己的这种尴尬和羞愧情绪无力应付时，她索性戴上了一个对他人漠不关心的面具。在外人眼里，格蕾丝是一个坚强、外向、有趣、机智、有力甚至有些许傲慢的球员。她下意识地建立了这些防御机制，为的是取悦教练和队友，或者拒人于千里之外，这样她就不必忍受他们的批评。她试图以此掩饰自己对糟糕表现、失败、令别人失望或做错事情的真正恐惧。

基恩博士第一次见到格蕾丝的时候，她正在跟教练争吵。格雷斯向她的运动教练坦承自己面临的焦虑失控，运动防护师建议她接受心理咨询。那个赛季的教练是新调来的，这加剧了她的焦虑。格蕾丝说，她本来已经控制住了自己的"神经"，但这位新教练却频繁批评甚至攻击她。格蕾丝指责是新教练造成了自己在球场上的焦虑和失误，因为教练为她提供的训练达不到她为自己设定的标准。

- 我很痛苦。我对自己彻底失望了。
- 我觉得自己没有得到足够的支持。我知道，照这样练下去，我会落后的，我的技能会退化。
- 我不想再紧张焦虑了。我只希望能够踢球，变得更好，变得快乐。
- 我不想再为这件事痛哭了！
- 如果我发现自己不够好怎么办？

基恩博士对格蕾丝最初的心理治疗集中在呼吸和冥想上，这样她就可以学会放松自己的身心，并更深入地倾听自己内心的想法。一开始她并不认同这种做法，就像大多数顶级运动员一样，她更喜欢用具体的方法和非常特别的"妙招"来消除焦虑。但如果我们只想着消除它，而不试图了解其来源及其带给我们的危害时，焦虑反而会恶化。通过持续调整，格蕾丝学会了与自己的内心对话，并发现了她追求完美的信念模式。

格蕾丝还学会了反思，不再全盘坚持自己的想法。这一点很重要，因为格雷斯和大多数完美主义者一样，往往是相当自卑的。她了解到，虽然自己无法彻底做到阻止某些突然蹦出来的想法，但她可以尽量做到三思而后行。她之前从未想过会对自己如此苛刻。格蕾丝开始意识到，在整个童年时期，她内化了太多声音，其中最强烈的来自她的父亲。格蕾丝的父亲曾经是一名职业棒球运动员，退役后在青少年体育行业执教。格蕾丝是他的三个孩子当中最小的一个，却是唯一一个运动能力超过自己的。自然，他对格蕾丝在体育运动方面的发展很关注，为她制订了细致入微的运动发展管理路线。格蕾丝讲述了父亲站在一旁，大喊大叫着纠正和责骂自己的故事。她踢的是边后卫①，父亲总是站在她听得到的地方——大多数家长也听得见。中场休息时，格蕾丝的父亲便会踱步到球场的另一边，以确保女儿能听到自己的叫声。

如果被对手超过或虚晃过去，她就会受到严厉的批评。父亲的指令传遍了整个球场："动起来""紧盯着球""你必须接触她""要更有气势""不要让她过去"。有时，父亲会非常明确地指导她"向前移动""补上空位""逼紧前锋""抢断""接近她"。格蕾丝告诉基恩博士，在比赛中安抚父亲、让他安静下来的唯一方法就是成功地防守住前锋，或者是赢得比赛。格蕾丝拼尽全力并不能让父亲满意，一旦被对手占了上风，那简直是要命的事。与教练或队友相比，她更害怕与父亲交谈。格蕾丝的父亲不经意间告诉女儿，只有获胜才是表现优秀。每个球员都无法避免输球，格蕾丝内心隐藏着一种深深的恐惧——自己不够优秀。尽管她在整个职业生涯中都表现出一种"舍我其谁"的态度，但在内心深处，她觉得自己是个骗子，总有一天教练会发现她其实并不是专业球员。通过冥想、反思、指导和记日志等方式，格蕾丝发现了一些她之前从未意识到的自我看法。这些发现促使她开始努力改变自己潜意识的想法，并生成了新的、有助成长的、积极自信的内心对白。她学会

---

① 负责球场两侧防守的球员，主要任务是阻止对方球员把球从边线传入禁区。——编者注

了自己确认无误之后，再接受别人的意见。她发现自己已经足够好了。最终，她学会了追求卓越，而不是完美。

什么是表现焦虑

表现焦虑是一种在失败的幻觉中滋生的恐惧。这是一种对无力履行职责的恐惧，对失败的恐惧，甚至是对让家人难堪的恐惧。焦虑的根源是害怕被否定、被拒绝和被抛弃，但经历这种焦虑的人自己却很难完全了解这种恐惧。表现焦虑体现为多种适得其反或事与愿违的行为，例如热身不足或过度、失去节奏，以及在场上和场外无法专心，等等。这些症状与之前讨论过的急性应激反应相关，包括心率加快、大量出汗、呼吸急促、疲劳过度、肌肉抽搐、浑身颤抖和胃部酸痛等，感受的范围可以从紧张不安到惊慌恐惧。

有表现焦虑的运动员，可能会因为肌肉抽搐或疲劳过度而显得动作僵硬或控制过度。他们往往拒绝承担风险，比如避免投篮或拒绝参赛，或者以一种过度控制的方式参与比赛，来试图避免错误。有表现焦虑的运动员，由于缺乏信心和过分看重比赛结果，在比赛中可能会出现分心或注意力不够集中。

表现焦虑通常植根于一个人的核心信念体系，而当事人往往很难意识到这种恐惧。核心信念通常是在童年时期大脑发育过程中形成的，最终成为个人的内部指导系统。家长、教练、老师以及生活中的其他重要人物，都会影响孩子的核心信念体系。

格蕾丝踢球的时候表现很棒，她看起来不像是在听从发自内心的持续不断的批评的声音，但格蕾丝经常含着泪水跑上赛场。她总是充满自责，忧心忡忡，这使她犹豫退缩、痛苦不堪。格蕾丝最终形成了赛前惯例，包括使用学过的认知策略来保持积极的心态和重塑战胜一切的自我对话。稍后，我们将讨论这些技巧，以及应该如何将它们教给孩子。

虽然这些策略对改变格蕾丝非常有效，但她的焦虑得以克服，最重要的原因是她对自己内心声音的重新认识和理解。直到完全理解了自己的内心对白，她才意识到自己之前只是在一门心思地努力取悦父亲，而这会带来深深的无助感和不认为自己能做好任何事情的核心信念。

BE ALL IN

内心焦虑的迹象

- 打球时提不起兴趣。
- 损伤恢复时间超过医学预期。
- 在犯错后寻找家长。
- 打球时耷拉着眼皮。
- 嘲笑别人的失误。
- 无法接受教练的批评。
- 对失败无动于衷。
- 平时训练一条龙，上场比赛一条虫。

加剧孩子的表现焦虑

你是哪种类型的家长呢？儿童心理学专家一致认为，的确有一些养育方式会有使孩子产生表现焦虑的风险。让我们来看看其中一些风格的家长在孩子打比赛时的表现。

直升机式家长。直升机式家长是指对孩子过度保护或过分关心的家长。这里的关键词是"过度"和"过分"。我们不是在讨论是否应该对孩子的成长和发育上心，是否应该保护他们的安全，是否应该积极参与，这毋庸置疑。我们质疑的是家长总是围着孩子打转，试图通过掌控和干涉使他们远离生活中的苦痛。在这个过程中，直升机式家长自身也会倍感焦虑。

最近发表在《认知疗法与研究》（Cognitive Therapy and Research）杂志上的一项研究展示出了直升机式养育是如何影响患有焦虑症的孩子的。[1] 这项研究邀请家长和他们的孩子一起来到实验室完成多个拼图游戏，要求孩子在 10 分钟以内完成尽可能多的拼图。家长可以帮助孩子完成这些任务，但并不鼓励他们这样做。研究人员发现，先前被诊断患有焦虑症的孩子的家长，跟那些没有患焦虑症的孩子的家长相比，会更多地去触碰拼图。尽管他们并没有表现得过分挑剔或苛刻，但即使孩子没有求助，患有焦虑症的孩子的家长也会主动提供帮助，帮助他们解决遇到的难题。这项研究表明了这样一种观点：当直升机式家长认为情况是有问题的或具有挑战性时，他们的孩子却不见得是这么认为。这些家长中的许多人本身也经历过焦虑，并试图保护自己的孩子免受类似的负面经历的影响。总是主动提供帮助的话，日积月累，会向孩子传递一个隐蔽但强烈的信息，那就是他们没有能力独自成功或靠自己解决问题。这种感觉反过来又增加了孩子的焦虑和对他人的依赖。当得不到帮助时，他们也可能就浅尝辄止了。如果家长不让孩子经历脆弱或挫折，孩子就可能会对任何冒险都心生畏惧。

割草机式家长。割草机式家长害怕让孩子经历逆境。直升机式的家长会在不成熟和不必要的情况下介入并协助解决问题，而割草机式的家长则会在孩子还没能接触困难之前就把障碍清除了。这样，他们的孩子将永远不会经历恐惧、痛苦或羞愧等不良情绪，但也永远不会知道所有这些情绪都是可以经历和克服的，因为它们是学习和个人成长过程中不可或缺的催化剂。

谢伊是克里斯蒂执教的少年队中的一名后卫，她通常会以明显焦虑的态度回应赛中指导。如果有教练大喊着给予她反馈，即使她一直踢得很好，没有受伤，也会在片刻后要求退场，就像钟表机械一样准时。听到反馈意见后，她告诉教练她需要"弄清楚"，因此必须离开赛场。现实情况是，谢伊觉得自己受到了批评，内心崩溃以致无法继续比赛。中场休息时，她常常显得脸色苍白，抱怨胃痉挛或腿部抽筋。有一天，谢伊的母亲问克里斯蒂，比赛指导时能否别提高嗓门或批评她女儿。她请求说，希望克里斯蒂只在平时训练和一对一指导时给予谢伊反馈。"我女儿不会去踢足球甲级联赛，所以她不需要那种严厉的教练，这只会让她紧张。她和其他孩子不一样，她受不了。"谢伊的母亲如是说。

当克里斯蒂问这位母亲打算如何帮助女儿缓解焦虑时，她回答说："我不知道，我自己也焦虑。"克里斯蒂向谢伊的母亲解释说，她在谢伊的前行之路上清除的障碍越多，谢伊学习的机会就越少。在没有挑战或情感痛苦的环境中，谢伊永远也学不会如何面对问题或控制自己的焦虑。

当家长站在孩子和建设性批评中间时，会干扰孩子的成长。谢伊的母亲在不经意间表示，她的女儿没有解决问题的能力。谢伊的母亲在谢伊能够处理这些问题之前就把它们清理掉了，这是在教谢伊要害怕这些问题。每当家长介入解决一个问题时，无论是在难度上还是重要性上，这个问题在孩子的眼中都会被放大。指导、建设性的批评和反馈是每个孩子终身受用的礼物，它们并不专属于有希望加入甲级大学球队的人。在一支由 18 名女孩组成的球队中，从统计数据来看，她们中的任何一个都不太可能打出甲级水平，更别提在高中毕业后继续打球了。但是，教练或老师的反馈，却远远超出了团队或体育运动的本来目标。应该允许孩子成长和提高，他们无须畏惧任何变化，而是应该在追求运动、学业、社会和个人方面卓越的过程中，去勇敢地拥抱和接受所有变化。

母亲为谢伊解决的一件件难事，会让两人的焦虑持续化、永久化。其结果是谢伊一想到失败或困难就会惊慌失措。她从来没有处理过困难，所以她不相信自己能够独自克服困难。谢伊的母亲令人同情，因为没有人希望看到自己的孩子处于痛苦之中。但是，孩子们必须忍受苦难和磨炼才能健康成长。外科医生通过阅读教科书，用模型模拟手术逐渐练就他们的技艺。如果外科医生看完阑尾切除手术的理论知识后，直接给他的第一个病人做手术，病人估计会连声说"不"。每个人都是在实践、体验和感知中学习进步的。父母的割草机式养育，在消除了孩子学习过程中遇到的痛苦的同时，也夺走了他们很多学习的乐趣。

井蛙式家长。我们都曾经在场边大喊大叫过吧，可能有时是赞扬，有时是回应糟糕的判罚，有时或许只是为了指导孩子在场上正确移位。眼高手低的家长经常在场边指导孩子，在他们比赛的时候大喊大叫，有时还会和裁判吵架。他们在比赛中过于情绪化，只关注自己孩子的一举一动。我们称这一类人为"井蛙式家长"，因为他们完全依据自己的标准和原则，沉迷于关注自己的孩子踢得有多好。他们只关注自己对孩子的期望，而不管其他人有什么计划或目标。他们生动地演绎了什么叫作"一叶障目，不见泰山"。有些井蛙式家长本身就是高中或大学的球员，因为孩子和他们从事同样的运动项目，就认为自己是最懂如何对孩子好的人。这类家长往往只着眼未来，过分关注胜利、得分和最高等级的比赛，而忽略了整体情况或孩子在体育运动中的情感发展。他们通常根据孩子的个人努力和取得的成就来定义孩子成功与否，不关心他们是否对团队有贡献。

井蛙式教育从多个方面影响孩子。首先，在比赛中持续不断的指导可能会让孩子分心、困惑、恼火。当格蕾丝的父亲大喊大叫时，她完全不清楚自己应该听谁的，是遵循她的家长、她的教练，还是她自己的感觉。她已经逐渐内化了父亲的声音，即使父亲不在，她也会被这种声音分散注意力。其次，井蛙式家长没有如愿让孩子变得更加敏锐，反而是增加了他们的心理压力。压力之下，孩子的肾上腺素、皮质醇和其他应激激素分泌增加，大脑边缘系统被激活，她们的高级思维和解决问题的能力就降低了。

众所周知，当你想让你所关注的目标不加思索地采取行动时，比如在孩子闯入繁忙的街道之前拦住他们，大喊大叫是有效的。然而，在体育运动中，教练的任务是教球员如何进行思考和有效地解决问题。所以，有的教练坚持只在训练时讲话，到比赛时就会安心地坐下来，观看球员们如何利用训练时所学，独立应付比赛。轻率地吆五喝六只会打断这个过程。

第 9 章
克服焦虑

你有没有在和朋友通电话时被孩子打断过？你可能会说："嗨，我在打电话呢，我听不到你说的话。我没法儿同时做两件事，你稍等一会儿。"对孩子来说，家长在场边指导的效果跟这个差不多。当你在场边指导时，这些声音就被场上的孩子添加到了自己的待办事项清单中。孩子在场上需要关注比赛，关注他们的队友和对手，他们的教练，还有裁判，现在又来了一位建议不休的家长。场边充当教练的家长，是球员事项清单中的一个额外变量，这会干扰他们的专注力。此外，接受家长的指导通常是一种情感反馈。

家长的大喊大叫和教练的指导是有区别的。教练需要在比赛和球迷的喧嚣中提高自己的音量。但这种沟通是基于教练和球员一直在分头和共同准备的信息，球员正在被教导和指导，这跟家长的喊话完全是两码事。家长对孩子的"指导"，经常是发难与指责，往往会引发孩子的愤怒、抵制和羞耻感。再者，家长通常对教练的打法或当时的既定策略知之甚少。此外，整场比赛从边线看到的和在球场上看到的完全不同。当教练和家长同时从他们各自不同的角度指导孩子时，孩子会不可避免地违抗或冒犯其中一方，甚至在两边都不讨好。

另一个井蛙式家长的例子，是我们所说的"每当控球抖机灵"型。教练指导的第一原则是，不在队员控球时发表意见。换句话说，当球员在运球、控制冰球、挥舞球棒或投篮时，不要打扰他们。有效的指导应该在球员身边无球的状态下，这时他们能够慢下来、听到并实施教练所教授的内容。击球手走出禁区时可以与教练交谈，但当他挥舞起球棒时，冲其大喊大叫发出指令是没有意义的。在足球或篮球等其他团队运动中，当球员没有直接参与争抢时，教练可以利用这个空隙，指导他们或嘱咐他们。球员在控球时被迫接受指导，会让他们怀疑自己的直觉，失去信心。如果你想要在比赛中给孩子反馈，尽量在他们身侧无球时去做。记住，观众通常都有井蛙般的特点，倾向在观看比赛中发生动作的区域，即球所在的区域时大喊大叫。假如你有意识地记录自己在孩子控球时给予指导引发失误的次数，就会发现若你静观比赛，孩子反而成功了。

克里斯蒂女儿的教练给家长们发送过多封电子邮件，敦促他们停止在场边指导孩子。这些女孩当时只有 8 岁，还没有完全学会如何在踢球过程中听教练的指挥——尤其是当家长在一边大喊大叫的情况下。孩子们甚至会听从家长的指令，而忽略了教练的，整个场面走向失控。她们还太小，无法理解自己正在养成一些相当糟糕的习惯。你可以想象在比赛当天，11 名球员遵循 11 套不同的指令，会是什么样的情形！

BE ALL IN
比赛期间的反馈练习

我们邀请你试一下这个练习：首先，写下你最想让孩子从比赛中学到的 5 件事；然后，在比赛中，试着把你想说的每句话都写下来，而不是真的说出来；赛后 24 小时，回顾你写的那些话，是否反映了你为孩子设定的目标？是否与教练为孩子设定的目标一致？你还会和教练分享原本想说的话吗？另外，记下孩子在比赛中每次目光看向你并希望获得肯定的时刻，那些行为体现了孩子的自信程度、专注程度，还有可能是想要讨好你的程度。

当家长情绪失控时，有些孩子会感到尴尬，担心家长的行为引起队友或教练的反感。当家长的行为不可预测时，孩子会心生焦虑，开始怀疑自己所感知到的安全是否可靠。当家长的这些行为仅发生在体育赛事上时，孩子会对比赛产生恐惧。孩子们开始相信，如果他们表现得好，就可以控制家长的行为，但到头来发现只会是徒劳的尝试。家长要诚实地评估自己在这个问题上的涉入程度。偶尔的出格行为并不会让你因此成为一个糟糕的家长，也不会成为孩子陷入困境的关键原因。孩子们陷入焦虑的原因各异，包括遗传、性格、社会学习和生活经验，等等。然而，如果你像大多数家长一样，希望在培养一名运动员的过程中发挥正向作用，那就要考虑如何以及在哪些方面可以真正提供帮助。

作为儿童球员，格蕾丝并没有思考过成功对她意味着什么。她只是把父亲的期望与她自己的期望等同起来。她学会了将自己的失误归咎于父亲，并害怕失误。在格蕾丝有了进步之后，她厘清了自己的失误，她意识到自己的失误远不像自己认为的那么多。她还记录了自己在球场上的一系列愿望和目标。格蕾丝最终学会了信任自己，并与父亲、教练和队友建立了健康的心理边界。趁早用心地、刻意地教会孩子建立健康的边界感，难道不好吗？

如何缓解表现焦虑

在体育运动中，有一些容易引发球员表现焦虑的情况：后卫的乌龙球、被拦截、一比一对抗失败、被罚黄牌、三击不中出局、手球、摔下平衡木、将队友绊倒、被盯死、带球、错失得分机会、故意犯规成功阻止对方得分却未得逞，甚至将球误传给对方球员等。体育运动为孩子们提供了丰富的机会，让他们学会应对这些压力和挑战。作为家长，我们一定要乐见其成。我们能为孩子们做的最好的事情，就是告诉他们如何克服焦虑，而不是试图避开压力或淡化压力。

首先，我们必须了解导致孩子表现焦虑或恐惧的源头。这些恐惧中有许多超越了体育本身，只不过是在球场上表现了出来。孩子们内心存在着一种颇讽刺的、但又很普遍的对成功、脱颖而出的"恐惧"。他们可能害怕来自社会的挑剔和同龄人的批评，可能是担心自己的穿着不合适，也可能被迫和学校里的某些本该回避的孩子组成的某个团队，还有可能是相反的情况——团队中有很多不熟悉的孩子，这加剧了孩子的不安全感。他们可能会在心里打鼓：我能融入其中吗？他们会比我强吗？团队里有我认识的人吗？那里会有大孩子吗？获胜后会被排挤吗？

很多人问克里斯蒂，在世界杯和奥运会决赛期间，她是如何做到镇定自若的。她透露了她保持镇静的秘诀，那就是做好充分的准备。

◤ 克里斯蒂的故事

我很放松，因为我们成功打入了决赛。我觉得自己完全准备好了。在经历了很多次决赛之后，我慢慢明白，我们不应该直到比赛前才做好必要的准备。真正充分的准备一定是在日积月累中逐步完成的，它来自我们所有日常的练习、训练和活动。人们称那些通往世界杯或奥运会之路上的比赛是"友谊赛"，是因为它们非常友好地帮助我们在心理和身体上为这场意义重大的比赛做好了准备。

第 9 章
克服焦虑

我第一次怀疑自己的能力是在刚进入国家队的时候。因为我已经习惯了在所效力的球队中名列最佳球员，所以一开始我精神高度紧张，想尽快掌控局势。但国家队的其他队员很快给了我一个下马威，让我知道自己还差得远。这是一个艰苦的过程，我得让自己从失败中吸取教训。当我变得更健康、更强壮，能够更好地把控自己的站位时，便变得信心十足，和其他队友在一起也变得其乐融融。我在场外提高了自己的力量和训练强度，并在运动心理学家的帮助下，着力锻炼自己在场上时的心理素质。我懂得了自己不能只是满足于出场和踢球，还应该在各个方面都认真做好准备：从个人技能、体能状况、场上配合，还有对教练和队友思维模式的理解等。因为做了这些基础性的准备工作，我在比赛时更加放松了。

比赛前的每一件小事都很重要：补充水分、正确饮食、心理准备、充足睡眠和照顾好身体等，还有与队友和工作人员的关系、熟悉对方球队尤其是锋线球员的特点，以及反反复复观看赛场视频，直到比赛前面对人山人海，我也能在脑海里重现视频内容为止。我做好了充分的准备，可以想象自己接下来要做什么：用头顶球、艰难赢下比赛、像往常一样传球、撞倒对手，进行一对一对抗，还有击败某些对方球员等。我养成了很好的习惯，那就是一旦碰到球立马进入状态。我从不去迷信什么，因为这些好习惯足以让我胸有成竹，气定神闲。

为了消除表现焦虑，可以试试下面的常规性操作。如果表现焦虑持续存在，我们建议请一位运动或儿科心理专家加入，来协助客观评估并给出针对性的治疗建议。

478 呼吸法。478 呼吸法是一种简单的情绪调节技巧，你可以教孩子学会这种方法。它包括吸气 4 秒钟，屏气 7 秒钟，然后呼气 8 秒钟。如果每天至少进行两次，478 呼吸法可以帮助孩子们更好地应对赛场上出现的焦虑反应。[2] 练习这种呼吸方法的时间长短并不重要，重要的是按照 4∶7∶8 的比例，每次至少要做 4 次呼吸练习，并确保呼气时间是吸气时间的两倍，切记要缓缓地、稳稳地呼气和吸气。

横膈膜呼吸法。横膈膜呼吸法是腹式呼吸法的另外一种说法。这种呼吸方法旨在通过降低心率来减轻焦虑和紧张情绪。教孩子横膈膜呼吸法的时候，让他们放松地或坐或躺，背部挺直，把舌尖抵在上门牙后面的腭峰上。教孩子用嘴呼气；然后轻轻闭上嘴，用鼻子吸气，默数到 4；然后屏住呼吸从 1 数到 7；呼气时从 1 数到 8。他们应该能听到自己呼气的声音。让孩子照此重复 4 个完整的呼吸周期，然后恢复正常呼吸。和孩子谈谈呼吸练习后身体有什么别样的感觉。当孩子刚开始学习横膈膜呼吸法时，如果感到头晕是正常现象，练得多了就好了。

长期坚持有规律地进行横膈膜呼吸，有助于人们集中注意力，留意问题并把握当下。这是一种天然的焦虑缓解剂，试着按这个方法练习至少一个月，并逐渐将呼吸周期增加到 8 次。如果孩子练习横膈膜呼吸法时觉得很放松，那么他们间隔多久进行一次练习是没有限制的，因为多加练习有益无害。一旦掌握了横膈膜呼吸法，运动员就可以随时随地运用它来作用于副交感神经系统，使自己平静下来。深呼吸能增加肌肉供氧，使孩子的力量得到增强，动作会更快。你也可以寻找一些针对运动的呼吸法来练习，比如跑步者的 3∶2 呼吸法，让孩子能够有节奏地呼吸，并与运动特有的动作相协调。不管是哪种运动，一旦掌握了深呼吸方法，运动员就可以自主决定他们在赛场上、球场上、水中或跑道上最适合的节奏。[3]

克里斯蒂深知在赛场内外理解和倾听自己呼吸的重要性。

克里斯蒂的故事

我早期练习的时候会刻意不播放音乐，这样就可以听到自己粗重的呼吸声和怦怦的心跳声，它是我控制焦虑的绝招。直到现在，我在练习时仍旧不听音乐，因为我想时时刻刻了解自己，倾听自己身体的声音。我必须注意到比赛中发生的一切变化，比如从什么时候腿开始变沉重了，这不容错过。训练时听自己粗重的呼吸声可以提醒我，如果在比赛期间也是如此说明一切都没有问题，我能顶得住。你肯定希望在将来的比赛中，能有与练习时相同的呼吸、身体体验以及自我暗示。

用语言把表现焦虑表达出来。他们心跳加快了吗？他们出汗了吗？他们心里七上八下了吗？当孩子们被鼓励尝试从生理方面认识发生在自己心理上的问题时，他们才会开始走出不良循环，尤其是当感觉变得越来越强烈时，反而更加适应和熟悉自己的感觉。

学会正念和活在当下。正念是一个客观描述当下意识的术语，它本身经常被用作放松、瑜伽和冥想的同义词，是一套着眼于当下的认知策略，而不是让你的思想游离在过去或未来。许多运动员纠结于过去的失误或失败，或者担心未来会竞争失利。当孩子练习正念的时候，他们需要关注的是当下，而不是去判断事情的好坏。这使他们能够专注于内心的目标或策略。先意识到，然后去倾听，最后识别和接纳自己内心的声音或对白。每当孩子提出问题或说出自己的决定时，不要把你的习惯做法和决策过程强加给他们，而是通过提问、鼓励和引导,帮助他们自己进行分析,找到自己的解决方案。相比之下,直接告知他们答案,只会削弱他们倾听自己内心声音的能力。一旦意识到了自己内心的对白,孩子接下来就必须认识到,这种对白在激动或盛怒之下听起来像什么。记住,你不能让他们在比赛的时候这样做,而是必须找到适合教学的时机,并趁热打铁。记住,你的孩子可能并没有能力区分自己到底是处于兴奋状态还是处于焦虑状态,因为他们也许完全不知道二者的区别。但正如我们前面所提到的,研究表明,人的大脑对"兴奋"一词的应激反应比对"焦虑"一词的要少。因此,我们应该用"兴奋"一词来重新表达可能会加剧焦虑的内心对白。当用"兴奋"代替"焦虑"时,不管是体育运动还是一般活动,包括参加考试和进行演讲,人的表现就会更好。[4] 兴奋起来是一件很棒的事!

下面我来举例说明如何运用这一方法。

原话	换成	另一种说法
我害怕这个团队,因为他们块头更大,速度更快。	→	能有机会与如此强大的竞争对手比赛,我感到很兴奋。
我很紧张,在新教练面前千万别失误。	→	能在一支新球队打球,我很兴奋。
我在比赛前非常紧张,感到心神不宁,这太糟糕了。	→	我对打篮球充满了热情,我太期待和兴奋了。

告诉孩子,消极的自我暗示是一种习惯。跟其他习惯一样,你练习的次

第 9 章
克服焦虑

数越多，就越有可能会重复做。事实上，除非努力将习惯性的消极思维重新构建，否则大脑中消极思维模式的神经传导通路将变得越来越强。自我暗示得多了，你就会凡事都忧心忡忡。积极构建健康的传导通道，来替代旧有的通道。让孩子认识到思维过程不是物品，它们可以被基于现实的信息所取代，例如：

- 我知道了。
- 我以前做过，所以再做一次没问题。
- 我对自己的工作很在行。
- 我在这一领域多次取得了成功。

通常情况下，当我们试着倾听孩子内心的声音时，我们会在不经意间同时探讨了自己的内心世界。你也可以和孩子一起参与冥想、瑜伽和深呼吸，以培养你与自己内心世界的联系。记日记是另一个出口。我们对他人的言行实际上反映了我们对自己的感觉和看法。回忆一下你在私底下、公开场合和短信中对孩子说的话，你可能会发现这些积极的变化对自己的思维模式也是有益的。

始终如一，做好准备。尤其是在可能产生额外压力的情况下，大多数孩子愿意接受指导，并做好精心准备。当你要送孩子去训练或比赛时，他们有没有花时间准备自己的行李？他们有比赛当天的日程安排吗？为了消除焦虑感，我们可以帮助孩子列一张清单，列出他们可能的担忧，并提供可能的解决方案。所以一定要花点时间，切实解决他们的众多疑虑，帮助孩子在每场比赛和训练前做好准备。这种准备可能是身体方面的，包括拉伸、每天跑步或每周的技能训练等；也可能是心理方面的，包括肯定自己、深呼吸，或在离开家之前听听舒缓的音乐等。有计划地拿出时间练习和准备，可能会让比赛当天的感觉大有不同。

带着压力练习。对令人不适的事情不以为然，是缓解焦虑的一个重要方法。但做到这一点，对于割草机式和直升机式家长来说尤为困难，因为这意味着，面对孩子的种种不适——不是一般的不适，而是会影响比赛当天发挥的那种不适，他们必须沉得住气。为了减少焦虑，得像克里斯蒂说的那样，你需要以比赛的标准多加练习。

按冠军赛的标准练习

罚点球是足球运动员承受压力最大的任务之一。点球是由一名球员当着双方球队和教练的面进行主罚，没有来自其他任何队友的任何协助。只是罚球队员和守门员之间的较量，其他所有人都在盯着看！两人都承受着极大的心理压力，因为能否罚中往往关乎整个比赛的结局。尤其是加时赛时的点球，那真的是"一脚定输赢"。

美国国家女子足球队在世界杯赛前实景练习罚点球。练习中，每名队员都要模拟在全世界亿万双眼睛的注视下，承受巨大心理压力的比赛环境中主罚点球。为了达到逼真的效果，教练们把体育场的喧闹声模拟得震耳欲聋，还会在现场音乐和干扰噪声中对队员大喊大叫。这种方法取得了成效。当梅根·拉皮诺埃（Megan Rapinoe）在 2019 年世界杯上主罚点球并破门得分时，她看起来很放松，似乎轻而易举一脚破门。

在压力环境中拥有的经验越多,在被要求执行任务时,你就越能更好地管理自己的情绪。这就是为什么一些职业球员被认为是"训练兴奋型球员":他们在训练中的表现与在比赛中的表现大相径庭。在明亮的聚光灯下,训练型球员对竞争压力的承受能力很差,表现远低于预期。让孩子在后院安全的地方练习罚球和任意射门,对提高踢球技术很重要,但它并不能让孩子为真正的比赛做好准备。所以要鼓励孩子平时也要像在打决赛时那样,以比赛的节奏来练习和训练。

认准目标,不屈不挠。得让孩子明白,无论是从团队一员的角度,还是个人追求的角度,他们都只是更大场景的一部分。他们是一个由教练、家长、队友和其他支持者组成的群体的一分子。当你教孩子如何跳出自身看问题、如何与队友沟通或如何听命于教练时,他会滋生出一种使命感,不再那么关注自己的个人表现或总是忧心忡忡。克里斯蒂教导她的青少年队员,要将障碍视为培养个人超强运动能力的机会。她鼓励他们保持干劲十足、态度端正和积极进取。但必须承认,如果只空谈不屈不挠的必胜意志,那就是一种陈词滥调,既不切实际,又无法掌控。

克里斯蒂的故事

有着坚定的目标也就有了力量,它来自刻苦的训练、任劳任怨、做事麻利的态度,追求事半功倍、齐心协力和对团队的奉献精神。球员有了这些素质,便可以成为最好的自己。

我们要教给孩子以坚定的使命感来培养他们的胆识、干劲和意志,避免宣扬对胜利的过于执着和关注，让他们回归从事所选运动的本来动力。可以不断追问他们为什么选择参加某项运动，他们究竟喜欢它的什么。要让他们意识到，只要从事体育运动的时间足够长，经历失败就不可避免。要让他们积极讨论自己在球场上打球的位置以及所担负的责任，并通过专注于目标，减少内心消沉的时间，慢慢平静下来。没有人愿意出现失误、与目标擦肩或者被别人看轻。但是，养成新的思维习惯，创造新的惯例，甚至将最根深蒂固的焦虑训练成胸有成竹的思维，都是可以做到的。前面谈到格蕾丝、谢伊和他们的父母就是两个成功的例子：格蕾丝学会了原谅父亲，并改变了自己的内心对白，她学会了设定个人目标，并允许自己犯错误和界定错误；谢伊通过亲身体验，培养了从教练那里获得反馈的能力，她的母亲则学会了如何面对看到女儿痛苦时的恐惧。

这些运动员需要重新找到自己，并学习自我认知和行为策略，来管理和解决他们的表现焦虑。归根结底，解决表现焦虑最核心的因素是自我关怀。上述这些运动员学会了更加宽容地对待自己和他人，他们学会了将注意力集中在运动这一神奇的过程上，而不是对个人成就、荣誉和胜利的追求这种短暂的、终将归于虚无的东西上。

BE ALL IN

第 10 章

脑震荡和运动损伤

克里斯蒂在中国上海市举办的 2007 年女足世界杯期间遭受了初次脑震荡。

克里斯蒂的故事

当时我们队在和挪威队比赛，这事发生在上半场的最后 10 分钟。我当时是在场地中部的 18 码线上，我在盯防一名球员时足球从左边飞来，我跳起来想把球轻摆向我的右边，因为那里无人跑动。当我跳起来的时候，我们队的守门员跑出来挥拳击球，想将其及时处理掉，却不幸将拳头砸到了我的头上。我应声倒地，然后缓慢地站了起来，但感到头晕目眩，迷失了方向。我甚至都不知道自己这是在哪里了。比赛继续进行，我揉了揉眼睛，视野清晰了些。当时该聪明点，持球拖延一段时间让自己恢复一下，但我没有这样做。虽然视线模糊，好像无数白点在眼前漂浮，但我仍然坚持继续比赛。我看不清任何人的脸，只能通过队服的颜色来分辨哪个是队友。

第 10 章
脑震荡和运动损伤

2007 年的时候，大家对脑震荡不像今天这么重视，所以我当时没有意识到是怎么回事。尽管如此，我还是保持了积极的心态，认为随着比赛继续，视力就会逐渐恢复。但事与愿违。哨声响起，上半场结束。中场休息时，我走进更衣室，对教练说我的视力模糊，感觉不好。队医给我做了脑震荡测试，显示一切正常。他说我"一切都好"。于是下半场开始，我又回到了赛场。但我仍感视力模糊，恶心感也没有消失，但既然队医检查了说没事，我想这一切应该都没有关系，可能是我恍惚了。我只是不明白为什么中场休息后我依旧没有感觉好一点。周围的一切似乎都在动。我转向了其中一个队友，问她球在哪里。"克里斯蒂，下半场还没开球呢。"

我单膝跪在地上，退出了这场比赛。是被抬下来的还是怎么着，我已经不知道了。我不知道自己是如何离场的，甚至都看不清球场！坐在替补席上，我感到不知所措，视力好像更糟了，恶心感也更强烈。队医告诉我没事，那为什么会这样？我变得越来越忧心忡忡。几分钟后，我离开了赛场，去了更衣室，因为我听不得那些噪声，也看不清比赛。我告诉教练，自己这一次应该是遇到大麻烦了。我觉得自己真的要生病了。更糟糕的是，我无法为我的队友加油了，这让我感觉很难过。无法与她们同在场上拼搏，我感到异常紧张，那可是女足世界杯半决赛啊，我却只能待在更衣室里！

我不记得那天自己是怎么到的医院，却记得在那里我一直闭着眼睛，但没有丧失意识。虽然检查的过程很快，但我却像是患了幽闭恐惧症，天旋地转的感觉。我做了 CT 扫描，几小时后被诊断为脑震荡，医生让我回去多休息。离开医院后，我坐出租车回酒店。因为交通拥堵，出租车无法直接把我送到酒店，我不得不步行大约 800 米才回到房间。我觉得一切都像是在做梦。刚刚还在女足世界杯赛场，一会儿的工夫，我去了一家中国医院，然后又沿着一条陌生的路走回酒店,头晕得厉害,眼前一片模糊,周围没有人说英语。我很害怕,因为我从未在美国以外的地方去过医院。那一刻,我感觉自己离家异常遥远。

终于回到酒店后,我也只是冷静了一小会儿。我发现自己无法看电视,因为无法专心。当我把注意力集中在任何事情上时,就会感到恶心。队友们一结束比赛就纷纷来探望我。她们获得了女足世界杯第三名。我在医院时,她们在球场上拍照和庆祝。然而在酒店里,大家的情绪却很低落,因为第三名的成绩并不是我们所预期的。两天后,我乘机回家,那时我已经离家两星期了。虽然我可以正常应对生活中的一切,能照顾好自己和家人,但我仍觉得不是自己一样。我能够做任何需要做的事,只是会很慢。我没有再去看医生,也没有接受进一步的治疗。我彻底休息了两个星期后,被安排参加几个星期后举行的3场"赛后胜利之旅"巡回赛,但我缺席了。

3个月后,我终于又开始训练了。我慢慢地恢复了状态,开始为2008年12月的美国国家女子足球队训练营做准备。事到如今,我已记不清2007年女足世界杯的具体细节,但会永远记得脑震荡给我带来的极其糟糕的感觉。

从美国国家橄榄球联盟(National Football League,NFL)丑闻和慢性创伤性脑病死亡事件,到一些著名运动员声称如果他们当时有现在的脑震荡知识和认知就永远不会参加比赛,有关脑震荡的新闻让整个体育界舆论沸腾了,成为街头巷尾、新闻报纸热议的体育话题。距离2007年女足世界杯仅过去了十多年的时间,对脑震荡的研究出现了爆炸式增长。然而,尽管我们现在通过互联网等媒介掌握了许多关于脑震荡的信息,但在获得准确和一致性数据方面,仍然有待提升。

第 10 章
脑震荡和运动损伤

本书中我们拿出一章的篇幅专门来讨论脑震荡,是因为人们一方面对其谈虎色变,同时又对其误解很深。在漫长的运动生涯中,许多家长和运动员至少一次不得不面对脑震荡的诊断结果。许多家长对脑震荡对人体的伤害、如何从伤害中恢复以及可能带来的持久影响(如果有的话)感到困惑。脑震荡对人的伤害与众不同,因为它看不见摸不着,悄无声息。当你身体的某个部位被损伤时,也许会动弹不了,也许会一瘸一拐的,也许需要打石膏或上支具。这些伤害都显而易见。但如果你是得了脑震荡,就没有什么可展示的了,甚至连创可贴都没有。你看起来……很正常嘛……

脑震荡是因直接或间接撞击头部或身体造成的轻度创伤性脑损伤。特点就是大脑功能瞬时发生变化,包括精神状态和意识水平的变化。在许多情况下,发生脑震荡的人自始至终没有失去意识,而且几乎看不到有头部外伤的迹象。有时,患者记不住发生脑震荡瞬间前后的事情,还可能会在被撞击之后出现意识模糊。人们一般认为只有在脸部或头部受到猛击时,才会发生脑震荡。实际上,身体上的任何一处受到撞击,且力量足够使颅内脑组织错位,就会造成脑震荡。大脑实际上是浮在脑脊液中的,这样可以保护我们免受日常轻微的震动和身体活动的影响。发生脑震荡时,身体受到的力量过大,颅内脑组织相对于颅骨发生移动,大脑内部发生神经代谢变化。[1] 想象一下机动车事故造成的影响就知道了。当汽车从后面被撞击,乘客猝然急速向前和向后摔去,即使头部没有撞到车内的任何地方,也可能发生了脑震荡。如果大脑组织以足够大的力量向身体相反的方向移动,就可能会导致脑震荡。

脑震荡会抑制大脑的供血。当流向大脑的血液量减少时,大脑的葡萄糖或能量供给就会短缺。大脑处理日常任务,如运动、锻炼、阅读和应对噪声等所需能量来自葡萄糖。患有脑震荡的病人可利用的葡萄糖变少，这就是为什么在脑震荡之后需要立即休息。如果继续进行日常活动，消耗已近枯竭的葡萄糖，那么就会出现更加明显的脑震荡症状。头痛是脑震荡最常见的症状，其次是头晕、难以集中注意力、意识模糊、对光线敏感和恶心等。所以，重复一遍，如果孩子得了脑震荡，就让他好好休息，以应对大脑的能量供应危机。

BE ALL IN

脑震荡症状[2]

◎ 身体方面：头痛、眩晕、恶心、疲劳、平衡障碍、入睡困难，睡眠时间明显多于或少于平常，对光线、噪声变得敏感。
◎ 认知方面：短期记忆丧失、注意力和专注力下降、精神恍惚、工作效率降低。
◎ 情感方面：伤感、紧张、情绪不稳、易激怒。

脑震荡的诊断方法

脑震荡是一种医学诊断，除非教练或助理教练接受过医学培训，否则不应由他们来认定。如果青少年运动员在比赛或训练中被怀疑得了脑震荡，运动防护师通常会进行即时评估，记录运动员的症状并评估是否需要紧急护理。然后，将运动员转给儿科医生或脑震荡专家进行诊断和脑震荡监测。然而，在青少年球队、娱乐球队、中学球队或旅行球队的比赛中，鲜有运动防护师或队医来进行现场评估。因此，家长和教练要了解脑震荡的症状，以及如何和何时进行安全干预，这至关重要。在年幼的孩子身上，脑震荡的诊断可能更加不容易，因为年幼的孩子往往缺乏表达症状或不适感受的能力。美国儿科学会建议，如果发现孩子的头部有轻微肿块，家长应该给儿科医生打电话咨询。

BE ALL IN

幼童可能罹患脑震荡的迹象

- 茫然无措。
- 无精打采或容易疲劳。
- 易怒。
- 平衡感缺失。
- 很难正常行走。
- 变得爱哭。
- 睡眠习惯改变。
- 对之前喜欢的活动缺乏兴趣。

有时，运动员看起来很好，或者否认有脑震荡症状，或者即使在受到强烈撞击后也不愿接受检查。有时甚至没人看到撞击过程。应对的黄金法则是：当有怀疑时，立刻让他们坐到一边休息。出现症状的时间可能是在遭受撞击24小时之后，因此，如果发现脑震荡迹象，让孩子停止比赛下场休息至关重要。身体是最重要的，我们完全不必顾忌治疗会影响整场或下半场比赛。

丹尼从8岁起打橄榄球，他很喜欢这项运动。他来自橄榄球之家：祖父和父亲都在美国国家橄榄球联盟踢球，两个叔叔参加过甲级比赛。橄榄球渗入了丹尼的血脉，他继承了家族的天赋。他的家人夸口说他可能会成为最耀眼的橄榄球球员。丹尼在高中最后一年的季前赛中初次遭受脑震荡，急诊室的医生诊断丹尼为轻度脑震荡。丹尼的家长知道脑震荡的处理方法，他们希望丹尼能在几天内复出。与此同时，丹尼的高中体育教练向他的家长推荐基恩博士来给他进行脑震荡治疗。

基恩的故事

第一次当面诊断后，我对丹尼的母亲说，现在不能让丹尼继续打球了。我永远忘不了当时他母亲那刀锋般犀利的眼神。我解释说，根本就没有所谓的轻度脑震荡之说。现在不再对脑震荡进行如此松散的分类，之前的脑震荡等级量表不够科学。脑震荡的治疗必须持续到完全康复才能结束，每个人的脑震荡都各有各的特点。我遇到过最初呈现严重脑震荡症状的人却在几周内就康复了，也见过最初看起来症状很轻微，却花费了数月时间才康复的脑震荡患者。此外，只有在没有发生脑震荡的情况下，才会显得症状轻微。这次是确确实实的头部损伤，而且是比较严重的那种。

我向丹尼的母亲解释了受伤的原因和相关症状：丹尼现在平衡和认知功能有问题，比如记忆和处理问题的速度方面。但是，丹尼的母亲却一点也没听进去。"你知道这是丹尼高中的最后一年吗？"她怒吼道，"他已经进入了'十大联盟'（Big Ten）高校的视野，他将参加一级联赛。他人生中最重要的一个赛季才刚刚开始，你可不能让他只能做个看客啊。"我告诉丹尼的母亲，如果他真的是打一级联赛的料，一次脑震荡不足以破坏那些计划。事实上，作为一名严谨的运动员，丹尼比大多数人都更了解充分和正确治疗的重要性。如果他还想拥有一段漫长的职业生涯，脑震荡尚未康复就匆匆回到赛场，对他的未来定是有百害而无一利。丹尼最终没有参加赛季前3周的比赛。他在所有脑震荡症状消失后的第二周，在高中运动防护师的帮助下，进行了为期5天的重返赛场训练。在回到全接触状态之前，他先进行了一场比赛，以提高自己的体能水平。

一年后，我偶遇了丹尼的母亲。她告诉我丹尼已经获得了全额奖学金，在一所一级联赛大学打球，并且已经和美国国家橄榄球联盟取得了联系。她告诉我，她很感激我坚持让丹尼在一切无虞之后才返回赛场。她对我说："我永远忘不了在您办公室的那天。我没想到脑震荡会那么严重。我承认当时我在想'这位女士怎么会懂橄榄球呢，更别说懂一级联赛学校了！她会毁了我儿子的前途！'但我们终于意识到，这对丹尼来说是正确的选择。正是我们没让他过早回去，他才得以顺利康复，现在我们可以释然了。"

不需要失去意识才能被诊断为脑震荡，只要头部受冲击后，在意识和状态上有了相应的改变，比如出现视觉模糊和平衡问题都可能是脑震荡。医学专业人员通过评估损伤机制、身体症状，如平衡和视力以及认知功能，来评估脑震荡。在脑震荡发生后的初始评估中，针对脑震荡的多项客观测试，尤其是当运动员否认自己有症状时，对于确定是否存在脑震荡及相关症状至关重要。[3]

加里是当地一所高中的二年级学生，经他的运动防护师介绍来到了治疗脑震荡的诊所。在橄榄球季前赛训练期间，他与对手正面相撞，摔倒在地时又撞到了头部。他说，撞击后他没有任何症状，甚至没有头痛。但他的运动防护师认为撞得很厉害，应该对加里进行评估。一周后，加里坚决否认有任何不良感觉，并对被迫在脑震荡诊所接受评估感到很懊恼。他的平衡能力和视力经测试都显示正常。然而测试显示，认知测试中的处理速度和反应时间方面严重受损。他的父亲表示，他的儿子永远通不过这些测试，这倒不是因为得了什么脑震荡，而是因为加里有未诊断出的学习障碍。加里是学校的新人，也是足球队的新人，所以他的学业成绩和之前的基准测试数据在他第一次问诊时都无法参考。

加里和他的父亲，对他不得不缺席季前队内分组对抗和正式比赛感到愤怒。他们担心他在校队的首发位置不保，而且坚信加里没有得脑震荡。加里获准和他的团队一起锻炼和训练，但只限于训练，不得有肢体接触或参与分组对抗。赛季开始前一周，他和家人去度假了。按治疗方案他第三周返回，并做了重新评估。在加里受伤后接受的第二轮测试中，他的所有认知成绩都在正常范围内。事实上，与同龄人相比，他的所有成绩都高于平均水平。尽管在第一次评估中他的平衡能力就看起来很正常，现在发现有明显提高。所有系统都显示正常。但重点来了，在加里被允许重新上场比赛之后，他才承认自己在之前一直是有症状的，他只是不认为它们"有那么糟糕"。最终加里和他的父亲才对他缺席季前赛的事释然了。

运动员经常否认自己有症状，或者过早地宣称自己已经从脑震荡中恢复了。这就是为什么运动员在脑震荡后应该接受客观的测试，而不能仅仅依靠他们自己叙述。神经心理学家迈克尔·麦克雷亚（Michael McCrea）调研了体育运动中未报告脑震荡的原因，发现患有脑震荡的 1 532 名大学橄榄球运动员中，66% 的人没有报告自己的症状是因为他们认为伤势没那么严重，41% 的人是因为不想离开比赛，36% 的人不知道自己患有脑震荡，22% 的人是出于不想让队友失望。[4]

全球性的研究团体"全球儿童安全组织"（Safe Kids Worldwide）表示，每 25 分钟就有一名儿童因运动损伤被送往急诊室。他们对 3 000 名运动员、教练和家长进行了调查，研究进一步揭示，即使知道自己受伤了，孩子们也往往会忽视运动损伤，因为不上场会让他们倍感压力。42% 的运动员表示，即使受伤，他们也要参加比赛。如果孩子们受伤后继续比赛，他们就是把自己置于完全没有必要的危险之中，因为这往往会造成更加严重的伤害。这种谎报现象越来越严重：53% 的教练表示，让已受伤的运动员上场，他们也倍感压力。与此同时，约三分之一的受访运动员表示，为了向另一支队伍"传递一点信息"，在比赛中"粗野"点是正常的。全球儿童安全组织的研究人员认为，这些数据表明，危险的青少年体育文化正呈上升趋势。

在基恩的诊所里，许多运动员对带伤参赛和忽视后果感到遗憾。

基恩的故事

许多运动员告诉我，教练和家长告诉他们打球需要克服苦痛。他们中的许多人表示，自己不知道什么时候该停下来，也不知道哪种损伤该停下来，而哪种可以接着打下去。就脑震荡而言，我教给运动员们，在头部受到撞击或震动时，应立即单膝跪地，争取缓冲时间。离场后他们必须花时间进一步观察症状变化，因为在得脑震荡几小时后，可能会出现症状加重的情况。对年轻运动员来说，典型的脑震荡康复时间为 2～6 周不等。我经常和运动员谈论接连发生脑震荡的危险，损伤会更加严重，康复周期变长，有时会导致整个赛季都无法上场。这也适用所有的运动损伤。孩子们必须知道，运动损伤是常见的，也是可以预见的，常见并不意味着可以不重视。带伤比赛的后果，他们自己和球队都无力承受。

年轻运动员需要明白，错过一场比赛甚至一个赛季，并不会葬送他们的整个运动生涯。许多运动员透露，他们害怕错过一场特定的比赛或锦标赛，却很少担心可能再次受伤。我确定，如果年轻运动员不是一门心思重返赛场，而是安心休息，恢复身体，做重返赛场的康复训练，往往会大有裨益。如果他们反其道而行之，可能会导致运动损伤持续到赛季结束依然未能恢复。

家长和教练应该告诉孩子要诚实，敞开心扉说出自己的真实感受。许多运动损伤都是过度劳累造成的，其中许多损伤起初只是轻微的疼痛，孩子们因为害怕失去上场机会而独自承受。如果他们硬撑下去，就很容易再次受伤，而如果能休息一两天的话，本是可以避免的。同时，因为损伤，可能会使他们倾向于调动另外的肌肉群，继而扩大损伤范围。

教练和家长关于得分和胜利的统计数据谈论越多，青少年运动员场上承受的压力就越大。孩子们更愿意与他们认为愿意倾听的家长和教练交谈。他们需要相信我们会倾听和相信他们对我们说的话，而不是因为受伤而对他们持负面看法。孩子告诉我们受伤的情况越早，伤情就能越早地得到治疗，他们也就能越早康复。记住，当怀疑孩子受伤时，一定要阻止他们继续上场！作为家长和教练，我们的主要职责是保护我们的孩子，有时是防止来自他们自己的伤害。许多孩子没有意识到与头部受伤相关的潜在危险，这受限于他们的年龄、成熟度和发育水平。有的可能不了解受伤情况，甚至不知道如何报告症状。一定要去找专业人士，他们客观评估损伤的能力，对于准确诊断和搞清楚何时可以安全重返赛场至关重要。

许多学校和体育俱乐部为球员提供基准测试。基准测试通常包括多种线上的认知测试，评估球员的记忆力以及反应速度。理想情况下，基准测试还会包括视力和平衡感测试。一般会在运动季开始前对球员进行基准测试。如果发生损伤，会将基准测试结果与损伤后测试结果进行比对。当然不可能仅仅根据一项测试结果就做出是否重返赛场的决定，需要评估专家根据康复过程中明确客观的数据，判定伤后测试的结果与基准测试的结果接近时才可以。

让我们回到对脑震荡的讨论。没有任何一种测试可以诊断脑震荡，也没有一种测试可以告诉我们运动员已经完全康复。正在进行的研究表明，即使运动员当时通过了所有客观的临床测试，他们的大脑可能仍处于创伤后恢复状态。总之，安全永远是第一位的。在允许运动员重返比赛这件事上，宁可因过于谨慎而有所失，也不要犯错。家长可以从运动防护师、校医或学校管理人员处了解他们的学校是否提供基准测试。一些学校对基准测试有限制，只对橄榄球、曲棍球、足球和长曲棍球等接触性运动项目的运动员进行测试。家长也可以联系当地的医疗系统或脑震荡诊所，许多诊所都能提供基准测试服务，只象征性收取费用。如果你的孩子在校外的球队打球，你可以联系联盟管理部门，看看是否有基准测试服务。

运动员被诊断患有脑震荡后，会被连续跟踪监测病情的进展和恢复情况。得脑震荡之后，对运动员来说首要的就是休息。[5] 尽管对休息时间、如何休息以及休息的质量仍存在争议，但几乎没有人反对脑震荡后首要的也是最好的措施，是认知和身体方面的充分休息。也就是说，在最初的几天里尽可能地减少刺激。这通常包括避免玩电子游戏、参加剧烈的体育锻炼、过度阅读、长时间使用电脑和手机之类的。这并不是建议你在孩子脑震荡后把他锁在密室里，拉下百叶窗，强迫孩子整天躺着一动不动。你能想象把自己锁在卧室里，没有电话，没有电视，也没有人可以交谈是什么感觉吗？这样坚持多久你就会疯掉？我们恐怕只能坚持一小时左右吧？脑震荡后的恢复，需要尽量减少外部刺激，而不是完全消除刺激。大多数孩子脑震荡后被容许看电视，或者至少可以听声音。只要他们愿意，就可以。得脑震荡之后，休息时的环境应该模仿"水疗式氛围"，这样更容易感到平静和舒适。

休息一两天后，家长可以让孩子尝试一些活动，如阅读、散步，甚至适度使用手机。如果他们活动的时候状态稳定，就可以继续进行。让他们试着阅读5分钟，然后10分钟，然后是半小时……逐步加码。通过定期休息来减轻这些活动的强度。

一些家长担心，重新引入认知活动会使病情恶化。这完全没必要担心。如果你连续看书一小时，中间没有休息，很可能会感到头痛，但不会引发脑损伤。没有任何研究表明读书会导致大脑受损。这本书也同样不会哟！

多年前，运动员在脑震荡后会被要求长时间休息。如果他们归队时发现仍有症状，会被告知休息更长时间。根据最新的科学研究，长时间的休息，会导致运动员因缺乏体育活动而难以重新适应环境。具有讽刺意味的是，这些看似与脑震荡有关的症状实际上是由休息过度引起的！

只要运动员觉得能够坚持，就可以进行轻度的体育锻炼，特别是习惯于定期锻炼的运动员更应如此。[6] 当然，每个运动员在不同场景下遭受脑震荡的症状也会有微妙差别，治疗方案应该因人、因具体症状而异。

第 10 章
脑震荡和运动损伤

再次遭受脑震荡

▰ 克里斯蒂的故事

在 2014 年 7 月 20 日的一场比赛中，我再次遭受了脑震荡。当时我正在为蓝天足球俱乐部效力，对阵的是华盛顿精神队。我站在场地中央的 18 码线内，精神队的克里斯特尔·邓恩（Crystal Dunn）起脚射门，我头球解围，而顶球的位置恰好是 2007 年那次脑震荡头部被冲击的区域。我眼前瞬间出现了白色的悬浮物，但没有其他症状。打完比赛后，我感觉还好，只是右眼视线里仍旧有悬浮物，而左眼看东西一清二楚，没有一丝模糊迹象。

赛后我先是和朋友们合影留念，然后就浑然不觉地把足球包落在停车场上径直开车离开了，这显然不是我的做派。到家后，朋友们把几小时前拍的照片发给了我，而我竟然不记得我们拍过照片，甚至不记得朋友们参加了那次比赛。我马上意识到自己肯定又得了脑震荡。我又开始感到晕乎乎的了。我给教练发短信告诉她我感觉不太好，貌似又得了脑震荡。按照程序，我接受了脑震荡评估、认知测试，还有平衡感和视力测试。从 7 年前我患脑震荡以来，情况发生了很大变化。这一次，我必须接受视力测试、平衡测试和认知测试，直到不适症状消失，并通过所有的测试。我花了一个多星期时间才彻底恢复。通过了所有的测试后，我跟着运动防护师按规程做"重返赛场"前的脑震荡康复训练。通常需要一个星期的时间来逐渐恢复体育活动，随后经队医确认就可以重新上场了。直到现在，我的眼睛也会时有状况，如果脱水或撞到了头，我的眼前就会出现挥之不去的悬浮物。

两次脑震荡我都没有出现头痛症状，但两次的情形又完全不同。第二次脑震荡时，我感觉很明显，我的颈部已经做好了动作准备，我已经准备好去用头顶球了。我做的每一件事都是正确的，做了充分的准备。足球似乎只是擦破了我的头皮，但我还是得了脑震荡。据说发生一次脑震荡之后，即使受到力度小得多的冲击，也会很容易再次出现脑震荡。你必须认真对待脑震荡，并完成正确的处理规程。受伤的运动员可能说："我感觉很好，接着踢没问题。"这样说不难，但没有人能绕过测试，事实就是事实。这就是为什么我相信测试，它才是一个准确的参照。有了它的帮助，我们就不会过早复出，这也就是人们所说的"放慢节奏是为了更快地前行"。休息一个星期，可以帮助你顺利打完本赛季剩下的比赛。而过早复出，要么容易二次受伤，要么在场上的表现差强人意。

专门从事脑震荡康复治疗的理疗师推出了针对脑震荡的疗法，如平衡疗法和视觉疗法。他们还负责治疗头部受到撞击后通常出现的颈部疼痛和其他常见的身体损伤。研究表明，运动员如果在发生脑震荡后提早开始合理的锻炼，需要的恢复周期将会更短。[7] 在物理治疗中，运动员可以早在脑震荡发生后几天之内，就稳妥地开展温和的体育活动，开始逐渐恢复他们有益于心血管的常规运动。就像之前所提到的，脑震荡后长时间卧床，不仅会使运动员健康恶化，还会引发焦虑和抑郁。众所周知，锻炼能改善人的不良情绪，而缺乏锻炼会引发运动员的焦虑情绪。除了担心能否重返赛场，运动员还对能否重回以前的位置，能否打得和受伤前一样好，会不会再次受伤表现得忧心忡忡。

脑震荡专家不建议学生运动员长时间停学，也不建议他们在完全没有症状的时候再去上学。相反，专家主张在条件允许的情况下尽快让孩子返回学校，通常是在受伤后的几天之内——如果不是第二天的话。在孩子返校后，学校应及时提供相关照顾措施，以帮助他们尽快恢复。[8] 家长应该与孩子的医疗服务人员合作，确定哪些照顾措施是合适的。校方提供的课堂照顾措施包括考试辅助方面的，比如提供额外辅导时间，适度的考试或小考；家庭作业和课堂作业量要考虑学生的承受能力；如果学生有视力问题，可以提前向他们提供课堂讲稿。如果他们对光敏感，可以给他们戴上太阳镜或带檐的帽子，并减少看视频的时间。如果学生表现出对噪声敏感，可以允许他们提前5分钟下课，躲开正常下课时拥挤嘈杂的走廊，也可以允许他们在食堂外的安静地方吃午饭。有关可能的学业照顾措施的完整列表，请参阅附录B。

可以先在校半天，然后逐渐恢复为全天，但建议尽早返回学校，由学校针对其症状提供对应的照顾措施。如果哪个运动员可以整天坐在家里看电视或玩手机，那他当然也可以坐在教室里学习。长时间待在家里的孩子会经常睡懒觉，白天睡得多导致晚上入睡困难，正常的睡眠周期被彻底打乱。如果没有正常的睡眠或适量的活动，运动员就可能会出现与睡眠和运动缺乏有关的症状，尽管这些症状可能看起来与脑震荡有关。

詹娜是一名高中二年级的足球运动员，她在试图顶头球时，头部与对手的相撞后导致脑震荡。她倒在地上，但没有失去知觉。随即她感到头很疼，站起来时头很晕。教练发现她分不出哪些人是对方球队的队员。据她的队友说，当她挪到场边时，看起来都有些糊涂了。詹娜退出了比赛，被母亲带到最近的急诊室接受检查。头部CT扫描正常，确定她没有颅骨骨折或脑出血的危险。最终，詹娜被诊断为脑震荡，并于当天出院，医嘱要求詹娜多休息，给开了两天病假。

根据急诊室医嘱，詹娜两天后回到了学校。在学校，她的头痛加剧了，无法专心上课。每次去看校医，都会被要求回家休养。接连两次提前离校后，詹娜选择留在了家里，因为担心像前两次一样。待到再去看医生的时候，她已经缺课一周半了，感觉比脑震荡刚发生时还要糟糕。詹娜被送到一位脑震荡专家那里，该专家针对她的伤势立即制订了特殊的学业照顾措施方案。她先尝试回校半天，后来是一整天，但可以根据需要随时休息。为减轻视力负担，她还可以提前拿到老师的教学笔记。这位脑震荡专家要求老师将她的家庭作业减少50%~75%。她头痛的主要原因来自视力负担。课堂上她能够跟上并坚持听课，没有出现更多的症状。白天可以随时休息，缓解了詹娜的头痛症状，也让詹娜在逐渐适应回学校环境学习的同时，不至于过度疲劳、应接不暇。

落课和耽误学业的学生刚回到学校，可能会面临情绪危机。在家里补课的同时，还要努力跟上当前的课业进度，这会让他们感到压力重重。尤其像数学和物理这样的理解型科目，更是如此。学校的照顾措施必须针对学生的伤情，并考虑到他们的特定课业量、学业程度和整体日程安排。照顾措施还必须顾及学校的资源和对脑震荡的理解水平。只有部分学校指定了人员来帮助学生完成脑震荡后的返校学习计划，许多学校还做不到。在任何情况下，返校学习计划都应该涉及学生的所有利益相关者，包括家长、教练、防护师、辅导员、校医和老师们。

4个星期后詹娜完全回到了赛场，这在年轻的学生中很常见。尽管互联网上查到的许多建议都提到，脑震荡需要7~10天就能康复，但这些数字通常是从对大学和专业运动员进行的研究中得出的。年幼的孩子可能需要更长的康复时间，考虑到他们容易受伤，对他们我们应该坚持保守一点。

避免过早复出

大多数家长不会去争论半月板撕裂或髋部骨折需要多久才能康复，但他们经常会质疑脑震荡的康复周期。基恩博士在她的脑震荡治疗项目中经常遇到这种情况。

基恩的故事

许多家长告诉我，他们的孩子很好，而孩子却告诉我，他们仍然感觉不好。不止一次有孩子母亲把我拉到一边，告诉我孩子的爸爸刻意低估孩子的症状，让孩子过早复出打球。许多家长抱有更多疑问的是恢复时间，而不是伤病本身或对学业的影响。家长通常会对孩子的下一场锦标赛或他们的比赛技能耳熟能详，却不太了解孩子是如何做到的。相对孩子的康复问题，家长更关心的是回归体育运动的问题，但这并不意味着家长不够爱孩子。家长过去没有认识到损伤的严重性，经常忽视，甚至也没有带孩子接受治疗。没有人希望自己的孩子错过训练或比赛，许多家长认为如此会让孩子被落下。他们没有意识到，过早返回可能会延长脑震荡的症状期，而且若二次受伤，可能会直接毁了孩子的运动生涯。

曾经有运动员在仍有脑震荡的情况下重返赛场，并遭受第二次头部撞击，导致长时间的脑震荡症状、严重的中风症状甚至死亡。尽管这种情况很罕见，但确有发生。目前尚不完全清楚大脑在从第一次冲击后代谢恢复的过程中，对第二次冲击是如何反应的。我们确信的是，运动员遭遇过脑震荡，会更容易受伤致使二次脑震荡。此外，如果他们过早重返赛场并再次受到冲击，结果可能会改变整个赛季的成绩，甚至是球员的整个人生。[9] 两位作者在各个年龄段和比赛级别的男、女运动员中都见证了这一点。作为教练，克里斯蒂认为过早复出对整个球队都是不利的。

克里斯蒂的故事

艾丽在我执教的俱乐部踢球。她在高中踢足球时头部受到过重击，当时出现了一些脑震荡症状，但她没有当回事，也没有向学校教练报告。她以为症状会自然消失。学校教练因此对此一无所知，安排她继续比赛。艾丽在我们俱乐部打球时，有一次被球打到了头部。那一刻，她感到头痛欲裂，还伴有恶心，只能中途退场，她告诉我之前出的那个"小事故"，可能当时不应该继续踢球，她只是没想到同样的事情会再次发生。

这就是为什么我要求初中和高中的学生运动员，如果在学校的球类运动中受伤，无论他们认为多么微不足道，都必须告知俱乐部教练。艾丽的第二次受伤原本是可以避免的。本来休赛两三个星期就可以解决的问题，到头来变成了几个月。艾丽是我们队的明星队员之一，但却不得不缺席大半个赛季，而且这导致她在学校里的学习也很吃力。作为教练，我感到很无奈。艾丽是高中校队的新人，不太习惯告诉教练自己遇到的情况。我真希望当时我能有机会告诉她，休假一个星期不会耽误什么事，休假跟健康比起来根本微不足道。大多数有类似经历的运动员都曾表达过如果可以回到过去，他们一定会选择适当休息。重要的是，要确保不同年龄段、不同技能水平的运动员都知道，有些时候你只能深吸一口气冷静下来，纵使一百个不情愿，也要暂时退出比赛。

根据美国疾病控制与预防中心的数据，多达 70% 的年轻运动员会在出现了脑震荡症状，并且明知自己患了脑震荡的情况下，仍旧带病上场，而 40% 的球队教练根本不知道运动员可能患了脑震荡。在锦标赛或其他重要的体育赛事中，运动员担心自己因病无法上场，会对教练或助理教练隐瞒此事。[10]

梅根·拉皮诺埃因为扭伤腿而缺席了她一生中最重要的一场比赛，那是 2019 年女足世界杯的半决赛。接受无法上场的事实很难，即使是对受伤了如指掌的专业人士也是如此。每个人都很清楚其中的利害关系，但他们也懂得大局。就梅根的情况而言，之所以决定不参加半决赛，不仅是因为她的伤病，还因为美国队被认为很有希望拿下半决赛。

即使是最好的运动员，如果因伤只能发挥出 50% 的能力，对球队的价值也比不上一名没有受伤的替补球员。无论球员第一次受伤的情况如何，带伤比赛更容易受到二次伤害。梅根的教练希望她能恢复到最佳状态，再来参加决赛。梅根只有完全恢复健康，对球队来说才是最有价值的，所以，这时最明智的做法就是设法恢复最佳状态。她抽出时间调整，最后在女足世界杯决赛上进了制胜的一球。如果她带伤参加了之前的半决赛，可能就完全不会有这个进球了。

因此，这些告诫并不仅是针对脑震荡的。绝不能急着让处在伤病恢复期的运动员复出，应该小心谨慎，把握好重返赛场的时机。

脑震荡的预防

美国疾病控制与预防中心表示，无论哪种体育运动，都有很多可以降低脑震荡风险的方法。以下是几点建议：

- 根据运动类型正确佩戴合适的头盔。
- 团队应该营造一种安全第一的体育文化，示范如何做到安全比赛以及避免受伤。
- 运动员应该支持因脑震荡或其他伤病而缺席比赛的队友。
- 教练和裁判员应该严格执行比赛规则，以避免猛击对手头部、使用头盔撞击等伤害性行为，避免违规阻截、铲球或冲撞没有保护措施的对手。
- 运动员应该拥有无拘无束地谈论脑震荡的权利，而不必担心失去自己在球队中所处的位置、看起来很倒霉或者让大家失望。
- 在每一级别的比赛中，每支球队都应配备接受过脑震荡训练的教练，并为球队制订脑震荡恢复行动计划。

预防脑震荡，要尊重比赛，尊重规则，尊重对手，尊重器材装备。运动员表现出良好的体育精神，遵守比赛规则，反对攻击性行为和恶意犯规，可有效防止体育伤害行为的蔓延。克里斯蒂本人也目睹了一些造成脑震荡的情形，发生频率还可以接受。有的是当球在球场的另一侧时，头部被曲棍球杆砸中；或者是因为打橄榄球时的盔撞，尽管这种拦截方式已经从比赛规则中被禁止了。掌握一些防护常识也有助于预防脑震荡的发生。当孩子在练习、进行看起来危险或跟他们年龄不相符的行为时，多加质疑探讨。足球头球就是一个很好的例子，也是一个很大的辩论话题。有些研究表明头球会导致脑震荡症状，而有些研究又持相反观点，认为二者没有直接关系。[11] 最近几年，尽管研究结论模棱两可，但青少年足球运动中不再允许头球。克里斯蒂在青少年时期经常练习头球，遭受了那次脑震荡后，至今仍有视力方面的问题。

克里斯蒂的故事

　　记得参加训练的时候，教练们把球往上踢，而球员们则需要用头顶球以示"坚强"。我不仅得用头顶球，还得练习把球顶得越来越远。作为团队练习项目，我们必须把球顶过某个特定的区域来获得积分。每周至少练习两次是我们的训练要求。但在比赛当中，我一点也不想使用头球。经常的头球训练确实会让头部感到很疼，一想到头球我就害怕。实际上，现在想到头球我仍然会觉得头痛！

　　当了教练以后，我通过给队员们打气和确保队员做好准备来替代头球训练。我不想让她们接受那种高强度的头部训练。即使要练，也是偶尔做三四次，让她们了解什么是头球。我会教她们在场上的哪个位置可以轻轻顶球，跳起触球的时候如何保护自己，不要因碰撞受伤。现在的比赛规则也已经有所改变，守门员踢凌空长球的次数减少了，而后卫也无需经常头球解围，比赛中足球更多的是在地上滚动。

　　不管孩子的年龄和技能水平如何，脑震荡往往会暴露出家长和教练对孩子的强烈期待。对家长来说，仍然有这样一种倾向，那就是刻意淡化脑震荡的严重性，担心错过比赛、遗漏上场时间以及认为停赛便保不住在球队中的位置等，还有一些家长担心发生永久性大脑损伤等最糟糕的情况。孩子发生脑震荡后，还有许多人会在晚上叫醒孩子检查症状，并限制屏幕时间和社交活动。再说一次，阅读一小时可能会让你头疼，但它永远不会伤害你的大脑。由于担心孩子的健康和体育运动前途，尽管这两类家长采取了截然不同的方法，但都在无意中阻碍了孩子从脑震荡中顺利康复。

我们看到很多在其他方面表现正常的家长，却在体育方面行事疯狂。那些让人好笑又头疼的行径都是出于一个目的，那就是保护孩子的安全，确保孩子会取得成功。家长的目标是保证孩子在成长过程中不仅得到爱与尊重，保持健康，还能够充分发挥他们的潜力。孩子受伤时，家长往往会觉得无法兼顾孩子的身体健康和事业发展。但是，当孩子、家长、教练、医生和其他队员之间的沟通渠道保持畅通时，受伤的长期影响就不那么大了。年轻的运动员需要知道，要保证他们的上场时间，最好的做法就是在受伤后立即认真检查，并如实地表达自己的感受。家长需要知道，孩子是有适应能力的，他们的运动生涯成功与否靠的是总体评价，而不在单场比赛甚至单个赛季的得失。最好的运动员是那些能够持续发挥自己最大潜力的人，而不是那些正在摆脱或隐藏潜在严重伤病的人。

如果你能从这一章中有所启示，我们希望它是：脑震荡实际上是一种脑损伤，应该认真对待。对待脑震荡，必须始终谨慎和保守，这样我们的孩子才能安全地重返赛场。

BE ALL IN

第 11 章

欲速则不达

在美国国家女子足球队，教练皮娅·桑德哈吉教导队员们一定要保持镇定，即使在比赛的最后时刻，也要坚持自己的比赛风格。她的理念是让队员在整个比赛过程都要运用好自己的知识和技能，即使是在比赛的最后一秒也不能放弃。当一个球队领先时，队员们往往试图用控球消磨时间，以阻止对手得分，而不是保持让她们领先的比赛风格。虽然她们这样做是为了夺得胜利，但皮娅教练并不赞成这种战术。她说，当球队为了赢得比赛而故意拖延时，就很难保证比赛的质量，更容易出错。

皮娅教练是瑞典人，她以球员和教练的身份，先后与美国国家队对阵多年。她发现，美国国家队和其他国家球队最大的不同是队员们的心态。美国国家队坚持比赛未到真正结束之时决不放弃，有一种永不言败的心态，这是她之前没有的。由于美国国家队并不缺乏比赛意志，皮娅教练将重点放在了提高队员的战术意识上。她希望团队放慢速度，追求精确度，以提高命中率。在她就任之前，皮娅就注意到这支队伍在比赛中习惯快速而大胆地前进，她们是世界上最强的队伍之一，说明这一策略一直在发挥作用。但皮娅教练认为，如果把速度放慢些，她们反而会更强大。她是对的。她带来了一种新的思维模式，那就是将队员永不言败的比赛意志与战术意识结合起来，即专注于比赛中每一分钟的产出和效率。世界各地的其他球队都开始害怕美国国家女子足球队。对手们发现，面对这支队伍，任何领先优势都不安全，暂时的领先永远无法确保最后的胜利。

克里斯蒂的故事

在皮娅之前，我们知道如何比赛，如何成为最强的。但是，当我们最得意的优势被对手有效抑制时，我们不一定知道如何应对。遇到旗鼓相当或踢成平局的比赛，临近结束时我们往往无力破局。我们只是把对手拖垮了，靠体能撑到了终场哨响。皮娅来了之后，我们学会了慢下来，多用头脑去踢球。美国国家女子足球队保持了优良的作风，那就是在比赛的最后时刻，仍旧像刚开场的10分钟那样专注。

在2011年的国际足联女子世界杯期间，美国国家队在比赛的最后关头差点输给巴西队。如果美国队真的输了，这将是美国国家女子足球队历史上最早的一次淘汰。面对这种情况任何人都会感到恐慌。

克里斯蒂的故事

我清楚地记得那场比赛的最后时刻。巴西队前锋克里斯琴将球带进角球区①，试图拖延至终场。比赛本应在第 120 分钟结束，但因为伤停补时，那时是在第 121 分钟结束。巴西队知道比赛随时都可能结束，所以试图消磨时间。我冲上去紧逼，迫使克里斯琴不得不将球传出。因为自身心理紧张和我的贴身逼抢，压力之下她使出了昏招。克里斯琴鬼使神差地将球传给了美国国家队的后卫阿里·克里格（Ali Krieger）。阿里接球后即刻飞起一脚，将球传给了中场的卡莉·劳埃德（Carli Lloyd）。卡莉从东向西带球，策略地将 3 名巴西后卫吸引了过来。然后她将球传给了无人防守的梅根。梅根看了一眼，快速停球，然后一记令人惊羡的近 40 米长传，球到了阿比脚下。梅根的传球迫使守门员做出反应，她因担心梅根是在射门而冲出了球门。阿比没有片刻犹豫，趁机抢点头球破门！

确切地说是 4 次传球。足球从右边路传到中场，再到左边路，最后再边路传中。卡莉本可以尝试射门得分的，但她没有急于求成，简单地试图远射强行破门。我们稳住，做出了正确的决定。大家深思熟虑，彼此信任，靠着自己最擅长的战术打进了制胜的一球，锁定了胜局。

美国国家队并没有因时间紧迫而改变自己的比赛方式，而是依靠直觉、判断力和之前每时每刻反复强化的训练，指引自己走上了成功之路。她们赢得了比赛，因为她们知道如何通过放慢节奏来更快地前行。让自己慢下来，似乎是一个让人难以一下子接受的概念，但确实好处多多，值得一试。想想电影《黑客帝国》中的那个标志性场景吧，尼奥身穿一件黑色风衣，衣角在身后的风中飞舞，慢镜头中的他身体往后半仰躲避子弹。如果以正常速度播放，这次遭遇将只是一个一晃而过的不显眼动作，只会是另外一个战

---

① 足球场周围的小扇形区域被称为角球区。——编者注

第 11 章
欲速则不达

斗场景罢了。但电影制作人故意放慢了播放速度，以强调尼奥的敏捷和速度，使这一场景变得超凡脱俗。在这速度如此之快的威胁前，尼奥之所以能做到先行一步，依靠的是他刚刚发现的、自己所拥有的评测周围环境的能力。

从家长、教练到企业精英和商业领袖，每个人都在不断寻找着表现更好和提高产出的方法。通过放慢节奏来实现更好地前行，是一种认知和行为策略，即通过有意识地刻意放慢速度来产生期望的结果。这种战略上的减速意味着先抛开当下，评估目标并优先考虑最重要的事情，然后以更直接的方式回到当下，实现目标。通过放慢节奏来更好地前行，并不一定意味着真正物理上的减速，退出团队或减少训练（当然可以，这取决于你当前的日程安排），而是重新构建"更慢"和"更快"的含义。有趣的是，随着时间的推移，生产速度的加快会导致产出价值的下降。

2010 年 5 月出版的《哈佛商业评论》(*Haward Business Review*) 杂志引用的一项研究称，高绩效公司已经开始放慢步伐，他们更欢迎讨论新的想法，鼓励创新思维，并留出时间进行反思和学习。[1] 过于注重产出和迅速行动的公司，因员工之间无暇协作，最终致使员工业绩下降。

在体育运动中，我们经常会看到同样的情况。我们在试图进入下一个阶段的时候，往往错过了学习重要价值观和技能的机会。有时，如果持续关注前进势头，可能会导致我们仓促完成长期需要的训练、学习或技能发展。如果我们不能抽出时间富有成效地朝着目标努力，最终在困难面前就会变得手足无措。

压力之下的方向迷失

在应对比赛压力的能力方面,最优秀、最聪明的运动员与普通人的大脑有很大的不同。成功的职业运动员,无不能够在危机中保持镇定,习惯慢下来看比赛全局,以及快速进入并保持竞技状态。[2] 大多数运动员在压力重重时,发现自己很难看清整个局势或整个球场。视野狭窄的运动员忽视了一个事实,那就是比赛是处在不断变化之中的。而他们在比赛的任何时间,都是雷打不动地机械重复。

生活何尝不是如此。在一系列的变化和反复的压力之下,我们的生活终归成为徒劳地对过去习惯的重复。我们打起精神来努力工作,完成每天所有的家庭、学业和职业方面的任务,不停地向前推进,根本没有时间看一眼外面的世界。基恩博士发现,许多没有达到巅峰状态的运动员,实际上都是受到了井蛙式视野的限制,处于恶性循环中。运动员越是针对某一问题努力提高成绩,问题就越突出,压力就越大。大多数井蛙式运动员只盯着最终目标,而忽略了关键的中间步骤。

基恩的故事

凯文是一名 17 岁的足球前锋,因为场上表现持续下降,来到了我的私人诊所。凯文的家长非常担心他能否参加甲级足球联赛,于是竭尽全力地想要变不可能为可能。他们额外聘请教练,单程驾驶 90 分钟去参加一个高水平学院球队的训练,带着凯文到美国各地结识大学教练。凯文一旦未能进球,他们就感到惊慌

第 11 章
欲速则不达

失措。凯文受到了现任教练的严厉批评,他威胁说,除非凯文开始进球得分,否则要减少他的上场时间。他果真对凯文没有客气。随着上场时间的减少,凯文在大学教练面前露脸的机会也减少了,这让他焦虑万分。只要比赛未能进球,凯文就会念叨是自己还不够好,一旦不够好,他就没有机会继续在大学里踢球。

凯文成了井蛙式球员,极度个人主义,只专注于自己的得分能力,而忽视了如何与队友配合。本来他在进攻时擅于给队友递球,但现在却连防守都懒得管了。他开始沉迷于射门得分,对射门时机、方式以及能否破网高度关注。凯文已经不是在发自本心地踢球了。所以我们需要一起努力,重建他作为一名球员的自我意识:我们列出了他作为球员的全部品质,又强迫他放慢了速度思考,列出了一套完整准确的清单。他既有技术又有天赋,当专注于比赛而不是得分时,目标自然会实现,不必强求。凯文学会了专注于自己作为一名球员的优势,比如他的决心、毅力、运动能力、足球智商和组织能力。他意识到担心和恐惧才是表现力下降的罪魁祸首。因为害怕错失射门机会,所以会在不知不觉中逃避传球给队友。他不需要更多的练习,也不需要更强的抗压能力,他最需要的是放慢节奏,与自己本来的天赋和能力重新建立联系。

通过花时间讨论自己的优势,凯文意识到了早已被自己忽视了的天赋。没有再只想着进球,而是为自己制订了特定的赛时目标,例如,与队友密切配合,与对方防守球员对抗,攻破对方防线以及利用好他独特的一系列传球技术。这些做法增强了凯文的信心,帮助他理解到,除了破门得分,他还能为球队做更多的贡献。

就像凯文一样,所有的孩子都能为比赛提供比记分牌上的数字、赢得比赛甚至参加运动本身更多的东西。虽然有些孩子在多个团队、培训和练习的严格训练下能够茁壮成长，但大多数孩子需要保持平衡。在完成所有工作并取得成果的过程中，很难做到花时间反思、讨论和提出新的想法，而后者才是运动员实现个人成长、发展和最佳表现的关键所在。

效能加速器

"放慢节奏"并不意味着做得更少。我们最喜欢的以退为进的例子来自拉斯姆斯·侯格（Rasmus Hougaard）的《领先一秒》（*One Second Ahead*）。[3] 他在书中描述了地球上速度最快的陆地动物猎豹是如何达到每小时 120 千米的速度的。然而，如果猎豹一直以这种速度奔跑，几分钟内就会死掉："猎豹为了在最有效的捕猎时刻全速奔跑，它的起步非常缓慢。它一开始会慢慢地跟踪猎物，等待肌肉迅速充血，大脑高度聚中。这一短暂的平静阶段使猎豹在猎物进入猎捕范围后爆发出雷霆一击。"

对于那些花费无数个下午和晚上，在多项活动之间来回穿梭的体育家长来说，这意味着什么呢？这意味着，如果他们在吃饭、做作业和上车等繁忙的活动之间停顿哪怕 5 分钟，就可以实现更加高效地行动。我们称这些停顿为"效能加速器"，学会此招大有裨益。它们为你重新意识到自己的意图、优先事项和重点创造了空间，使你可以深吸一口气，调整精力，减轻压力。一次能提高性能的停顿，会让你有机会整理自己的想法，从而更清晰地交流、更有组织地与他人合作、更轻松地处理信息，而这都是你可以教给孩子的价值观和技能。

> **BE ALL IN**
>
> ### 重启大脑
>
> 根据经验，我们知道，让家长"休息一下"，即使是片刻，很多人都感觉不太可能。但我们确信不管你有多忙，一天中你总能找到片刻时间来重启大脑，提高效能。

在孩子的日常生活中加入"效能加速器"，可以帮他们无论在场上还是场外都养成自我意识和自我监控的习惯。许多孩子玩电子游戏或和朋友进行视频聊天，可以在不知不觉中消磨掉两三个小时。效能加速器可以促使孩子审视自己和调整重心，帮助他们改正一些坏习惯。例如，花一点时间喝口水可以防止当天晚些时候头痛。与朋友暂时中断谈话可能会防止不必要的争论，或者阻止他们说出事后可能感到后悔的话。

如何使用效能加速器？ 从每天休息 3～5 分钟开始。当你在做事的时候，把注意力集中在你正在做的事情上。就这么简单，像猎豹一样。在一整天的全力以赴后，当你找不到护腿板时，会感到疲倦和烦躁。当你开始看到效能加速器的好处时，就会在一天中拿出更多的时间小憩。许多家长已经在他们的数字世界中内置了日历、手机应用和多个提醒功能，来帮助自己安排日程和每天的优先事项。在效能加速器上安排时间，以补充和增强这些辅助工具。以下是一些让效能加速器融入你的日常的方法：

- 起床前，把脚放在地板上，做 3 次深呼吸。想想你的身体感觉怎么样。想象一下自己度过早晨的样子。如果你给予积极的肯定，就会得到额外的好处。这是确立你一天目标的好时机。进行下一步之前，再深呼吸3次，然后起床。
- 做晚饭的时候，花点时间专注于自己的呼吸。经过漫长的一天，这是你重新集中注意力的时候了。闻一闻食物的香味，听一听烹饪食物时发出的声音，边吃边感受食物的质感。做3次腹式深呼吸。
- 当你走出家门，孩子们挤进了车里时，是的，你猜对了——又是喘口气的时间了。想想看，我要离开家，开车送我的孩子去训练，这是一天中的又一次转变。找出你身体中的任何紧张点，想象它们正在消失。在你驶离车道之前，想想你的呼吸。运用这些技巧，就不会感到茫然不知所措。

尽管我们可能已经精心制订了计划，但一些简单的事情，比如在比赛马上开始前被要求去接一个队友，或者遗失了一件训练服，都可能会让我们偏离正轨。当我们愿意花时间转变并保持自我意识时，就会发现自己有更多的时间和空间来处理这些计划外的弧线球，因为我们是基于不同的情感准备状态来迎接这些挑战的。也要教你的孩子练习效能加速器。做作业时，让他们打开书，闭上眼睛，做3次深呼吸。帮助他们注意一下姿势和肩上或脸上是否有任何紧张，帮助他们思考从打球到安静地坐着之间的转变。

孩子在体育运动时如何使用效能加速器？无论是足球比赛的最后几分钟，还是橄榄球比赛中的终场前两分钟警告，或者篮球比赛中的压哨球，所形成的那种扣人心弦的感觉，年轻运动员们可谓深有感触。这是体育活动中球迷最兴奋、球员最恐慌、家长最疯狂的时刻。在压力之下，一支球队最初的战略往往会被废弃，取而代之的是一个寻求比分突破的绝望的应急计划。克里斯蒂很清楚这种混乱的危害，并指导她的队员意识到这个常见的错误。

第 11 章
欲速则不达

> 🔊 克里斯蒂的故事

如果你留意一场足球比赛的最后 10 分钟，经常会看到比分落后的那支球队把球长传给前锋，希望能尽快破门得分。你也会看到对方的反应是有样学样，迅速把那些球踢回去。落后的球队越是急着往前场传球，球也就越快地被踢回来。这种情况下球队往往是因为没有坚持最适合自己的打法，而是改变了策略，结果是很难如愿以偿的。对于美国国家女子足球队来说，每逢这些紧急关头，一定是坚持聚精会神，放慢节奏。当你坚持自己的策略时，就会变得沉着而自信。只有在看到真正的得分机会时才随即转换方式。你们保持那种状态的时候，对手就无法威胁到你们。

当运动员能够利用场上的某个时刻来审视自己的身体和精神状态时，他们更有可能打出精力充沛和富有创造力的比赛。花时间进行自我检视，可以更容易识别压力源，并帮助每个人控制自己对压力源的反应。

通过放缓脚步来实现更快前行的实际好处。以斯蒂芬妮为例，她是一名铁人三项运动员，也是狂热的跑步者、退役的职业足球运动员，还是基恩博士私人诊所的执业顾问。斯蒂芬妮参加了一个生物反馈训练课程，想以此来缓解自己的肌肉紧张症状，她认为这是导致她一直头痛的原因。生物反馈训练是一种治疗方法，通过测量心率来确定人对刺激的身体反应。训练对象要通过读数来控制身体自动调节的功能，如心率、皮肤温度、肌肉张力和血压。经过 5 次训练，斯蒂芬妮学会了如何降低心率，达到放松的状态，这反过来又降低了颈部的肌肉张力。她练习了多种呼吸技巧，结合身体意识和渐进式肌肉放松，定期地来降低心率。自从开始生物反馈训练以来，斯蒂芬妮意识到她可以在比赛中将心率至少比以往降低10次，这对把心率保持在最佳范围至关重要。跑步时，她专注于呼吸，并进行有节奏的深呼吸。她深呼吸时，会增加氧气量和肺活量，我们都知道随着人脑中富氧血液的供应增加，肌肉也会感到放松。她注意到心率降低后，自己的耐力增加了，并因此缩短了跑步时间，经常在某场特定跑步比赛中名列前5。斯蒂芬妮放慢节奏是为了更好地前行。你和你的孩子也可以做到。

BE ALL IN

需要记住的要点

- 一天中进行多次3~5分钟的小憩有助于你重新集中注意力，变得更有效率，劲头更足。记住每当休息时，就开始进行深呼吸、思考和重新聚焦。
- 花时间在各种活动之间实现转换有助于保持镇静，并最终更有信心应对意外的压力。
- 想一想，你花在做事方面的时间和专心享受当下的时间各有多少，同时帮助孩子进行自我监控。
- 创建月历供每天参考，再做一个组织和安排全天事项的日程表。如果你觉得这是忙碌的一天，那就更有必要，并将月历和日程表放在孩子的可视范围。这是效能加速器的基础性准备措施，要找机会向孩子介绍那些加速器。
- 整理出优先事项。与其试着做每件事，不如设定一个任务列表，从最重要的到最不重要的依次排好序。做事的时候，尽量避免心有旁骛和浪费时间。必要时可以关掉手机，也不必即刻回复每一个电话、短信或电子邮件。

◎ 注意保持身心健康。很多时候这并不难，比如保证充足的水分摄入，充足的营养并坚持锻炼。然而很多时候，当我们忙于日程安排、工作和其他投入时，往往最先牺牲的就是这些基本需求。

◎ 睡眠是放慢节奏、更快前行的基础，因为睡眠决定了一切认知技能的有效发挥！尽管我们了解睡眠的价值，但我们经常忽视它。事实上，即使是轻微的睡眠不足也会给我们带来很大的压力。

◎ 学会放松！我们采访了一大批被自己的日程安排搞得焦头烂额的家长：他们的孩子参加了校队、地方队和旅行队。别忘了还有私人课程、训练营和其他培训，有时还不只针对一项运动。放慢节奏会促进成长，也会帮助孩子的运动生涯有一个良好的开端。家长不应该对每一位教练都说"是"，我们首先应该确保孩子们为投身运动感到快乐和兴奋，并且会从整个体验中收获颇丰，而不是因此感到疲惫或陷入困境。退一步，从更广阔的视角来看，这不仅关系到运动员的职业生涯，也关系到他们比赛时做出最佳判断的能力。

BE ALL IN

第 12 章

提早专业化之殇

每个家庭与体育运动之间的关系各不相同。对有些人来说，某种运动已经融入血液里：几代人都踢足球，持有过当地棒球队的季票，或者喜欢聚在一起观看某些高尔夫锦标赛。对有些运动员来说，拿到体育奖学金，意味着可以进入一所之前想都不敢想的大学。还有些运动员参加体育运动纯粹是出于好玩。最近，我们看到了一种席卷体育界的非常令人不安的趋势，那就是体育运动的提早专业化。也就是说，孩子们要想"成功"，必须早在七八岁的时候就投身某项运动。所谓青少年体育运动的提早专业化，就是青春期前的运动员（通常不到 12 岁）只参加一项运动而不参加其他任何运动，并每年接受 8 个月甚至更长时间的专门训练。[1]

在过去，一项运动的赛季只持续几个月，大多数孩子能够参加多种运动，或者是对一些项目稍加尝试，便将更多的时间和精力投入另一项运动中去了。孩子们可以参加各种各样的运动，在运动中观察自己到底喜欢哪一项。他们能够和朋友们一起开开心心地玩，或者只是跑来跑去，随随便便就可以离开家玩上几个小时。有组织的青少年体育活动，最初是为了让孩子们提升社交技能、自尊、体育精神和体能而发展起来的。[2] 在过去的 10 年里，青少年体育方面具有高度选择性和竞争性的联盟及组织，经历了爆炸性增长，出现了大量所谓的精英、学院、俱乐部，甚至是奥林匹克发展团队。高中和大学设立的体育奖学金更是增加了参与体育运动的压力。因此，过早的专业化趋势具备以下特点：从事单一的运动，一年四季不间断，排斥其他运动。

有一个普遍存在的、有害的认识，那就是认为运动员要有竞争力，就需要更多的比赛、更多的练习、更多的竞争和更大的强度。遗憾的是，许多家长除了默许别无选择。他们认为，如果自己的孩子不早点专攻某项运动，就会被其他的孩子超越，之后也就很难赶上了。一些超级巨星似乎是从一出生起就开始被培养成为某项运动的专家，比如泰格·伍兹（Tiger Woods）和盖比·道格拉斯（Gabby Douglas）。还有一些人参加过多项运动，被认为是大器晚成，比如亚历克斯·摩根和美国国家橄榄球联盟球星克莱·马修斯（Clay Matthews）。还有一些人在职业生涯蓬勃发展的时候早早就登上了超级巨星的宝座，比如汤姆·布雷迪（Tom Brady）和斯蒂芬·库里（Stephen Curry）。尽管有电影、纪录片和越来越多的研究告诫说，童年时期不要只局限于一项运动，但体育运动提前专业化的趋势仍在继续。人们普遍相信，如果不及早让孩子专攻某项运动，以后可能就难以成为超级明星。

克里斯蒂是从事过多项运动的。

克里斯蒂的故事

每当我讲述自己的故事时，人们都会惊讶地发现我曾是大学足球队里毫不起眼的小角色。当我还小的时候，教练愿意指导我一年到头打篮球，但是我自己想从事不同的运动。那时候，这不难做到。现在我看到自己的孩子们困于时间限制、严格的日程安排和无休止的赛季，艰难地在多种运动项目之间保持平衡。我想虽然绝大多数家长的意愿是好的，但却深陷追求胜利和社交控的误区，反而无法对体育本身和体育能给生活带来什么有一个宏观的把握。跟几乎一天24小时、一周7天全天候踢球的同龄人相比，我可能缺乏他们所具备的技能，但我有动力来试着弥补这一点。别忘了，我是靠篮球奖学金上的大学，但最终还是踢上了职业足球。二者我都喜欢，没有去偏废哪一项，结果呢，我成了一名全面发展的运动员。我接受了很多不同教练的指导，学会了应付如此多不同的个性。多年来，参加多项运动教会我适应许多不同的队友、教练和互动模式。

当美国国家女子足球队的教练让我从前锋改踢后卫时，我相信，由于从事多项运动所学到的适应能力的加持，我会比其他人适应得更快。此外，我在职业生涯的大部分时间里没有受伤，这与青少年时期从事多种运动的孩子的研究结果一致。我从来没有像今天的多数孩子一样受到过度伤害，我记得的队员受伤次数绝对比我今天看到的要少得多。我不记得当时的运动员中谁会因为身体的哪个部位疼痛就要求中途退场，更不曾记得受伤队员坐满了候补席。每隔3个月我就开始一项新的运动，所以我总是想要训练、练习并在每个新赛季都有所提高。我记得自己一直很健康，只要愿意，我总会有时间和朋友互动，一有机会就会在附近的街道上玩球。

话虽如此，我们还是得承认提早专业化有一些好处：

- 受欢迎的教练希望与更高水平的球员合作，因此，早期专攻运动的孩子会享受更好的教练的技能指导。

- 专业化提供了大量的练习时间,从而提高了技能和能力。
- 由于需要时间投入,孩子们学会了不去浪费自己的自由支配时间。因为空余时间有限,他们会明智地加以利用。
- 孩子们喜欢实现和发展自己独特的才能。
- 专业化降低了家长的担忧,他们无须再担心孩子会错失机会或失去与同龄人相比的竞争优势。

即便如此,提早专门化的缺点仍大于其好处:[3]

- 压力和倦怠的可能性更大,这与完美主义或过度指导、过度训练甚至睡眠不足有关。
- 提早专业化的孩子在社会认同方面存在问题,因为他们的整个童年时期都是与同龄人隔绝的。
- 提早专业化可能会导致一个缺失的童年,这会干扰孩子的自我认同感和自我意识发展。
- 提早专业化可能会造成孩子的内在动力减退,或者在运动中缺乏热情。
- 与从事多种运动的孩子相比,提早专业化的孩子更有可能遭受运动损伤。[4]
- 提早专业化需要时间和经济上的投入,但这并不一定完全和结果成正比,因为最终成为顶尖运动员的只是凤毛麟角。

由于完美主义、过量指导或家长的压力,许多提早专业化的孩子会经历倦怠、训练过度甚至睡眠不足。对于提早专业化的青少年运动员来说,一个常见的问题是在运动之外可能会失去自我。高度紧张、集中于某种单一运动项目导致的情感上的后果是，孩子可能会将自己完全视为一名运动员，在运动项目之外看不到自己的价值。许多孩子产生了一种错误的观念，认为他们在运动之外没有任何价值。这最终会导致孩子们在童年的其他方面失去兴趣，而这些方面对他们的情感发育至关重要。基恩博士治疗了许多因受伤而出现抑郁症状的运动员，这其实就是失去自我的表现。因为这些孩子心中满是惶恐：如果不能打球，那么我的存在价值是什么呢？

基恩的故事

艾米丽是经运动防护师介绍来到我的办公室的。她的脚踝受伤了，康复过程中开始显示出抑郁的迹象。她已经打了3个星期的球，教练担心她受伤后会因为无所事事，在情感上和社交上受到伤害。她在训练时无精打采，说话也很少，理疗过程中，明显对轻微的痛感反应过度。她一贯的举止诸如微笑、大笑、表达对队友的关心等明显减少了。运动损伤后的抑郁症状是很常见的，也是意料之中的。然而，艾米丽向她的教练承认，每次受伤，即使是轻微的伤，她也发现自己越来越难从情绪低落的状态中恢复过来。

艾米丽从5岁起就开始参加足球娱乐联赛，并迅速晋级加入了她所在的城镇俱乐部球队。她既有速度，又有足球方面的天赋。她的父亲注意到了她的才华，并在她10岁时送她加入了一支学院校队。艾米丽每周跟随球队一起训练3次，跟私人教练再训练一天。从10岁到高中毕业，她一直坚持按这个时间表训练。她每个月至少参加两次高级别联赛和精英锦标赛，在大学三年级和四年级时担任队长。她在当地以攻防兼备、球技高超而闻名。

第 12 章
提早专业化之殇

当艾米丽第一次踏进我的办公室时，眼泪突然夺眶而出，紧接着又忙不迭地为哭泣而道歉。她说自己从没这么难过过，但却不知道这是怎么了。从受伤开始，她的情绪一天不如一天。她已经不再与队友交往了。本来对她来说等同于在场上进行理疗的训练，也越来越无法忍受了。她说自己无法上场时，看队友们比赛也是一种痛苦。事情变得非常糟糕，除非不得已，她甚至不愿离开卧室。我们交谈了一小时，之后我发现，艾米丽应该是因为无法上场而感到怅然若失。她妄自揣度教练的想法，担心自己在球场上的位置不保。她相信伤病会影响她的上场时间，甚至可能因此失去在球队中的位置。当我问如何才能帮到她时，她回答说："帮我重返赛场。如果你能做到，我会感觉更好。"艾米丽只认同自己的球员身份，除此以外，她对自己没有什么概念。一旦因伤无法上场，尤其是缺席时间超过以往，她就感到手足无措，对自己在比赛之外的角色没有概念。因此，她并没有请我帮她应对因受伤带来的心理痛苦，或帮助她重新找到快乐，重新感到自己是个完完整整的人，而是问怎么才能让她回去踢球，因为这是她能想到的让自己重新快乐起来的唯一办法。

不幸的是，艾米丽的情况并非个例。从幼年开始的体育专业化，会造成运动员孤立保守的生活方式。艾米丽在成长过程中没有与球队以外的其他同龄人交往，她几乎没有参加高中时加入的俱乐部所举办的任何会议和活动。她不知道在足球以外自己是谁，还喜欢什么。没有强烈的自我意识，不知道自己到底是谁，所以艾米丽才会轻易地被受伤一事弄得六神无主，不知所措。我们首先将理疗重点放在艾米丽对自身价值的理解上。她意识到从小时候起，自己就牺牲了生活中的其他东西，对一切与足球有关的事情都赞同迁就。足球以外，艾米丽默许了一些让她不开心的事情，她逐渐忘记了真正让自己感到快乐的是什么，却总是渴望通过足球来取悦他人。艾米丽了解到，她的内心罗盘是取悦教练和家长，而不是按照自己的喜好去做事或说话。最终，艾米丽成功打破了这一模式，她学会了扪心自问：如果无须取悦任何人，我会如何抉择？

在她的大学生涯结束后，艾米丽转而继续从事职业足球。她继续发展她在足球之外的兴趣，不再像之前那样总是满怀内疚、怀疑和恐惧。现在，艾米丽在足球上依然满怀勇气和决心，但同时能做到像爱足球一样去爱自己。她感到自己在人生的旅途中，自我意识正在逐渐形成。继续前行，由内及外，她会迎来更多的胜利和冠军。

是体育运动提早专业化导致艾米丽患上反复发作的成人抑郁症吗？也许吧。当然，她对足球的片面关注妨碍了她处理运动损伤的能力。她的故事提醒我们需要重新思考青少年体育的不理性行为。

提早专业化的压力来源

心理学家 K. 安德斯·埃里克森（K. Anders Ericsson）研究了从音乐到商业，从医学到体育各个领域的顶尖人士，他在一部经常被引用的著作里，提到了一个有助于解释提早专业化的理论。他说，最好的方法是遵循他认为是黄金标准的学习模式。他把他们的追求称作是"专业训练"。埃里克森表示，要想成为包括体育在内的任何领域的专家，都需要经过专业训练。他声称 1 万小时是成为专家的门槛，这一点广为人知。1 万小时相当于每周 20 小时，一年 50 周，连续 10 年。[5] 他的研究阐明了培养专业技能的重要性，指出运动员并非天生就具有通过训练无法获得的天赋。如果你相信埃里克森的说法，那么稍加盘算就可以得出结论：如果孩子想要成功，就得趁早开始学习或训练,而且是越早越好。

在孩提时代,刻意的练习真的有必要吗?它能确保成年后一定会有顶级表现吗?许多人认为埃里克森的研究是不完美的,容易受到批评。这引出了这样一个问题:孩子应该从多大开始学习专业知识?更重要的是,在全面发展上要付出多大的代价。我们之所以写这一章,是因为我们看到了提早专业化对孩子和家庭的负面影响。这种影响不仅体现在个体上,而且对他们在专业上、心理上、社交上和身体上都会有影响。作为年轻运动员的家长,我们不仅感受到了来自提早专业化本身的压力,也感受到了不得不花钱让孩子加入高强度或所谓的精英团队的经济压力。

这里有一个简单的有一定的说服力的事实,那就是大多数医疗专业人员、整形外科医生、理疗师、外科医生、康复专业人员和体育教练,都反对过早的体育运动专业化。[6] 他们传达的信息很明确:如果想让孩子有一个长期的运动生涯,不管好心的教练、培训师和体育企业老板怎么说,都不要鼓励孩子提早专业化。鉴于克里斯蒂自己的经历,我们请家长放心,提早专业化并非必须。克里斯蒂参加过多种运动,甚至在进入大学足球队之前还获得了打篮球的全额奖学金。基恩博士经常治疗那些提早专业化导致的过劳运动损伤、倦怠或失去兴趣而遭受痛苦的运动员和家庭。克里斯蒂和基恩博士都注意到,越来越多的高中和大学生运动员,因为对提早专业化过程中带来的东西不堪重负,结果不得不彻底退出了体育运动。

此外,越来越多的证据表明,提早专业化不仅从根本上说是个坏主意,与从事多种运动的同龄人相比,它还会损害运动员的长期表现。考虑到这一点,让我们回顾一下现有的关于提早专业化的科学成果,以及为什么你应该对精英团队、高强度团队和常年无休的运动大声说"不"了。

提早专业化的影响

国际奥林匹克委员会（简称"国际奥委会"）发表了一份关于青少年运动发展的共识宣言，并确定了与提早专业化有关的几个身心健康问题，包括睡眠不足、过劳伤害率上升、过度训练、倦怠和饮食失调等。[7] 国际奥委会建议儿童在进入青春期之前，要参加不同类型的体育活动，来获得广泛的技能。他们还建议将力量和神经肌肉健康，与运动员在能力、信心、社交和性格上的整体发展相结合。体操和花样滑冰除外，因为这些队员在青少年中期就已达到技术巅峰。2015 年 10 月 2 日，美国骨科运动医学学会（AOSSM）提出"AOSSM 提早运动专业化共识宣言"，他们根据以下 3 个标准来界定提早专业化：[8]

- 一年中有 8 个月以上时间参加有组织的运动强化训练和比赛。
- 在排斥其他运动的情况下参与这项运动（总体上自由比赛有限）。
- 青春期前儿童（7 年级或大约 12 岁）的参与。

该宣言的结论是：儿童时期的体育多样化，而非提早专业化，会提高长期的体育参与度，促进个人发展，并提高成年后的运动表现。该宣言讨论了在没有教练持续干预的情况下自由运动的重要性，因为在 13 岁之前，自由运动对于培养良好的技术水平是必要的。自由运动是儿童发展不可或缺的一部分，因为它培养了在团队运动或训练等固定模式中学不到的生活技能。当

第 12 章
提早专业化之殇

孩子们自由运动时，他们能够尝试新事物、运用自己的想象力、自己尝试解决问题，并自己掌管一些情况。而如果由教练或家长来掌控的话，孩子们根本无法也没机会接触到这些情况。自由运动可以培养孩子的自信心、人际关系、创造力和动作技能。最重要的是，自由运动实在是太好玩了，是童年不可或缺的一部分。

美国骨科运动医学学会的共识宣言，打破了提早专业化是运动专家和非运动专家之间的壁垒的神话。该宣言指出，提早体育专业化并不能保证在国家级、奥运会和职业水平这样的高水平运动表现，实际上反而可能是有害的。因此，美国骨科运动医学学会建议，在参与高强度的运动和其他童年期的投入——例如，和朋友相处的时间、学校和课外活动之间保持平衡。诸如此类的因素决定了孩子的整体健康状况。

美国骨科运动医学学会指出，提早专业化的孩子，尤其是当他们不与同龄人一起参加青少年主导的活动（那种专门安排的比赛）时，可能难以发展出与从事多样化运动的同龄人相同的运动技能。当孩子们每个周末都要进行团队训练和比赛时，他们就会错过与同龄人自由运动的机会。当孩子们更多地参与有组织的比赛而不是自由运动时，受伤的风险将增加不止 2 倍。而且，在 12 岁之前就实现专业化的运动员的受伤风险更高。对每周参加高强度训练超过 16 小时的孩子，或者专门从事体育活动的孩子，应该加以密切监测，了解是否存在精疲力竭、过劳损伤，以及由于过度训练而可能导致的成绩下降。

美国骨科运动医学学会指出，提早专业化可能会阻碍孩子某些神经肌肉模式的充分发育，导致容易受到运动伤害。应该为成长中的孩子提供一系列发展精细动作技能的渠道，并与神经肌肉训练相结合，以帮助他们优化成功的潜力并降低受伤风险。

家长们应该清楚，青少年体育是一个巨大的、不断增长的、利润丰厚的行业。需要使用私人设施的运动员，通常会被鼓励全年参加比赛，因为一些机构依赖这些设施获得收入。

美国儿科学会（APP）也在其运动医学和健康委员会发表了一份宣言，名为"年轻运动员的运动专业化和强化训练"。[9]美国儿科学会也认为，孩子们应该参与多种活动并发展多种技能。

该宣言证实，提早专业化的孩子不仅被剥夺了学习多种生活和身体技能的机会，还面临着高强度训练带来的额外困难，比如过劳伤害、营养不良，还有教育和社交机会的损失。美国儿科学会还指出，提早专业化可能会干扰儿童正常的心理社会性发展，给青少年运动员的身体和情感带来压力，导致发育受阻、家庭生活中断，家长还会生出不切实际的期望，以及可能还会出现利用儿童意愿牟利的行为。

美国儿科学会承认，许多孩子喜欢旅行球队和俱乐部球队的生活，但它提醒人们注意旅行对整个家庭生活的影响。当孩子觉得自己的表现会影响家庭幸福时，他们会有什么压力？一个家庭中有多少孩子可以真正参与那种一年到头的、单一运动项目的强化训练？不参与的兄弟姐妹的生活和兴趣该如何得到保障？

> **BE ALL IN**
>
> ### 美国儿科学会的 6 点建议
>
> ◎ 孩子们应该参加与他们的能力和兴趣一致的活动。提早专业化会让孩子们在青春期之前就超越自己的极限,不应该被提倡。
> ◎ 儿科医生应与家长合作,确保他们赞同或聘用的教练真正了解适当的设备、训练方式以及年轻运动员独特的情感和身体素质。
> ◎ 医生和教练应该努力做到尽早发现和预防过劳伤害。永远不应该鼓励运动员"努力克服"伤病。运动员本身也很可能会忽视需要休息或暂时中断的治疗建议,造成这些建议对防止额外的伤害起不到任何作用。
> ◎ 儿科医生应定期监测那些接受强化训练的儿童的体重、心血管健康、生长发育和成熟情况、情绪压力以及过度训练的体征和症状。
> ◎ 接受严格专业训练的儿童应该进行例行的营养检查。
> ◎ 医生、教练和家庭应该接受有关预防灼伤的教育。

运动心理学家发现,参加多项体育运动的孩子,与教练和队友一起有着更加广泛的经历,这反过来为积极发展和发现自己的才能提供了更多的机会。运动心理学家说,在 13 岁,孩子们只能用认知能力来决定他们是否想要专业化。然而,到了 16 岁时,他们在心理、社交、认知、运动和身体方面都有了足够的发展,可以不知不觉地做出想专业化的决定。[10] 记住,只有极少的高中生运动员会参加甲级比赛,继续参加职业比赛的更是凤毛麟角。在指导孩子时,要记住这些数据,并找到平衡点。

如何找到并保持平衡

- 琢磨一下哪些活动能提供不同的或互补的技能。
- 让孩子参与多项运动以及运动之外的活动。
- 为孩子和家人计划一些纯属好玩的事情。
- 教导和示范照顾自己与放松的方法。
- 不要强调结果。重要的是过程,而不是目标达成与否。
- 保护好并优先考虑家庭和个人的私人时间。

当前的青少年体育文化,要求孩子以牺牲整个自我为代价投入其中。当运动员享受其他兴趣或从事某种单一运动项目以外的活动时,他们会被视为不够专心。但是,要想让年轻的运动员真正为成功做好准备,家长必须为孩子创造一个全面和充分发展的环境。如果孩子就是喜欢一项特定的团队运动,那就用一些可以学到个人表现的东西来补充平衡一下,不一定非要是运动项目。与其在 3 个或以上的团队之间穿梭,不如优先考虑一个团队。请注意是优先考虑,而不是专业化,同时为孩子创造培养其他兴趣的机会。

随着孩子逐渐长大,他们自己能够判断为某项运动投入的时间是否值得。但对于年龄在 13~15 岁的孩子,家长应该仔细观察提早专业化带来的压力。如果一个孩子只需要每周练习 12 个小时就能获得上场机会,那对他们来说,这是最好的团队吗?如果一个孩子因为参加体育活动而要到晚上 8 点才开始做家庭作业,那么这会传递出关于优先事项的什么信息呢?

在让孩子加入额外的球队之前,先为他们在一家诊所注册,或者把下一

第 12 章
提早专业化之殇

场锦标赛写在日历上，退后一步，在家庭和孩子的生活中寻求平衡。你的价值观和你的日程安排是否平衡？当你花上这一分钟时间来退后一步并评估的时候，一定记住这一章的精髓。虽然提早专业化被标榜为获得专业技能、成为高水平专家以及在体育领域取得长期成功的首选途径，但专家们对研究结果却不以为然。可以提高长期的运动度、促进个人发展并提高成年后表现的是多元化，而不是提早专业化。

BE ALL IN

第 13 章

小蓝天足球队

克里斯蒂的故事

几年前,我女儿赖莉开始在新泽西州尼普顿市的一支 8 岁以下的少年足球队踢球。她开始参加足球运动,标志着我们生活中一个独特的转变:多年来,赖莉和她的妹妹一直在场外看我踢球。现在换成了我在看赖莉比赛。能成为一名体育运动员的妈妈让我很兴奋,但为她挑选适合的球队却是一个令人望而却步的过程。我最终选择了一个球队,认为会适合她。球队的教练了解比赛,我希望赖莉在学习正确的基础知识的同时也能玩得开心。

有一天,赖莉的球队遇到了另一支名为"蓝天"的本地球队。显然,这不是我当年效力的新泽西州的职业球队蓝天足球俱乐部。小蓝天队在当地分区赛、联赛冠军赛,甚至一些地区和州的锦标赛中表现出色,有一定知名度,被认为是新泽西州同一年龄组的顶级球队之一。总的来说,这些女孩比大多数球队同龄人的块头更大、速度更快、体能更强。尽管她们很成功,但也不过只有 9 岁而已!

第 13 章
小蓝天足球队

当赖莉她们对阵小蓝天队的比赛开始时，我不由自主地首先关注了她们的家长，而不是场上的球员。他们中有些人声音很大，吵吵闹闹的，对球场上发生的每一件事都不放过。他们情绪激动，不但冲着孩子们大声喊叫，冲教练也没少嚷嚷。许多家长还在场边亲自指导。每当有射门命中，无论他们队是进球了还是失球了，都会让这些家长的喧嚣达到顶点。小蓝天队的队员似乎习惯了这种吵闹，并模仿她们的家长使用一种被称为"远踢快跑"的攻击性打法。所谓远踢快跑，就是队员把球尽可能往球场远处踢，然后看谁的运动能力强，能把球追上。这个踢球策略也被称为"急行军"，显然更青睐那些块头更大、力量更强的球员，因为她们比个头小、身体弱的球员跑得更快。不幸的是，远踢快跑并不能教会队员们如何比赛，也不能提高技术技能，也几乎不用思考、调整或解决问题。很明显，小蓝天队有获胜的优势。

比赛结束几天后，小蓝天队的家长教练让我来帮助指导他们的团队。赖莉那天的表现给他留下了很深的印象，他认为赖莉如能加盟就太好不过了。他告诉我他会带一位我认识的教练来，一起来的还有一些新队员。他说他现在的队员技术娴熟，天赋异禀，但他希望她们能得到更好的训练，参加更激烈的竞争。他希望赖莉和我能考虑转队，说赖莉将得益于新的环境，而小蓝天队也将因我的加入而受益。

我立刻答复不行。在我看来，小蓝天队显然是为了赢得比赛而牺牲了球员的发展。我可不想让我的孩子加入。在我看来，9岁的孩子如果只专注于赢得比赛，对他们的发展是不利的。那些家长只能看到此时此景，他们根本不明白，几年后当其他人追上来后，情况就会大不相同。很多只在运动能力方面擅长的孩子在技术上总归会落后的，那时他们会丧失信心、退缩，甚至直接退出。

当把重点放在取得胜利和赢得冠军上时，孩子真正的发展进步就只能退而求其次了。这种做法自始至终没有让孩子经历成长，而是为他们将来长期的失败埋下了伏笔。我向教练表达了我的担忧。他很震惊。他以为自己采取的办法，对队里的女孩来说是最好的，这是他一贯的做法。女孩们一边玩着就赢了，赢的感觉真的是棒极了。小蓝天队每周只训练两次，教练本来认为他在培养队员的同时赢得了比赛。然而，值得称赞的是，他听取了我的意见。

我也花了一点时间重新考虑。我看到了教练良好的意愿、家长的善意以及小蓝天队的真实潜力。我向教练解释说，如果我加入他们，女孩们将需要从以目标为导向转向以过程为导向。我需要将我的理念灌输给家长们，他们也将不得不接受这些变化。我告诉他获胜将不再是关注的焦点，只会是孩子发展过程中的副产品。我真的很佩服教练对新思维模式的开放态度，他完全接受了！

担当精神

克里斯蒂的故事

我的第一项议程是和小蓝天球队家长开个碰头会，传达我对队员家人的期望，他们需要同意这些要求并为此负责。我告诉家长们，从今以后不再允许他们在场边指导，场外唯一允许大声喊的，是对孩子鼓励和支持的话。我要求家长进行正面的强化，比如说"好球"和"继续努力"，而不能发出像"传球""射门"之类的具体指令。不再允许对比赛或方案大喊大叫、抗议裁判判罚或掺和其他任何本来该由孩子来判断的事情。

我解释了为什么我不希望家长在场边指导。我想改变球员的比赛方式时，如果来自家长的信息反其道而行之，在这种气氛下我就很难做到。我要求必须按照我们的观点行事。我警告家长说，我的新风格看起来会很陌生，甚至可能会让人感到不舒服。事实上，我的新方法肯定会有成长的烦恼，但我要求家长们期待并鼓励这个必经过程。我想通过以下方式把小蓝天队变成终身参赛者的训练场：教队员们有策略地思考，从失败和失望中成长，学到多种方法而不是仅仅依赖单一方法。孩子们9岁时玩"远踢快跑"战法感觉颇有奇效，但用来对付技术娴熟的大一点的球员，就会显得不堪一击。

我解释说，随着孩子年龄增长，他们的身体也会发生变化。他们不可能永远是场上跑得最快的孩子。相反，作为球员应该培养能够有效补充他们运动能力的技能，而不是简单地靠生理机能方面的那点好运气。

我希望女孩们能够自在地学习和进步，当然这具有冒险性和脆弱性。女孩们需要离开舒适区踢球。我要求家长们接受并相信这个过程。我需要他们支持和鼓励自己的孩子。家长会帮助把这些变化固定下来。要想该计划奏效，我们需要他们在家里强化我们传递的信息。

有了家长的参与和支持，我刚开始的训练，都用来向女孩们灌输我的长期理念。除了教授她们已经很熟悉的射门战术，我还将教授她们体育精神、优先发展技能的理念以及什么是全面发展。我希望女孩们能更真切地接近足球。她们需要熟悉足球在自己脚下的感觉，而不是一味地尽力把球往前踢。这需要技巧和信任。

我引入了一些战术技巧，比如怎样才能领会或读懂比赛；还引入了新的技术技能，强化了全场意识，不去墨守成规。女孩们对新事物如饥似渴，她们对比赛的理解肯定会逐渐有所提高。她们不再只是低着头跑，只想着进一个球让家长、教练和队友满意。她们开始抬起头，观察如何和队友配合。她们在尝试一些之前未做过的事情。

心理比赛

克里斯蒂的故事

女孩们开始学习，同时也开始失败。我们能接受失败，只要团队在这个过程中不断成长就行。基恩博士的女儿卡梅伦也加入了团队，当时球队正遭遇了一连串的失败。卡梅伦的优势在于速度和进球能力，但教练们知道必须得改变。快速跑动和进球肯定会让观众感到高兴，但对卡梅伦的整体发展却并不重要。在青少年足球比赛中，守门员个头很小，大多数的射门都很有可能会进。随着时间的推移，守门员的个头会长得更高、技术更熟练。面向球网方向的射门，并不能保证会成功。最重要的是，我希望卡梅伦和她的队友们，不仅仅把自己看成是得分手。我希望她们学会用不同的方式成就队友们。作为教练非常重要的一件事是，让卡梅伦学会一些场上其他位置的角色和责任。

之前一路走来，我只做过速度型前锋。当被要求更换位置时，我内心也很挣扎。后来我想明白了，与其说是被安排去踢哪个位置，还不如学会欢迎它。

第 13 章
小蓝天足球队

这使我后来对进球的强烈快感不亚于任何人。我不想让我们的队员遇到同样的问题。现代比赛要求队员对比赛有更深的理解，能够随机应变。卡梅伦逐渐融入和适应了我们球队的风格后，不再去追求那么多的进球了。虽然从表面上看不是那么明显，但是她的确开始学着在不同的层级上踢球。

第二年春天的联赛结果可谓惨不忍睹，我们在联赛中输掉了很多次比赛。越是输球，家长们对这种新的训练方式就越是反感。一些家长觉得我对女孩们的要求太高了，认为她们根本不可能达到我的指导水平或期望水平。经常有家长向我的教练抱怨，希望能改回到之前的"远踢快跑"策略。

有一位家长特意来找我，明确要求我让他的女儿像之前习惯的那样踢球。他的女儿是队里速度最快的球员之一。我听后礼貌地表示了反对，说希望孩子提高自己的技能，如果允许她这样依靠暂时的"一招鲜吃遍天"的话，对她恐怕会有害无益。速度快的基础上，孩子还需要增强对比赛技战术的理解，这才是为在长远上能够成功创造机会。我知道他的女儿现在很难，但要求他从大处和长远着眼。短期内可能会损害她信心的事情，从长远上看会使她变得更强大更顽强。

这次讨论的结果是，家长明确表示如果我不让步的话，他不排除让孩子离队。我并没有因此恼怒，而是把这当作是引导家长忠于团队使命和履行承诺的机会。如果这个女孩的家长选择不相信我的计划，虽然很不愿意看到，她离队的话实际上会是整个团队的损失；但她要是不情愿地留下来，就会让大家都不舒服，会是消极因素。他们最终决定将计划坚持到底。经历这场反复之后，我意识到，教育家长往往比教育队员更难。但我们都需要全力以赴。这是肯定的。

我也知道频繁失败会造成某种程度的焦虑。我不仅要求这些女孩改变理念，还引导她们偏离了自己的优势。纵使孩子们不愿意，我仍然强迫她们去克服自己的弱点，承担风险，解决问题。我支持她们勇于挑战自我，大胆尝试，保持状态，不要惧怕失误和失败。学习新事物会让人不舒服，但一个只专注于赢的环境也会如此。

现在这种焦虑实际上在体育运动中更常见，从长远来看则更加有害。进攻队员饱受进攻得分统计数据的折磨，防守队员为守好防线或防止被对方突破而忧心忡忡。我严格按照自己的理念要求女孩们，对学习和提高的关注超过眼下的成功，从长远来看，这会减轻她们短暂的表现焦虑。

本真性

克里斯蒂的故事

我们在赛场上的坏运气还在继续。我的女儿赖莉，作为我们队速度最快和最有实力的选手之一，被表现焦虑折磨得最厉害。因为我担任教练，她从入队就感到了额外的压力。大家会问："哪一个是您的女儿？"这样她们就可以把赖莉的打球风格和我的作对照。我对这一幕有种似曾相识的感觉，不由得回想起我的兄弟姐妹在成长过程中被迫和我对比的往事。更艰难的是，我让赖莉尝试一个新的位置，她无法再从进球得分中得到安慰了。

第 13 章
小蓝天足球队

赖莉转入这个球队后，令我惊讶和懊恼的是，她似乎失去了信心。我面临的挑战是教她找到并实现内心的目标，而不是像取胜和得分一样超出掌控的、外部强加的目标。加入小蓝天队的第二年开始，赖莉发生了转变。她变得更习惯犯错，明白失败是学习过程中的重要步骤。从此一切便拨云见日，豁然开朗。她乐于竞争，也乐于相信自己。她的队友们也是如此。

女孩们都明白了。努力改变后，她们开始在场上相互配合，无惧风险，在球场上取得了一些成功，最终打进了州杯决赛。我们很了解我们的对手，这支球队以直截了当和咄咄逼人的风格而闻名。虽然她们不是技术高手，但运动能力很强，而且在追求目标的过程中坚持不懈。她们将重点放在自己的身体优势上，而我们决心坚持自己的好习惯。此外，小蓝天队过去对阵这支球队的战绩不俗，我们慢慢树立了信心。

天呐！那支球队竟然以 5 比 0 击败了我们。这太糟糕了，很多女孩都哭了。她们不仅对自己感到失望，也对新打法失望，认为这是失败的直接原因。事实上，这并不是打法的问题，而是典型的小学紧张情绪所致。女孩们一开始试图执行教练们的赛前部署，但她们的神经发生了阻碍。自己崩溃后给了对手机会，姑娘们几乎是弃船而去了。很多人想要恢复到只顾低着头"远踢快跑"的比赛风格。但是，尽管输了，我们知道我们正在朝着正确的方向前进。我们没有让女孩们重新专注于自己的个人优势，也就是"我"的东西。她们如果只是低着头，去低质量射门，个人盘带过多①，可能还会得分，但却不是在和队友打配合，根本没有发挥全队的力量。教练组发出的信息始终如一，那就是我们为她们的努力、成长和投入感到自豪，明确告诉她们，胜利就在眼前。

---

① 盘带过多，指运动员自己带球时间过长，而不传给队友。——编者注

我们不断鼓励和强化人球和谐度。我们不想球员年纪轻轻就开始躲着球，对球如避瘟疫。例如，我们不允许守门员拿到球后简单的一记凌空长传了事。虽然把球踢得越远，后防线压力越小，但同样不利于进球。当守门员不得不用手传球或用脚盘带时，队员和家长都很担心，觉得增加了风险。但没有风险，就没有回报。为了追求新的风格和策略，我们可以放弃进球。女孩们可以在压力环境下学到新的技巧和快速恢复力。我们看到了好的迹象，她们统一行动，敢于冒险，展现出团队合作精神。她们进行了更多的无球跑动，知道为什么和什么时候应该移位。

未来之路

克里斯蒂的故事

一位家长告诉我，那天她和女儿离开赛场时，向女儿获胜的前队友和家长们表示祝贺。其中一位家长对她们说："换了球队，你高兴吗？我敢打赌，你现在肯定不太高兴。"

这位母亲当时感到很震惊。难道这位女士真的认为她们换队只是为了赢得比赛吗？仅仅是为了击败另一支球队？本来她的女儿就因为输球心里挺难过，听到这句话更是感到很受伤。在开车回家的路上，这位家长没有说那支球队半句坏话，只是坚持她和我们的计划。她向女儿解释说，让她加入小蓝天队并不仅仅是为了赢球，而是为了学习和挖掘自己的潜力。假以时日，总会赢的。没

第 13 章
小蓝天足球队

有任何一场比赛会对人的未来产生决定性影响，她们前方的路还很长。那次开车回家的路上家长给孩子的是鼓励和支持，而不是一直在纠结于那场令人不快的比赛结果。

信念

▲ 克里斯蒂的故事

转眼间我在小蓝天队执教已经将近两年了，我安排女孩们参加了一场远远低于她们比赛水平的锦标赛，想让她们用新学的技能赢得比赛，重建信心。尽管许多人在技能方面有所提高，但还没有转化为胜利。我们当时设想，参加一个不费劲的锦标赛并取得几场胜利，对队员们的信心恢复会很有帮助。

让我们大跌眼镜的是，那个周末我们队竟然一场未赢，与客观上实力较差的对手对阵时也输掉了。在最后一场比赛结束后，我要求女孩们写一份对团队的书面承诺书。鉴于她们在那次比赛中的糟糕表现，除非她们每个人口头保证从今以后无论什么时候都会竭尽全力，否则我就不打算继续执教了。她们每个人都必须全力以赴，不只是来踢球，而是来践行担当、投入、韧性、沟通和配合的使命。那一周结束时，队里的每个女孩都做出了承诺。效果显现了。

从那一刻起，小蓝天队有了实质性的转变。接下来的一年，小蓝天队要对阵一支曾经 4 比 0 完胜她们的球队，这支球队称她们"糟糕透顶"。她们对那场比赛记忆犹新，第一时间便发誓要一雪前耻。自始至终，女孩们专心致志，知道自己是谁，想做什么。随着比赛一分一秒地推进，女孩们似乎在逐步重拾信心。你可以看到她们对自己、对彼此以及对比赛策略的信任。我认为那支球队也注意到了变化。两支球队的家长事实上都很震惊。最后，这场比赛甚至都不算是势均力敌。我们队的控球时间明显高于对手，而且目标清晰、有条不紊，看起来行云流水、毫不费力。我们以明显的场上优势赢得了比赛。这场胜利对整个球队来说是一个顿悟时刻。我们放慢了节奏，最终得以更快地前行。

在我执教第三年结束时，小蓝天队终于一路踢进了全州决赛。我们面对的是一支高水平的学院球队，这支队伍的家长们前前后后已经花费了成千上万美元，才换来这样的成绩。她们队代价高昂，全力投入，也算是物有所值。她们的技术和运动能力闻名遐迩。比赛很激烈。小蓝天队投入战斗，坚持自己的打法和自己的内心，不排除也有紧张情绪，但确实没有表现出来。她们注重团队配合，按照要求运用场上策略。我们为她们感到无比自豪。

最终我们以 0：1 惜败。相较比赛开始时的满怀自信和正能量，姑娘们最后低着头，流着泪，表情痛苦地离开了赛场。回到场边，她们惊讶地发现我和其他教练都在朝她们微笑。我问女孩们："刚才的比赛中你们是否尽了自己的最大努力？"我们听到了响亮的回答"是的"。我告诉她们，我们已经做了力所能及的事情，"你看我们坚持了自己的风格，没有被另一支球队吓倒。"我告诉她们，我们从未像现在这样为她们的表现感到骄傲，她们踢得很精彩，我们很自豪能教她们踢出那样精彩的足球。她们真诚、团结、沟通、聪明、坚韧，我们以执教这支球队为荣。

就在第二年，小蓝天队带着对自己和队友的满满自信，不仅再次赢得了联赛冠军，而且还进入了另一场州杯决赛，并赢得了冠军。女孩们现在完全可以把握自己想从足球中得到的东西了，她们很清楚整个过程，并继续显示出学习和成长的迹象。

小蓝天队现在是一支训练有素、充满热情的团队，队员们已经掌握了解决问题、应对挑战和提出问题的新方法。这些年来，她们学会了适应曾经不适应的事情，也学到了不屈不挠的精神。有些女孩会把学到的东西带到大学里继续踢球。然而，所有的女孩都可以把她们在赛场学到的勇气、决心、信心以及学习和冒险的意愿，在其他任何地方加以运用。

教练对女孩们前后的变化津津乐道。鼓励她们参加多种体育运动，参加比赛之外的许多活动，坚持形式多样。教练让女孩们要寻找彼此的优势，并突出它们；发现弱点时，要为彼此补台。她们只是要求女孩们坚定自己的目标，坚持自己的本心，珍惜自己的队友。

小蓝天队的故事，结尾不是一场伟大的锦标赛胜利，或一位令人惊叹的灰姑娘跑向想象中的终点线。她们不是"冰上奇迹"冰球队，这里也没有孤注一掷的长传。她们还没有登上新泽西足球圈第一的位置。她们这里没有冠军故事，因为你真的不能只教孩子们如何赢球。如果你这样做了，就会失去太多。把注意力集中在赢得比赛上，而不是培养技能和思维方式，就像在学习代数之前就试图在高考中取得成功一样！当你专注于过程、学习和进步时，胜利就蕴藏在丰富的积淀之中。

到了高中的时候，不管个人运动能力或天赋如何，小蓝天队的队员们将知道如何运用她们所学到的身体和心理技能。她们能够熟练地掌握所学到的策略，养成良好的习惯，彼此沟通，保持联系，保持担当，并忠于自己。这些才是小蓝天队的教练们送给每个队员的礼物。这些珍贵的礼物将深入每一个姑娘的内心，在她们离开球场后的人生旅途中，永远伴随她们。

当克里斯蒂刚接触小蓝天队时，她担心的是球队离职业球队相差太远。现在，她对自己的团队很有信心，有点洋洋自得，也有点体育运动员妈妈泪眼婆娑的自豪。我们当中有谁不想成为那个样子呢？还有比这更好的收获吗？我的朋友们，这就是这个故事结尾处的胜利。

附录 A

我的执教理念

作为教练组成员之一，我的任务是帮助指导女孩们成长为人格健全和全面发展的足球运动员，做到学不偏废。我们必须让她们加强对比赛技战术的理解，同时确保这对她们的心理和身体发育有积极作用。为了贯彻这一理念，我们需要得到所有队员和家长的支持，并让他们相信我们的训练模式。赛季一开始，我们就召开了一次全队会议，邀请全体家长和队员参加。

我们觉得做到以下几点至关重要：讲清楚我们的愿景，向所有人解释我们想要做什么，为什么我们觉得这对孩子在足球事业上的发展是最好的，还有我们打算怎么做。我们谈到了对团队整体上，还有分别对每个队员个体上的长期愿景。我们也表达了对家长和球员们的期望，以及他们可以期待得到什么样的回报。

如果不能传达出一系列明确的期望，我们就永远不可能在未来取得富有成效的进展。如果我们一开始不说清楚这些标准，那大家就不可能各自为自己的行为担责。众多议题之中，我们讨论了关于训练出勤、守时、态度、职业道德、家长的场外行为等问题。我们不断地宣讲一些简洁明了的指导原则，比如球员必须带着成长的心态和想要学习的意愿上场。这是来自球员和家长的共同心声，我们很欣赏在送孩子去训练或比赛的路上，可以有这么多鼓励和促进孩子的信息。我们担心在车里误导性的对话，可能会使孩子对学习和提高的大方向偏离。不是让家长去鼓励他们的孩子为球队打进致胜一球，我们鼓励家长分享我们的主旨，即长期的成长和持续的进步。大家都说，乘车途中成了很多球员难以置信的重要时刻。

　　早期的战术重点是围绕着足球的移动，球队通过有目的的、以控球为主的比赛方式，把球从场地的一端踢到另一端。我们想要在球员和家长中间建立起我们自己特有的信仰。踢足球的方式多种多样，但我们选择的是一种我们认为有利于每名队员长远发展和成功的风格。除此之外，我们还希望确保球员们有一个可以依赖的框架，也就是当比赛很艰难时可以坚守的东西。足球，像许多其他运动项目一样，是一项复杂的运动，有很多变数，有时，它可能会诱使你为了短期的成功而放弃信念。我们想要避免这样的诱惑，所以我们总是鼓励女孩们坚持自己和自己所学的。我们鼓励她们要相信自己和自己的能力，面对一场没有意义的胜利的诱惑时，不要动摇。这种坚持被证明是一切的关键。

　　此外，我们还就比赛中从丢球到重新控球的转换期的重要性，对她们进行了指导。让球员了解如何正确认识转换期，还有这时应该怎么做。我们觉得这一点非常重要。这就是深呼吸、稳住阵脚、按部就班，相信终会有收获。我们从未寻求立竿见影的效果。我们要求女孩们稳步发展自己的技能，只有这样，她们才会明白美妙的比赛能够回馈给她们什么。正如我们反复说的那样，人们很容易纠结于结果，每个人都想要赢。然而，只关注胜利，却让我们忽略了学习将伴随整个职业生涯的基本技能。为年轻运动员的发展建立一个过程，相信这个过程是一个年轻运动员前行之路的关键。我们都必须有耐心，让运动员体验成长的痛苦。为了赢而绕过这个至关重要的阶段，最终对每一个年轻运动员都是一种伤害。作为教练，我们不断地宣扬这一点：我们为了更快地前行需要放慢节奏。

学习

一点都不奇怪，学习是个重要组成部分。如何把足球从足球场的一端传到另一端？要做到这一点，他们必须像在拼图比赛中那样，排列出许多步骤碎片。我们鼓励运动员了解他们的队友、对手、空间、足球和目标。我们指导他们注意自己的形体，也就是如何以及在哪里跑动，以及如何动作，才能有最好的场上视野。还有，在那里他们如何控球？希望使用身体的哪个部位触球？

教练的工作是让运动员们处于最佳状态取得成功。我们必须创造一个奖励尝试的环境，同时也要最大限度地减少对失败的恐惧。我们希望赋予年轻队员掌控自己成长进步的权利。不管是哪项运动，我指导年轻运动员的方法，就是确保他们凡事理解其中的原因。我更愿意帮助他们对事情有更深入的理解，而不是简单地用技能武装自己。这样，他们就能理解自己为什么要学习某些技能，以及如何、何时使用它们。凡事理解为什么，尤其是在竞争激烈的比赛中，会增强他们的现场决策能力。

我们把孩子放进真实的比赛场景中，鼓励他们按照比赛的速度训练。我们知道从训练到竞技比赛的场景转变可能非常令人生畏。了解如何在比赛时保持冷静、自信和沉着，这不会在一夜之间发生。这种行为模式需要通过训练和比赛来后天习得。通过终身的刻意训练，我们在心理上达到了成熟，这和任何技术技能一样重要，或许更加重要。我们听到很多在比赛当天讨论顽强精神和家长希望孩子更坚强的套话，但是这些话不应只是在比赛日讲，而是需要向孩子反复灌输。通过营造正确的训练环境，我们可以帮助运动员树立自信心和自我意识，然后无论遇到什么情况，他们都可以依赖所学的知识。对我们来说，这就是顽强精神。

培训

每个培训课程都会传授技术技能。当教授一项新技能时，通常情况下，我们先让球员在没有对手的情况下开始，然后逐渐增加难度。我们宣扬熟能生巧和习惯成自然的理念。我们教女孩们自在地使用双脚和任何身体部分触球。在合适的时机用合适的幅度传给合适的队友，听起来很简单，事实却并非如此。对年轻的运动员来说，这听起来也不是那么令人兴奋，但它确实对她们的长期发展至关重要。最优秀的运动员往往具有始终如一地执行基本原则的素质。考虑到这一点，我们要求运动员们始终以高标准要求自己，比赛中杜绝慵懒现象。标准既是可控的，也是必不可少的组成部分。青少年运动员学习新技巧的过程中，反复无常很普遍，但追求新技能或新目标的过程中，永远不应该降低标准。

足球是一项复杂的运动。比如"空档""时机""传球力度""比赛节奏""节奏变化""进攻点转换""突防""触球角度"和"局部多打少"等术语，年轻球员刚接触时会容易搞乱。这些概念对孩子来说不容易掌握，而且理解和实施概念的能力因人而异。如果我们要求团队循序渐进，希望他们在成长中不断增加厚度，那么在教练和球员之间建立一个开放的反馈循环是至关重要的。教练们必须保持一种明确的、极富同情的态度，了解每个队员在自己发展道路上的节奏和位置。我们提到过，影响各个年龄段球员成长的因素很多。然而，在确定每个孩子的场上角色和责任时，教练们要有这个意识，坚持开放的反馈循环能够为队员们做出最明智和最有益的决定。

我们在和女孩们交流的时候会强调这几点，话题从不偏离最重要的训练。如果赶不上，就多加训练，不断练习。她们必须学会在不同情形下，运用学到的新技能随机应变，做到完全掌握。

如何确定位置

确定哪个孩子最适合哪个位置，需要在训练中不断尝试。孩子适合打的位置受诸多因素影响，并非一成不变。教练必须竭力避免过早地把一名球员安排到某个固定位置上。我之前一直踢前锋，但到国家队后被安排改踢后卫。我21岁的时候，不得不从头开始学习如何防守。但更艰难的是，我被安排防守的是一些最优秀的球员，如米娅·哈姆、米歇尔·阿科尔斯、迪芬妮·米尔布雷特和香农·麦克米伦。

我能做到让每个孩子在发展的早期阶段都能尝试所有的位置，得以从不同的角度来学习踢球。在青少年足球中，速度最快的球员通常是前锋或后卫，这是一种行之有效的方法，可以把己方得分机会最大化，同时将对手得分机会最小化。但我们认为这对所有球员都是一种伤害。我们迫使他们依靠自己的速度而非技能。速度优势总会衰退，而不断学习新技能才有未来。此外，为尽可能多得分，好的球员都被引导到了锋线。但是教练应该通过训练和比赛来确定某一球员的最佳位置。他们适合踢中场还是边线？当能看到眼前的场地时，他们会变得更好吗？他们对周围的环境有很好的认知吗？他们在狭小的空间里的控球技术如何？训练时在场上广阔地带他们会发挥更大的作用，还是会带来更大的问题？他们知道如何为自己和队友制造空当？他们如何应对压力？他们会与周围的人交流吗？他们的身体状况如何？他们能跑个不停，还是说更适应跑得少的位置？

在为队员确定合适的位置时，必须考虑到方方面面，这就是为什么教练在这方面必须基于球员处于变化中的特质，考虑不同的安排。在6～18岁，球员的技能和特质都会逐渐成熟起来。教练应该鼓励球员尝试各种不同的位置，使能力更加全面。尽管如此，能在多个位置都有不俗表现且不影响比赛发挥的多面手仍然是凤毛麟角。说到这里，我的脑海里出现了个例外，那就是克里斯特尔·邓恩。在训练和比赛中，为了帮助球员具有更好的战术技能和踢不同位置的能力，我尽量保持了灵活的态度。

附录 B

脑震荡管理计划

体育运动、活动指南

学生姓名_____ 年龄_____ 年级_____ 受伤日期_____

脑震荡：意识丧失／存在意识　生效_____到_____

　　根据今天的评估，该生被诊断为脑震荡，以下的学业照顾措施可能有助于减轻其认知（思维）负荷，从而最大限度地减少脑震荡后的症状，使学生在受伤期间更好地参与学习过程。建议将这些学业照顾措施作为这种疾病的医疗护理和治疗的一部分。

当前症状	出勤限制
☐ 头痛 ☐ 睡眠困难 ☐ 认知困难 ☐ 恶心 ☐ 对光敏感 ☐ 对噪声敏感 ☐ 头晕 ☐ 视觉功能障碍 ☐ 疲劳 ☐ 紧张／易怒 ☐ 情绪不稳定	☐ 基于脑震荡症状全天／半天病假 ☐ 全天 ☐ 修改后天数：_____ ☐ 开始或继续接受在家教育（5小时／周） ☐ 开始上课日期：_____ ☐ 返校日期：_____

	体育活动
	☐ 不参加体育课 ☐ 不参与体育活动

测验	课业限制
☐ 加时 ☐ 在安静的环境中进行测试 ☐ 测试中可以多次休息 ☐ 每天只进行一次测试或测验 ☐ 没有标准化测试 ☐ 没有测试或测验 ☐ 开卷测试／带回家测试 ☐ 将论述题改为多项选择题或给予提示（例如，写有计算公式的便笺卡） ☐ **笔记**：允许学生提前获取课堂笔记或提纲，以帮助实现准备和减少多任务处理要求。	☐ 减少整体补课量、课堂作业和家庭作业（推荐：50%～75%） ☐ 可以承受的家庭作业和课堂作业 ☐ 无家庭作业 ☐ 每晚做家庭作业时间不超过____分钟 ☐ 限制使用电脑

	其他照顾措施
	☐ 允许零食和饮料 ☐ 允许学生戴帽子、太阳镜 ☐ 变更、设置电脑屏幕（亮度／对比度） ☐ 避免忙碌热闹的环境（例如，提前离开教室，避免走廊、自助餐厅和集会场合）

☐ **休息时间**：如果症状加剧，允许学生去看校医或回家。

☐ **宽限时间**：给学生完成和提交作业宽限时间。

后记

我们要感谢克里斯蒂的经纪人凯瑞·戈德堡（Carie Goldberg），她自始至终信任我们的项目，一如既往地支持我们向运动员家长和运动员们传递的信息。我们非常感谢我们出色的作品经纪人莉萨·莱什尼（Lisa Leshne），从我们第一次见面的那一刻起，她就对这个项目充满热情，全身心投入，从未动摇过。感谢她作为经纪人和体育运动员妈妈，以她的真诚、顽强精神和优雅风度，向我们亲身示范了什么是全力以赴。

感谢阿歇特图书集团（Hachette Book Group）的《把运动还给孩子》制作团队。我们非常感谢利娅·米勒（Leah Miller），她选择与我们一起来传递这一重要信息。她对我们项目投入的热情鼓舞人心，感谢她的杰出指导。同时也感谢黑利·韦弗（Haley wearer）和卡伦·科斯托尔尼克（Karen Kosztolnyik）在整个过程中表现出的专业精神、可靠性和专注力。这是个完美的团队。致敬我们令人惊叹的编辑丹尼尔·索佐梅努斯（Daniel Sozomenu），是她让我们的文字熠熠生辉。感谢她的奉献、才华，她在这个项目上的参与是无与伦比的。感谢约翰·阿奇博尔德（John Archibald），他的技术专长和永不枯竭的积极性对我们来说是无价的。特别感谢乔纳森·哈里斯（Jonathon Harris）、菲尔·科斯塔（Phil Costa）和阿瑟尔夫公司的员工，感谢你们出色的工作和对各级运动员的大力支持。

来自克里斯蒂·皮尔斯·兰波内

单用语言，不足以表达这些年来我对每一位队友的感谢和尊重。可以和这么多身心强壮、能力强大、鼓舞人心的女性们一起共事是我的幸运。她们每一个人都为我有幸讲述的这些有价值的故事做出了贡献。

阿比，你是我永远的朋友，也是我的终极队友。我非常感谢你的诚实，感谢你总是在我需要你的时候出现在我面前！我爱你的真实，也爱你一直以来接纳我的一切。如果没有我们的友谊，我的生活就会大不相同。感谢我所有的教练，感谢你们相信我，成为我的榜样，感谢你们让我向你们学习！我也感谢我长期合作的教练迈克·莱昂斯，他放弃了陪伴家人的时间来帮助我实现梦想。再重的任务他都不嫌繁重！我很欣赏他对运动的远见和同情心。特别感谢基恩博士，在我从事这个美妙的运动项目的时候，以及之后我们写这本书期间，她拓宽了我的视野，给了我积极的视角！体育界受益于她的经验。基恩博士，谢谢你在我身上发现了我自己无法看到的东西。

我永远感谢我的父母在整个童年时期对我的指导。感谢你们允许我和我的兄弟姐妹探索并找出自己的答案。你们端正品行、殷殷期盼、始终如一、可以信赖，这让我小时候过得惬意，长大后也知道如何来驾驭现实世界。我也感谢我的兄弟姐妹温迪和杰夫，在没有人愿意相信我的时候，你们一直给予我支持。如果没有我的里肯团队的支持，我永远不可能完成这本书。他们是：我坚实的支柱玛丽贝思，还有希瑟和苏。非常感谢我们的友谊和你们的理解，即使我从不回复任何群发短信！我爱你们！我要特别感谢我异常敬重的特蕾西。我很感激她的学识，还有最后促成此书的过程给予的大力帮助。她真是个大好人！感谢我美丽的女儿们。我喜欢通过你们的眼睛来看比赛。赖莉，你每天都激励着我；里斯，我喜欢你带来的挑战。谢谢你们提醒我跳出框框，来创造性地思考问题。

来自克里斯廷·基恩博士

我非常感激那个能解决任何问题的人，他从来不会只是看着我，觉得需要我来解决问题。如果没有我的丈夫雷，这项工作是不可能完成的。在我写作和追求梦想的时候，他承担着所有繁重的家务。感谢在我们所有的日子里他对我的激励，对我工作的尊重，对我无私的爱以及每天对我的鼓励。感谢我的孩子们，他们以自己的勇气、决心和对体育的热情，在不知不觉中为这本书做出了贡献。克里斯蒂安，你看起来很温和，却也百折不挠、果敢坚强！卡梅伦，你是我们的光芒、笑声和灵魂。塞巴斯蒂安，你诠释了对比赛的热爱、宽容和与众不同。如果不是我的导师弗兰克·韦伯（Frank Webbe）博士，这本书是不可能完成的。是他在邀请我加入他的研究足球头球和脑震荡先锋小组时，第一次让我与球员合作。谢谢您，韦伯博士，是您鼓励我走上运动神经心理学的职业道路，虽然我在这个领域只能算是刚刚起步。

我也要感谢艾伦·库里其奥（Alan Colicchio）博士的支持，感谢您对我和我们的脑震荡项目坚信不疑。我非常感谢乔·阿尔巴尼斯（Joe Albanese）博士和迈克尔·罗斯伯格（Michael Rothberg）博士的指导，永远忘不了你们金子般的心。和你们的友谊是非常难得的。能与医疗保健领域如此智慧和出色的领导者合作，真是非常荣幸。

特别感谢克里斯蒂夫妇！我很幸运能和你们两个一起工作。克里斯蒂，我很感激能和你一起走过这段改变人生的首秀之旅。你的能力、亲切和天赋令人敬畏。我还想感谢"肖尔神经心理学所"的工作人员和同事。我要感谢阿普丽尔·克努尔（April Knauer），我的办公室经理，我亲爱的"格莉"，也是我永远的朋友。感谢凯莉·斯蒂芬森（Kelly Stephensen），感谢她的职业道德和对"我是一个体育妈妈"这句话的真正理解。一想到这本书，我就一定会想到珍妮·格莱登（Jenny Glieden），本书的编辑，也是我的第一位读者。我非常感激她。感谢我遇到的一群优秀女性：苏·佩里（Sue Peny）、克里斯蒂娜·鲍尔（Christina Bauer）、克里斯蒂·伍德罗（Christy Woodrow）和丽兹·托莉（Liz Talley）。特别感谢这三位体育妈妈，克里斯蒂娜·格迪斯（Christina Geddes）、珍·普派（Jen Pupa）和弗兰·寇恩（Fran Cohen），她们告诉我，尽管场上比赛激烈，但场外却同样是妙趣横生！

最后，我要感谢我的父母，感谢他们无尽的爱、支持和鼓励。无论天气、距离或时间如何变换，比赛那天他们一定会来。感谢我的兄弟姐妹，约翰和艾德丽安，当年我们在院子里的橄榄球比赛，让我亲身体会到了自由发挥是多么的重要。特别感谢乔阿姨，她是我所认识的最有创造力的人，一直不曾改变。每个人私下里都需要一个乔阿姨。

考虑到环保的因素，也为了节省纸张、降低图书定价，本书编辑制作了电子版的注释及参考文献。扫码查看本书全部参考文献内容。

译者后记

体育运动，助力您和孩子创造健康快乐的人生

管秀兰
山东青年政治学院教授

成功的教育，需要家庭、学校和社会三方合力来实现。在还未读完《把运动还给孩子》英文原著的前言时，我就已经把完成这本书的翻译工作列为了自己本年度最重要的"责任"和"使命"。作为一名高校教师，我很庆幸自己有机会助力我的同行和孩子家长完成对孩子的教育，帮助孩子实现身心健康成长，这是一名教育工作者义不容辞的责任。而这本书为我提供了践行这份"责任"的机会。

在本书中，克里斯蒂基于她与朋友们的亲身经历，为我们解读了体育运动对于人生的重要意义，同时为大家生动形象地诠释了"什么是成功""我

们该如何走向成功"以及"体育运动在孩子走向成功道路上的重要意义"。体育运动不仅仅会强健我们的体魄，更重要的是塑造我们全力以赴的精神。

克里斯蒂在本书中讲述了帮助青少年运动员走向成功应该掌握的常识。生活是公平的，又是不公平的。人们应对逆境的态度决定了自己未来的生活与发展；在走向成功的道路上，不仅需要健康的体魄，心理韧性也非常重要。而体育运动可以帮助我们在面对无数未知的情况下更从容地生活，继而塑造精神上的坚韧与顽强，赋予人们最终迈向成功的技能。

子女对待"极限"和挫折的态度，能够体现出父母的真正教育水平。几乎在人生的每一个重大阶段，人们都会遭遇各种各样的"极限"挑战。为何有些人最终能够跨越极限，走向成功，而有些人却在挑战面前止步不前，甚至败下阵来呢？实际上，面对挑战时，孩子们需要懂得如何处理压力，如何发挥自己的潜力，如何在想要放弃时坚持下去，如何控制自己的情绪和心态。让孩子参加体育运动，是父母实现成功教育的重要手段。

家长要认识到沟通和交流的重要性，并有意识地加强孩子的日常交际训练，帮助孩子实现与他人的有效沟通。克里斯蒂在本书中告诉我们，沟通包括语言沟通和非语言沟通等多种方式，孩子们是在与外界有效沟通的基础上获得成长和进步的。家庭是人成长的出发点，孩子最初的交际能力，往往需要在日常生活中在家庭中习得。父母能否在与孩子的日常交流中保持目光接触，家庭成员在说话时能否自觉地做到轮流发言、能否耐心倾听并客观分析他人的意见，这些都属于非常重要的日常交际训练。孩子如果在家里轻易能够做到这些，则掌握了与他人沟通的基本技巧。当他们步入社会，就会有足够的能力和信心与周围的成年人、权威人物以及朋友进行有效沟通。但是，单纯的家庭内部教育往往很难提供这样理想的沟通环境，而任何体育比赛或活动的顺利推进，都需要孩子与教练、队友进行有效沟通。因此，体育运动是锻炼孩子提升沟通能力的重要方式。

我经常对学生和自己的孩子说："学习的高级阶段，拼的不是智商，而是体力和毅力。"健康的体魄，能够让我们在应对各种任务时，不会因为体力不支而莫可奈何；乐观和坚韧不拔的品格，能让我们在遇到困难和失败的时候，选择咬牙坚持，直到成功。在这一方面，我深有体会。我在接近40岁的时候，才开始到北京外国语大学日本学研究中心攻读博士学位。现在看来，我之所以能够幸运地按照预定计划完成学业，除了北外无与伦比的语言学习和研究环境、导师博学睿智的指导之外，于我本人，则得益于自己良好的健康管理、乐观坚韧的性格、和谐的人际关系以及每天坚持锻炼的习惯。正是这些，使我有着被同龄人羡慕的健康体魄，能让我在不惑之年，和周围年轻的同学们一样通宵达旦地查阅资料、精神抖擞地准备答辩材料、从容不迫地应对各种工作和生活中的突发事件。克里斯蒂和基恩博士用专业知识，丰富了我们对于体育与身心健康关系之间的理解和诠释。

本书的翻译，要特别感谢我的先生李杰，他精益求精的精神永远值得我学习。在整个翻译过程，我们做到了全力以赴，从关键词的选用，到标点符号的运用，都会字斟句酌，一一商讨核对。在本书的翻译过程，我们更加深刻地体味到了以对社会、对孩子高度负责的精神，努力工作、积极运动、快乐生活的真正含义。同时，也非常感谢张娟老师和季阳老师，还有诸多帮助我们校稿的编辑老师们，因为有你们的努力，本书才能够与广大中国读者结缘。

未来，属于终身学习者

我这辈子遇到的聪明人（来自各行各业的聪明人）没有不每天阅读的——没有，一个都没有。巴菲特读书之多，我读书之多，可能会让你感到吃惊。孩子们都笑话我。他们觉得我是一本长了两条腿的书。

——查理·芒格

互联网改变了信息连接的方式，指数型技术在迅速颠覆着现有的商业世界，人工智能已经开始抢占人类的工作岗位……

未来，到底需要什么样的人才？

改变命运唯一的策略是你要变成终身学习者。未来世界将不再需要单一的技能型人才，而是需要具备完善的知识结构、极强逻辑思考力和高感知力的复合型人才。优秀的人往往通过阅读建立足够强大的抽象思维能力，获得异于众人的思考和整合能力。未来，将属于终身学习者！而阅读必定和终身学习形影不离。

很多人读书，追求的是干货，寻求的是立刻行之有效的解决方案。其实这是一种留在舒适区的阅读方法。在这个充满不确定性的年代，答案不会简单地出现在书里，因为生活根本就没有标准确切的答案，你也不能期望过去的经验能解决未来的问题。

而真正的阅读，应该在书中与智者同行思考，借他们的视角看到世界的多元性，提出比答案更重要的好问题，在不确定的时代中领先起跑。

湛庐阅读App：与最聪明的人共同进化

有人常常把成本支出的焦点放在书价上，把读完一本书当作阅读的终结。其实不然。

时间是读者付出的最大阅读成本

怎么读是读者面临的最大阅读障碍

"读书破万卷"不仅仅在"万"，更重要的是在"破"！

现在，我们构建了全新的"湛庐阅读"App。它将成为你"破万卷"的新居所。在这里：

- 不用考虑读什么，你可以便捷找到纸书、电子书、有声书和各种声音产品；
- 你可以学会怎么读，你将发现集泛读、通读、精读于一体的阅读解决方案；
- 你会与作者、译者、专家、推荐人和阅读教练相遇，他们是优质思想的发源地；
- 你会与优秀的读者和终身学习者为伍，他们对阅读和学习有着持久的热情和源源不绝的内驱力。

下载湛庐阅读App，
坚持亲自阅读，
有声书、电子书、阅读服务，
一站获得。

本书阅读资料包
给你便捷、高效、全面的阅读体验

本书参考资料
湛庐独家策划

- ☑ **参考文献**
  为了环保、节约纸张，部分图书的参考文献以电子版方式提供

- ☑ **主题书单**
  编辑精心推荐的延伸阅读书单，助你开启主题式阅读

- ☑ **图片资料**
  提供部分图片的高清彩色原版大图，方便保存和分享

相关阅读服务
终身学习者必备

- ☑ **电子书**
  便捷、高效，方便检索，易于携带，随时更新

- ☑ **有声书**
  保护视力，随时随地，有温度、有情感地听本书

- ☑ **精读班**
  2~4周，最懂这本书的人带你读完、读懂、读透这本好书

- ☑ **课　程**
  课程权威专家给你开书单，带你快速浏览一个领域的知识概貌

- ☑ **讲　书**
  30分钟，大咖给你讲本书，让你挑书不费劲

湛庐编辑为你独家呈现
助你更好获得书里和书外的思想和智慧，请扫码查收！

（阅读资料包的内容因书而异，最终以湛庐阅读App页面为准）

BE ALL IN By Christie Pearce Rampone & Kristine Keane.
Copyright © 2020 by Christie Pearce Rampone & Kristine Keane.
Published by arrangement with Hodgman Literary LLC, through The Grayhawk Agency Ltd.
All rights reserved.

本书中文简体字版经授权在中华人民共和国境内独家出版发行。未经出版者书面许可，不得以任何方式抄袭、复制或节录本书中的任何部分。

版权所有，侵权必究

版权所有，侵权必究
本书法律顾问　北京市盈科律师事务所　崔爽律师

图书在版编目（CIP）数据

把运动还给孩子 /（美）克里斯蒂·皮尔斯·兰波内（Christie Pearce Rampone），（美）克里斯廷·基恩（Kristine Keane）著；管秀兰译. --北京：中国纺织出版社有限公司，2023.4

书名原文：BE ALL IN
ISBN 978-7-5229-0384-2

Ⅰ. ①把… Ⅱ. ①克… ②克… ③管… Ⅲ. ①青少年-体育教育-研究 Ⅳ. ①G811.4

中国国家版本馆CIP数据核字（2023）第040279号

责任编辑：刘桐妍　　责任校对：高　涵　　责任印制：储志伟

中国纺织出版社有限公司出版发行
地址：北京市朝阳区百子湾东里 A407 号楼　邮政编码：100124
销售电话：010—67004322　传真：010—87155801
http://www.c-textilep.com
中国纺织出版社天猫旗舰店
官方微博 http://weibo.com/2119887771
天津中印联印务有限公司　各地新华书店经销
2023年4月第1版第1次印刷
开本：710×965　1/16　印张：19
字数：250千字　定价：99.90元

凡购本书，如有缺页、倒页、脱页，由本社图书营销中心调换